幼儿园课程基础

YOU'ERYUAN KECHENG JICHU

王春燕 主编

国家开放大学出版社·北京

图书在版编目（CIP）数据

幼儿园课程基础 / 王春燕主编. --北京：国家开放大学出版社，2021.7（2024.1重印）

ISBN 978-7-304-10842-7

Ⅰ.①幼… Ⅱ.①王… Ⅲ.①幼儿园-课程-开放教育-教材 Ⅳ.①G612

中国版本图书馆CIP数据核字（2021）第124169号

版权所有，翻印必究。

幼儿园课程基础
YOU'ERYUAN KECHENG JICHU

王春燕　主编

出版·发行：国家开放大学出版社	
电话：营销中心 010-68180820	总编室 010-68182524
网址：http://www.crtvup.com.cn	
地址：北京市海淀区西四环中路45号	邮编：100039
经销：新华书店北京发行所	

策划编辑：杜建伟	版式设计：何智杰
责任编辑：陈　蕊	责任校对：吕昀豁
责任印制：武　鹏　马　严	

印刷：河北鑫兆源印刷有限公司
版本：2021年7月第1版　　　2024年1月第4次印刷
开本：787mm×1092mm　1/16　　　印张：15.5　　字数：290千字

书号：ISBN 978-7-304-10842-7
定价：36.00元

（如有缺页或倒装，本社负责退换）
意见及建议：OUCP_KFJY@ouchn.edu.cn

Preface | 前 言

本书是国家开放大学学前教育（专科）专业的专业基础课"幼儿园课程基础"的全国通用教材，主要为就读学前教育专业的学生所编写，同时也可以作为幼儿教育工作者继续教育的教材或参考书。习近平总书记在党的二十大报告中指出："坚持以人民为中心发展教育，加快建设高质量教育体系，发展素质教育，促进教育公平"，尤其强调要强化学前教育的普惠发展，办好人民满意的教育。幼儿园教育是基础教育的重要组成部分，是我国学校教育和终身教育的奠基阶段，对幼儿一生的发展有着重要的影响。课程是教育的核心，是学前教育理论转化为教育实践的中介与桥梁。《幼儿园课程基础》教材的建设是学前教育专业建设的重要组成部分，对于推进学前教育高质量教育体系的发展有一定的意义。

本书与国内同类教材相比，体现出以下几个特点：

1. 强调基础性

作为教材，本书力求介绍幼儿园课程领域的基本概念、基本原理与方法，反映本领域的基本共识和理念，为学生今后步入工作岗位提供入门的基础知识与价值取向，并密切结合与反映近年来幼儿园课程改革的成果，以适应当前幼儿园课程改革的需要。

2. 注重实践性

本书在编写过程中，努力避免从理论到理论、从概念到概念的言说，而是强调联系幼儿园课程实践中的案例展开分析，强调依托丰富的案例和实践活动引领学生在情境中学习，在行动中思考，在丰富的体验中成长。

3. 凸显主体性

学生是学习的主体，是有能力的学习者。本书在体例安排上力求利于学生自主学习，从导言的"问题情境"进入"学习目标""思维导图"，然后进入"正文"学习，中间链接了很多的"二维码""小贴士""问题思考"，最后有"单元小结""拓展阅读""巩固与练习"，这样的设计旨在引导学生学习自主阅读，利于学生提升能力和学会学习。

4. 资源的立体性

本书以纸质资源为主、数字资源为辅，从资料链接、二维码案例、知识点视频、活动设计等多方面构建立体化的资源体系，进一步拓展与深化了纸质资源的内容，便于学生借助纸质资源与数字资源对课程进行更为全面与深入的学习、理解。

本书由来自全国不同高等师范院校和开放大学的教师及一线的幼儿园园长、教师组成的编写小组共同撰写完成。主编为浙江师范大学杭州幼儿师范学院的王春燕教授。编写人员有浙江师范大学杭州幼儿师范学院的秦元东副教授，宁波幼儿师范高等专科学校助教周彬男，浙江开放大学萧山学院讲师张政、讲师章媛，河南洛阳师范学院学前教育学院讲师赵东群，宁波市古林职业高级中学讲师周雯雯，杭州市西湖区学前教育指导中心、正高级教师沈颖洁，杭州市莲花港幼儿园高级教师、园长须晶晶，一级教师朱烨，浙江开放大学讲师高世前，浙江开放大学临海学院讲师李梅华，上海市闵行区实验幼儿园教师庄盈媚。各单元作者分别是：第一单元王春燕、周彬男；第二单元张政；第三单元赵东群；第四单元周雯雯；第五单元章媛；第六单元秦元东、沈颖洁、庄盈媚；第七单元第一节、第二节高世前，第三节须晶晶、朱烨，第四节周雯雯，第五节李梅华。全书整体框架设计由主编王春燕制定，全书的统稿、审定工作由王春燕负责完成。全体编写人员为本书的撰写做了最大的努力，但书中难免仍有疏漏与不当之处，敬请广大同仁和读者不吝批评指正。

本书在教学大纲、课程多媒体教学资源一体化设计方案、书稿的撰写和审定及出版过程中，得到了浙江开放大学的高度重视与大力支持，也得到了朱丽丽、武建芬、张俊、周建平、王喜海、吴思孝、黄小莲、王然、侯莉敏、张凤等教授的审定建议，在此我们深表感谢。同时也要感谢国家开放大学出版社的编辑，为本书的出版所做的细致、辛勤的工作，你们辛苦了！

本书在撰写过程中参考、引用、借鉴了许多国内外学者的研究成果，在书中我们均一一做了注明，在此一并表示衷心感谢。

《幼儿园课程基础》编写组
2020 年 12 月 12 日

Contents 目 录

第一单元　幼儿园课程概述 ………………………………………… 1
　第一节　课程的内涵与类型 ……………………………………… 3
　第二节　幼儿园课程的定义、特质与变化 …………………… 12

第二单元　幼儿园课程目标的确立 ………………………………… 22
　第一节　幼儿园课程目标的内涵与体系 ……………………… 24
　第二节　幼儿园课程目标确立的依据 ………………………… 28
　第三节　幼儿园课程目标的层次 ……………………………… 30
　第四节　幼儿园课程目标的表述 ……………………………… 33

第三单元　幼儿园课程内容的选择与组织 ………………………… 40
　第一节　幼儿园课程内容概述 ………………………………… 43
　第二节　幼儿园课程内容的选择 ……………………………… 47
　第三节　幼儿园课程内容的组织 ……………………………… 55

第四单元　幼儿园课程实施 ………………………………………… 61
　第一节　幼儿园课程实施的含义与取向 ……………………… 63
　第二节　幼儿园课程实施的影响因素 ………………………… 70
　第三节　幼儿园课程实施的途径 ……………………………… 74

第五单元　幼儿园课程的评价 ……………………………………… 90
　第一节　幼儿园课程评价的内涵 ……………………………… 92
　第二节　幼儿园课程评价的要素 ……………………………… 94
　第三节　幼儿园课程评价活动 ………………………………… 105

1

第六单元　幼儿园教育活动设计 ·· 127
 第一节　领域教学活动的设计 ·· 129
 第二节　区域活动的设计 ·· 135
 第三节　主题活动的设计 ·· 145

第七单元　经典幼儿园课程理论与方案 ································ 161
 第一节　陈鹤琴的"五指活动"课程 ································ 163
 第二节　张雪门的行为课程 ·· 168
 第三节　蒙台梭利课程 ·· 177
 第四节　高宽课程 ·· 196
 第五节　瑞吉欧幼儿教育学校课程 ···································· 208

参考文献 ·· 228

数字资源目录

序号	资源名称	单元	页码
1	文本：课程内涵的多元限定	1	3
2	文本：经验课程的特征	1	7
3	文本：隐性课程的特点与途径	1	11
4	文本：理解幼儿园课程的定义	1	13
5	视频：幼儿园课程的特质	1	13
6	文本：日本幼儿园教育的五大领域	2	25
7	文本：《英国基础阶段教育（3—5岁）课程指南》	2	26
8	文本：最近发展区的概念	2	28
9	视频：幼儿园课程目标的表述	2	33
10	文本：大班健康活动——换牙我不怕	2	33
11	文本：常用行为目标描写动词	2	34
12	文本：案例"各种各样的树"	3	48
13	PPT：案例"小鸟戏法"	3	51
14	文本：案例"珍妮的七色花"	3	51
15	视频：幼儿园课程内容选择存在的问题——脱离幼儿生活、远离幼儿经验	3	54
16	视频：幼儿园课程内容选择存在的问题——本本主义	3	54
17	文本：案例大班语言活动"想办法"	3	55
18	文本：案例"玩雪"	3	57
19	文本：案例 来自幼儿园教师的困惑——幼儿园教材的"取舍"	4	64
20	文本：幼儿园户外环境评估表	4	76
21	文本：案例 小班语言活动——会响的小路	4	80
22	文本：案例 游戏仅是玩玩而已吗？	4	82

序号	资源名称	单元	页码
23	文本：游戏的分类	4	82
24	视频：幼儿园课程评价的要素	5	94
25	文本：幼儿园课程评价现状	5	95
26	文本：评价，幼儿园发展的神奇"路标"（节选）	5	95
27	文本：课程评价标准四个特征	5	96
28	文本：NAEYC 课程评价要素分析	5	96
29	文本：ECERS－R 子量表及项目概览	5	98
30	文本：北京市幼儿园课程综合评价标准及计分表（试行）	5	98
31	文本：儿童问卷案例	5	99
32	文本：成长过程型档案袋案例	5	102
33	文本：案例 大班教师日志"不必重来"	5	102
34	文本：理想型档案袋案例	5	102
35	文本：目标型档案袋案例	5	102
36	文本：学前儿童观察评价系统（COR Advantage）之学习品质	5	104
37	文本：中班数学活动"认识图形"	5	106
38	文本：幼儿自创绘本故事《赶走牙细菌》	5	107
39	文本："吹泡泡"的观察记录	5	120
40	文本：中班数学活动"小兔分萝卜"	6	132
41	文本：大班社会活动"成长的烦恼"	6	133
42	文本：区域活动的定位	6	135
43	文本：活动区评估指标	6	137
44	文本：开放性材料	6	139
45	文本：材料的多元文化性	6	140
46	文本：幼儿园游戏教师指导系统	6	141
47	文本：儿童游戏中教师的四种支持性角色	6	143
48	文本：支持幼儿计划的策略	6	144
49	文本：支持幼儿回顾的策略	6	144
50	文本：活教育——中国新教育的幼苗	7	163
51	文本：松鼠这么大	7	164
52	文本：一年中幼稚园教学单元大纲（节选）	7	165
53	文本：陈鹤琴教学法与蒙台梭利教学法的比较	7	167
54	文本：向陈鹤琴先生学习	7	167
55	文本：准确理解"行为"	7	168
56	文本：幼稚园课程的特点	7	169

序号	资源名称	单元	页码
57	文本：张雪门试验课程实例	7	175
58	文本：宁波市第一幼儿园新行为课程框架	7	176
59	文本：敏感期	7	178
60	文本：儿童的工作	7	179
61	文本：支持儿童的重复练习	7	180
62	视频：洗桌子	7	182
63	视频：建构三角形	7	184
64	视频：三段式语言卡片	7	186
65	视频：纺锤棒箱	7	188
66	文本：为孩子创造良好的教育环境	7	190
67	文本：秩序	7	192
68	文本：蒙台梭利教师的条件	7	193
69	文本：蒙氏教育本土化的应对策略	7	195
70	文本：案例 儿童主动参与式学习五要素的运用	7	199
71	文本：高宽课程八大领域五十八条关键发展性指标	7	200
72	文本：案例 高宽课程中教师存储材料的方式	7	202
73	文本：世界各地对瑞吉欧的关注	7	208
74	文本：对维·维奇的访谈	7	210
75	文本：瑞吉欧的空间环境设计	7	210
76	文本：幼儿园室内游乐环境应满足的教育需求	7	211
77	文本：瑞吉欧项目活动的特点	7	213
78	文本：项目活动的周期	7	214
79	文本：城市项目节选	7	219

第一单元 幼儿园课程概述

导 言

  一次户外活动，大三班的孩子流了许多汗，他们问老师能不能回活动室喝点水，老师不仅及时满足了他们的需要，而且增设了一个可移动的水杯架。同时，老师还带领他们开展了有关喝水的讨论：什么时候需要喝水？有的说户外活动回来喝，有的说散步回来喝，还有的说午睡起床后喝……老师对此进行总结：口渴的时候说明身体需要水了，就要去喝水。那么一天需要喝多少水呢？孩子们七嘴八舌地议论开了。这时然然说他爸爸是儿科医生，肯定能回答这个问题，于是孩子们强烈要求然然爸爸给他们讲讲。第二天，然然爸爸走进大三班介绍科学饮水的知识。之后，老师带着孩子们讨论怎么知道自己一天喝了多少水，经过讨论他们决定设置喝水记录墙。[①]

  面对这样的场景，你怎么看？你认为这是儿童学习的内容吗？你觉得这是幼儿园课程吗？你如何认识和理解幼儿园课程？幼儿园课程与中小学课程有何不同？幼儿园课程到底有何独特之处？下面我们将进入这些内容的学习。

---

① 王瑜. 环境与儿童的成长节奏［J］. 幼儿教育，2018（31）：14. 引用时有改动。

学习目标

1. 解释课程的内涵与类型，能用自己的话说出幼儿园课程的定义。
2. 领会幼儿园课程的特质及其发展变化。
3. 树立"一日生活皆课程"的理念，感受幼儿园课程的独特性。

思维导图

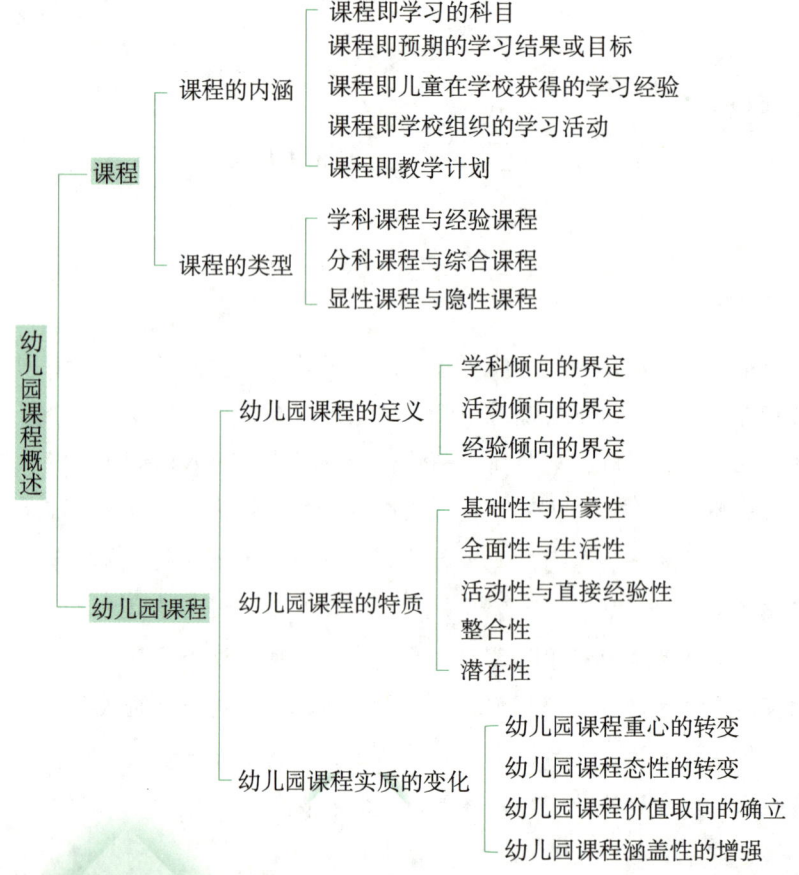

第一节 课程的内涵与类型

一、课程的内涵

为了理解与把握幼儿园课程的概念与特质,有必要首先探讨"课程是什么"的问题,而关于课程的定义可谓五花八门,人们至今尚未达成共识。对此,我们必须从语言学的角度追溯"课程"的词源,以了解其原初的内涵。

在汉语中,"课程"一词始见于我国唐代。到了宋代,学者朱熹在《朱子全书·论学》中多次提及课程,如"宽着期限,紧着课程""小立课程,大作工夫"等,此处的课程是指功课及其进程,与当今人们对"课程"的理解接近。

在英语中,"课程(curriculum)"一词最早出现在英国教育家斯宾塞的《什么知识最有价值》(1859年)一文中。它是从拉丁语"currere"一词派生出来的,原意为"跑道(race-course)",用来规定赛马者的行程,与教育中"学习内容进程"的意思较为接近,既可指一门学程,又可指学校提供的所有学程。

课程内涵的多元限定

"课程"是一个十分复杂、歧义较多的概念,至今人们对"课程"内涵的认识依然是多元的,但是归纳起来,当前比较典型的课程定义主要有以下五种:

(一)课程即学习的科目

将课程等同于学校学生学习的具体科目,这种定义由来已久,影响最为深远。例如,我国古代的课程有礼、乐、射、御、书、数,统称"六艺";又如,欧洲中世纪初的课程有文法、修辞、辩证法、算术、几何、音乐、天文学,统称"七艺";再如,我国幼儿园过去实施的分科课程有语言课、常识课、计算课、美术课、音乐课和体育课。

这种课程定义的实质是强调学校向学生传授系统的学科知识体系,其是一种典型的"教程"。它只关注教学的科目,不关注学生的情感陶冶、个性培养;只关注学科知识的体系、结构、逻辑，不关注学生的需要、兴趣、动机；只关注学生的认知发展，不关注学生"完整人格"的发展。因此，此种课程定义是不周全的。

（二）课程即预期的学习结果或目标

这一课程定义要求事先制定一套有结构、有序列的学习目标，所有教学活动都应为这些目标或结果服务，从而将课程重心从手段转移到了目标，即课程不关心学生在学习的情境中将要做什么，关心的是其行为的结果——他们将学到什么（或将能做什么）。[①] 但是这一课程定义也有明显缺点：一是预期的学习目标与实际发生的事情存在差异；二是过分强调预期的目标或结果，课程缺乏灵活性；三是将课程的焦点放在预期的目标或结果上，容易忽视非预期的学习结果。譬如在案例1-1中，祝老师的所作所为过分强调预期的美术活动目标，从而忽视了"出人意料"的下雪天，但是儿童对下雪天的兴趣更为浓厚，预期的学习目标意义不大。

案例1-1

一次"意外"的下雪天

大一班的祝老师正在进行美术活动"蚂蚁的地下王国"，目的是依托绘本情境，调动儿童已有经验，引导儿童展开想象，进行创意绘画，画出属于自己的蚂蚁地下王国，让儿童感受美术创作乐趣。但是此时外面突然飘起了雪花，乐乐看到之后，大叫一声"下雪啦！"孩子们纷纷往外张望，甚至有的孩子离开座位跑到外面看雪，因为这对于南方的孩子来说是比较少见的，他们不免非常兴奋。但祝老师发现以后，明确要求孩子们必须认真听讲和画画，不能往外面看，更不准跑出去。就这样，很多孩子心不在焉地画完了画，可是此时外面的雪也停了，孩子们都很失望。

（三）课程即儿童在学校获得的学习经验

这种课程定义将重心由"学科"和"教师"转移到了"经验"和"学生"上，强调以学生为中心，强调学生与教师、材料等相互作用获得的经验，实现了课程本

---

① Johnson, M. Appropriate research directions in curriculum and instruction [J]. Curriculum theory network, 1970-1971 (6): 25.

质由"客体"到"主体"的转变，也是教师从关注"教什么"到"为何教"和"怎样教"的转变。此种定义在理论上很吸引人，实践上却很难实行[①]：一是该定义要求课程要包含学生所有的个人经验，容易忽视系统化的知识，使得人们对课程的研究无从入手；二是教师难以同时满足所有学生的需要，很难为每一个学生制订适宜的课程计划。

例如，在案例1-2中，教师能够关注儿童的需要和兴趣，生成了关于"桥的家族"的主题活动，这值得肯定。而儿童最想知道的桥的秘密是五花八门的，但大家最终聚焦于认识各种各样的桥、探究桥的承重力和畅想桥的未来，这体现出了经验课程的不足之处：一是难以对所有儿童提出的问题进行研究；二是很难同时探究每个儿童最想要探究的问题。此外，在案例中，教师并没有完全追随儿童的兴趣和需要，而是对儿童提出的问题进行筛选，这在一定程度上克服了经验课程忽视系统化知识的缺陷。

案例1-2

大班主题活动"桥的家族"[②]

在一次走进日湖公园的活动中，教师发现孩子们最感兴趣的是日湖公园里的桥，他们就此提出了很多问题，而桥蕴含着丰富的教育资源，孩子们对桥最感兴趣、最想知道、最感困惑的是什么呢？于是，关于"桥的家族"的主题活动由此生成，师幼对此展开了充分交流，从日湖公园里的桥谈到了其他见过的桥。

当教师问到"宁波有那么多桥，你们最想知道桥的什么秘密"的时候，孩子们争先恐后地问："桥有哪些形状？""桥的作用都一样吗？""为什么有的桥是平的，有的桥是弯的？""为什么有些桥的两边有台阶？""我看见过水泥桥、石头桥，还有什么东西可以造桥？""我看见有些桥上有圆形的红色标志，中间写着'5t'，妈妈告诉我这座桥的承重力是'5吨'，难道桥的承重力都不一样吗？""为什么要在桥上装彩色的灯？"……孩子们的问题那么多，探究该从何入手呢？所以教师和孩子们商量，每个人将自己最想知道的关于桥的问题画下来，然后一起探究大家最感兴趣的问题，最终教师和孩子们总结出以下三个大家特别想要开展的活动：一是认识各种各样的桥（主要包括桥的类型、材质、造型和用途等）；二是探究桥的承重力（主要包括造型与承重力之间的关系、使桥更牢固的方法等）；三是畅想桥的未来（主要包括设计与建构心目中的桥等）。

---

① 靳玉乐. 现代课程论［M］. 重庆：西南师范大学出版社，1995：61.
② 何妨. "桥的家族"［J］. 幼儿教育（教育教学版），2018（13）：34-37. 引用时有改动。

（四）课程即学校组织的学习活动

由于学习经验的主观性、模糊性和不易把握性，一些研究者便把课程的定义转向了学习经验的"母体"——学习活动寻求支持。儿童是在与环境相互作用的过程中获得各种经验的，活动即儿童与环境相互作用的形式，"做中学"是儿童获得经验的主要方式。就此而言，在幼儿园实践中，课程主要包括生活活动（入园、进餐、饮水、盥洗、如厕、午睡、离园等）、游戏活动（自发性游戏、探索性游戏和规则性游戏等）、学习活动（集体教学活动和区域活动等）、运动活动（晨间锻炼、体育活动、室内运动和户外运动等）。

（五）课程即教学计划

将课程看作教学计划是20世纪50年代以来较为流行的一种观点，其涵盖了课程的一些基本要素，即课程目标、课程内容与组织、课程评价，但是往往忽视了课程实施。因此，其在本质上是一种静态的课程观，即过分强调静态设计、预成课程，忽视动态设计、生成课程，从而将教育者关注的重点引向外在的学习计划与方案。比如，幼儿园实践中的学年计划、学期计划、月计划、周计划、主题活动计划、一日活动计划、集体教学计划等。

综上所述，五种"课程"的经典定义均具有一定的合理性和局限性，对教育工作者而言，不是选择这种或那种课程定义，而是要意识到各种课程定义所要解决的问题及伴随的新问题，以便根据课程实践的要求，做出明智的决策。[①]

> **小贴士**
>
> **课程内涵的发展趋势**
>
> 1. 从强调学科内容到强调儿童的经验；
> 2. 从强调目标、计划到强调过程本身的价值；
> 3. 从强调教材的单一因素到强调教师、学生、教材、环境四因素的整合；
> 4. 从强调显性课程到强调显性课程与隐性课程并重；
> 5. 从强调"实际课程"到强调"实际课程"与"空无课程"并重；
> 6. 从强调学校课程到强调学校课程与校外课程的整合。
>
> 资料来源：
> 张华. 课程与教学论［M］. 上海：上海教育出版社，2000：68－72.

---

① 施良方. 课程理论：课程的基础、原理与问题［M］. 北京：教育科学出版社，1996：10.

二、课程的类型

当前国内外学者关于课程类型的探讨有很多，但是由于其划分标准的不同而各异，下面我们将对三种比较具有代表性的课程类型加以说明。

（一）以课程组织形态视角划分：学科课程与经验课程

1. 学科课程

学科课程以文化知识为基础，按照一定的价值标准，从不同的知识领域选择一定的内容，并且根据学科知识的逻辑体系组织所选出的内容，其是最古老、使用范围最广的课程类型，如前文所述的"六艺课程""七艺课程"和"分科课程"。

学科课程具有明显的优点：有助于系统传承人类文化遗产，有助于学习者获得系统的知识，有助于教学与评价，便于提高教学效率。同时它也存在不足：一是容易轻视儿童的需要、经验和生活；二是容易割裂了儿童完整的生活；三是容易忽视当代社会生活的现实需要；四是容易导致单调的教学组织和讲解式教学方法。

2. 经验课程

经验课程也称活动课程，是以儿童的主体性活动的经验为中心组织的课程，其强调将儿童感兴趣的当代社会生活问题及学科知识转化为儿童的经验作为课程的内容，基本着眼点是儿童的兴趣和动机，以动机为课程与教学组织的中心。

经验课程的特征

经验课程具有明显的优点：一是打破学科的逻辑，注重儿童的兴趣和需要；二是密切联系儿童的生活，关注当代社会生活问题；三是重视儿童的个别差异，倡导分工协作的学习方式。同时它也存在不足：一是忽略系统的学科知识，容易沉醉于各种偶发活动中；二是容易导致"活动主义"，忽略思维能力和其他品质的发展；三是需要教师具有较高的教育艺术。譬如在案例1-3中，教师虽然能够着眼于儿童的兴趣和动机，与他们讨论宠物狗生病要去看病的情节，并且为开一家宠物医院做充足的准备，但是其沉醉于儿童的偶发活动中，走向了"活动主义"，当教师观察到个别儿童出现了"宠物生病"的情节，便立即引导儿童开展"宠物医院"活动，以致再次开展角色游戏的时候，多数儿童对此已感到索然无味。

> **案例 1-3**
>
> **"宠物医院"为何开不起来**[①]
>
> 　　一天，在大班角色游戏快结束时，"娃娃家"里出现了宠物狗生病了要去看病的情节。在交流分享环节，教师与孩子们讨论了这个情节。有孩子提出，宠物是不能去给人看病的医院就诊的，应为它们开一家"宠物医院"。这一提议得到了同伴们的热烈响应，孩子们紧接着就游戏的情节和材料准备问题展开了简短的讨论，教师建议孩子们回去后设法了解更多信息，分头准备材料，并约定在下一次角色游戏时开这家"宠物医院"。
>
> 　　又到了开展角色游戏的日子，但是谁知活动开始以后，孩子们似乎忘记了之前的约定，只有个别孩子走到"宠物医院"材料区摆弄了一下，多数孩子还是进入了自己感兴趣的"娃娃家""小商店"等区域活动。正在教师想法设法引起孩子们对"宠物医院"的关注时，"娃娃家"里出现了新的游戏情节——"爸爸"说要赶紧打电话给消防队，因为家里着火了。几个孩子听到以后迅速扮演成了消防队员，并把小椅子排起来变成了消防车，同时找来管子积木搭出了灭火器，还去"超市"找来一根长长的管子当消防水管。"小医院"也紧接着出现了抢救伤员的情节，孩子们用担架，从"火灾现场"抬走伤员，游戏进行得如火如荼……但教师觉得原本计划好的"宠物医院"游戏没人理会，还是有些遗憾。于是，教师来到"娃娃家"，试着提醒孩子们，但孩子们仍没有加以理会，见几次暗示都失败了，教师只好放弃了。

3. 学科课程与经验课程的关系

　　学科课程以学科中的逻辑经验为基点，而经验课程以儿童当前活生生的心理经验为基点，它们是两种不同的课程（见表 1-1）。但是两者具有内在统一性：学科课程不排斥儿童的心理经验，排斥的是盲目沉醉于儿童当前的经验发展水平；经验课程不排斥逻辑经验的教育价值，排斥的是逻辑经验脱离儿童的心理经验。

[①] 王雪菲."宠物医院"为何开不起来[J].幼儿教育，2017（11）：15.引用时有改动。

表 1–1　学科课程与经验课程之间的差异比较

学科课程	经验课程
教师中心	儿童中心
教材中心—知识系统	问题中心—直接体验
教师讲授	学生主动学习
强调教育结果和知识获得	强调教育过程和问题解决
注重知识和智力发展	注重全面发展

> **小贴士**
>
> **学科课程与经验课程的经典类型与组织原理**
>
> 学科课程的经典类型：1. 科目本位课程；2. 学术中心课程；3. 综合学科课程。
>
> 经验课程的经典类型：1. 浪漫自然主义经验课程；2. 经验自然主义经验课程；3. 当代人本主义经验课程。
>
> 学科课程的组织原理：1. 分科设置各类课程；2. 课程按知识逻辑编排；3. 课程组织的顺序性；4. 中心整合法。
>
> 经验课程的组织原理：1. 学生的活动或经验是出发点；2. 围绕儿童的天性组织；3. 从哲学观到心理学的转化。
>
> 资料来源：
>
> 1. 张华. 课程与教学论 [M]. 上海：上海教育出版社，2000：238–252.
>
> 2. 彭虹斌. 学科课程的理论基础与组织原理 [J]. 湖南师范大学教育科学学报，2007（4）：43–45.
>
> 3. 袁慧芳，彭虹斌. 经验课程的理论基础及组织原理 [J]. 高等函授学报（哲学社会科学版），2007（4）：8–10.

（二）以分与合关系视角划分：分科课程与综合课程

1. 分科课程

分科课程是一种单学科的课程组织模式，其按照学科分门别类地组织课程，强调不同学科门类之间的相对独立性，强调一门学科的逻辑体系的完整性。当前幼儿园课程属于分科课程，可以相对划分为健康、语言、社会、科学和艺术五个领域，但是其注重培养儿童的学习兴趣、能力和习惯，而不是使儿童掌握具体的知识。

2. 综合课程

综合课程是一种多学科的课程组织模式，其将具有内在逻辑或价值关联的课程内容进行统整，强调学科的关联性、统一性和内在联系。当前幼儿园综合课程的表现形式以单元主题活动为主，它是指在一段时间内围绕一个中心即主题组织的一系列活动。下面以中班单元主题活动"感官总动员"[①] 为例说明，详见图1-1。

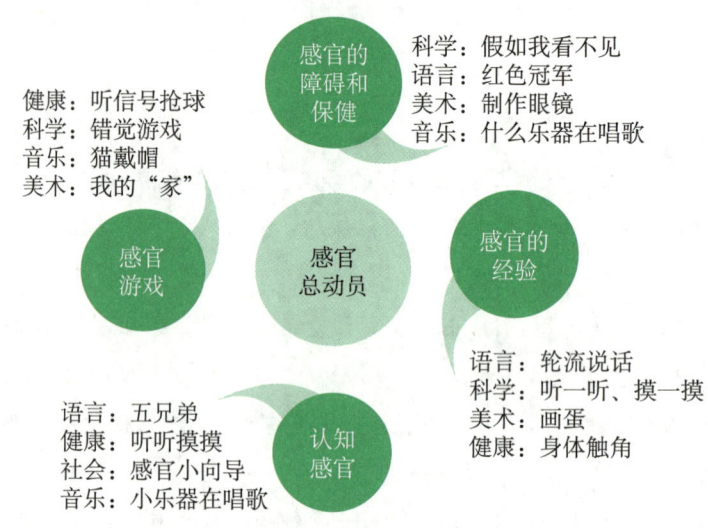

图1-1 幼儿园综合课程：单元主题活动之"感官总动员"

"感官总动员"这一主题源于儿童对感官的经验，其在此基础上由近及远地慢慢扩展，形成了"感官的经验—认知感官—感官游戏—感官的障碍和保健"的主题线索，四个板块之间相互呼应、逐步深入、有机联系，呈现一种横向的网状关系，实现了各个领域知识与经验的有机整合，共同建构儿童的相关经验。

3. 分科课程与综合课程的关系

分科课程与综合课程是两种不同的课程类型，各有其存在的价值。同时，两者又有着一定的内在联系：第一，两者的区分是相对的。分科课程包含知识之间某种程度的综合，综合课程总是呈现出某种分科的形式。第二，两者相互依赖、相互作用。不同分科课程之间虽然有着明显的区别，但总是存在一定的联系，当前学科之间相互封闭和孤立的现状是由于许多不合理的人为因素导致的。第三，综合课程是从某种观点、以某种方式超越分门别类的学科逻辑，绝对不是以牺牲科学体系为代价。

---

① 袁爱玲. 当代学前课程发展 [M]. 广州：广东高等教育出版社，2007：9. 引用时有改动。

（三）以课程功能视角划分：显性课程与隐性课程

1. 显性课程

显性课程是指在学校教育中以教学计划、课程标准和教材的形式存在的知识技能、价值观念和行为规范，其是一种以直接的、明显的方式呈现的课程。例如，幼儿园实践中的学年计划、学期计划、月计划、周计划、单元主题活动方案、集体教学活动方案、区域活动方案、生活活动方案等。显性课程是有计划、有组织、有意图的学习活动，儿童以此获得预期的或计划性的知识、技能和经验。

2. 隐性课程

隐性课程是指在学习环境中所学习到的非预期或非计划性的知识、观念、规范和态度，是一种以间接的、内隐的方式呈现的课程。例如，幼儿园实践中的物质环境（如园舍建筑、设施设备、空间布局、环境创设等）、制度环境（如管理制度、生活制度、常规制度、评价制度等）和精神环境（如师幼关系、同伴关系、教师特质、班级文化等）。隐性课程是无计划、无组织、无意图的学习活动，儿童以此获得非预期的或非计划性的影响。比如，在案例1-4中，虽然老师不是有意识地教育佳佳如此表现，但是老师的一言一行潜移默化地对佳佳产生了影响。

隐性课程的特点与途径

> **案例1-4**
>
> **今天我来当老师**[①]
>
> 吃过晚饭，佳佳指挥爸爸、妈妈、奶奶、小布娃娃、绒毛兔按照她的要求排排坐，佳佳当幼儿园老师，坐在椅子上的是幼儿园小朋友。佳佳老师先点名，要求大家喊到，点完名后，又给大家讲故事，然后给大家念儿歌……坐着坐着，爸爸有点不耐烦，刚想站起来，佳佳威严地发话："小朋友请坐好，哪个动来动去的，不听话，我请他站到教室外面去。"那神情与班里的老师一模一样，惟妙惟肖。

[①] 王春燕. 幼儿园课程概论［M］. 北京：高等教育出版社，2014：6.

3. 显性课程与隐性课程的关系

显性课程与隐性课程是两种不同的课程类型，在性质、特点等方面各不相同。但是两者共同构成了学校课程的全部学习经验，两者之间存在一定的内在联系：一方面，显性课程的实施总是伴随着隐性课程。因为教师和学生是自主的主体，课程实施的过程具有不可预期性，其中必然存在隐性课程。另一方面，隐性课程也在不断地转化为显性课程。当人们认识到显性课程中存在消极的隐性课程影响时，就会有意识地对其加以控制；反之，当显性课程中存在积极的隐性课程影响时，这些隐性课程就会转化为有计划的、预期性的显性课程，而这些新的显性课程在实施过程中又会产生新的隐性课程。

第二节 幼儿园课程的定义、特质与变化

一、幼儿园课程的定义

关于幼儿园课程的定义也是众说纷纭，下面我们在简要分析幼儿园课程不同界定倾向的基础上，进一步明确幼儿园课程的定义。

（一）学科倾向的界定

学科倾向的界定以学科组织课程的内容，如音乐、美术、语言、常识、体育、计算等，它在我国20世纪80年代的幼儿教育中比较普遍。20世纪90年代以后，随着整合教育观的影响，课程不再是单一的学科，学科之间的联系得到加强，课程的整体性得以凸显。以学科为基础的相关课程、领域课程普遍出现，如音乐、美术构成艺术学科，常识与计算构成科学学科，等等，单一的学科课程基本消失。

（二）活动倾向的界定

活动倾向的界定认为幼儿园课程是为儿童安排的有组织、有计划的各种活动的总和，其开始由注重学科转向注重儿童，注重儿童的学习活动，注重儿童在活动中的主动性，强调课程的动态过程。

（三）经验倾向的界定

经验倾向的界定强调幼儿园课程是为了促进儿童身心和谐发展所提供的有益经验。这种界定更关心儿童在活动中所得到的有益经验，它比活动倾向的界定多了一个参照，即儿童通过活动所得到的经验，尤其是直接经验。

当前在我国居于主导地位的是活动倾向的界定，即幼儿园课程是指在幼儿园的一日活动中，帮助儿童获得有益的学习经验，促进其身心全面和谐发展的各种活动的总和。

理解幼儿园课程的定义

> ○ 问题思考
>
> 在明确幼儿园课程的定义之后，你认为晨检、入园、离园、午餐、午睡、盥洗等是否属于幼儿园课程呢？为什么？

二、幼儿园课程的特质

相较其他年龄阶段的儿童，3～6岁儿童在学习与发展方面有着自身的特点，这决定了幼儿园课程具有以下五个方面的特质：

幼儿园课程的特质

（一）基础性与启蒙性

幼儿园教育是基础教育的重要组成部分，是我国学校教育和终身教育的奠基阶段，而幼儿园课程是幼儿园教育的载体，直接影响着儿童在这一阶段所获得的经验与发展，同时为其今后甚至一生的发展奠定基础，因而具有基础性。幼儿阶段是人生的启蒙阶段，是儿童懵懵懂懂迈开脚步走向社会的开始，所以幼儿园课程应该成为儿童的一个睿智的引导者，帮助他们认识周围世界，使他们在原有发展水平的基础上得到初步的锻炼与启迪，使儿童在享有快乐童年的同时，身心得到与其发展水平相宜的提高，而不是追求过高的认知目标。党的二十大报告特别强调，"育人的根本在于立德。要全面贯彻党的教育方针，落实立德树人根本任务。"所以幼儿园课程的基础性和启蒙性还必须关注对幼儿的品德启蒙，坚定落实立德树人的根本任务。注重幼儿良好品德和行为习惯养成，把社会主义核心价值观自然、有机地融合在幼儿园的课程活动中，注重从小做起，从点滴做起，为培养德智体美劳全面发展的社会主义建设者和接班人奠基。

（二）全面性与生活性

幼儿园课程是实现幼儿园教育目的的手段，是实现儿童全面发展的中介，其必须以实现儿童在身体、认知、情感、个性、社会性等方面的全面和谐发展为目标。儿童处于身心发展的特殊时期，对于他们来说，一些基本的生活卫生习惯、生活自理能力、与人相处的态度以及基本的常识等都需要在这一阶段学习，而这些不可能通过教师的书面讲授、口耳相传获得，儿童只能在生活的过程中学习。因此，幼儿园课程必然带有浓厚的生活性特征，即课程内容来源于儿童的生活，课程实施贯穿于儿童一日生活的各个环节。譬如在案例1-5中，老师有效利用生活中的教育契机，即孩子们在散步的时候发现了一只蜗牛，并让孩子们在生活中寻找蜗牛，验证蜗牛喜欢潮湿的地方，由此帮助他们获得关于蜗牛的有益经验和探究问题的能力，这比老师直接告诉他们"蜗牛喜欢潮湿的地方，喜欢昼伏夜出"深刻得多。

案例1-5

探索蜗牛的秘密[①]

一次饭后散步，孩子们发现了一只蜗牛，他们对此非常感兴趣，仔细观察蜗牛，提出了无数个有关蜗牛的问题。老师看着孩子们充满好奇与渴望的眼睛，提议将这只蜗牛带回教室的自然角，孩子们纷纷点头表示同意。之后，老师和孩子们一起观察蜗牛，大家把问题用图画或符号等形式记录在纸上，然后一起想办法解决。比如孩子们想知道蜗牛住在哪里，在哪里容易找到蜗牛。有个孩子说在潮湿的地方可以找到蜗牛，于是大家一起去验证这个说法。最后真的在潮湿的泥地里找到了蜗牛，在多番寻找后，大家有了更多的发现：草地里有蜗牛，菜地里有蜗牛，雨后有蜗牛，天快黑的时候也有蜗牛……孩子们对蜗牛的探究仍在继续着。

⊙问题思考

"一日生活皆课程"的观念已经深入人心，比如有的幼儿园为了让幼儿对进餐感兴趣，把角色游戏引入进餐环节，让值日生扮演卖菜人，其他孩子扮演买菜人。你认为这一现象是否体现了幼儿园课程的生活性？其是否完全将教育与生活等同起来？为什么？

---

① 江苏南京市鹤琴幼儿园. 做善于思考的幼儿园教师［J］. 幼儿教育（教育教学版），2018（6）：21-22. 引用时有改动。

(三) 活动性与直接经验性

3~6岁儿童的身心发展水平和学习特点，决定了其学习方式与中小学生不同。对于他们而言，只有在活动中的学习才是有意义的学习，只有以直接经验为基础的学习才是理解性的学习，他们必须借助于具体情境和具体事物，在参与、探索、交往的过程中学习。因此，幼儿园课程实施的关键在于为儿童创设丰富的情境，为儿童提供探究与互动的机会，其通过儿童在一日生活中获得直接经验而进行。从这一意义上讲，幼儿园课程具有活动性与直接经验性。例如，在案例1-6中，教师以科学活动为载体引导儿童运用多种感官和多种方式进行探究，通过看一看、摸一摸、揉一揉、听一听等方法发现纸的不同——软硬、厚薄、颜色、光滑度等，在此基础上儿童进一步探究纸的吸水性，获得了有关三种纸的直接经验。

> **案例1-6**
>
> **中班科学活动"有趣的纸"**[①]
>
> 中班科学活动"有趣的纸"分为三个环节：一是感知三种纸的不同。教师分别出示三种纸帮助幼儿了解纸的名称，提出问题："每人都有三种纸，大家看一看、摸一摸、揉一揉、听一听，它们有什么不同？"随后，幼儿取了三种纸进行感知比较，发现纸的软硬、厚薄、颜色、光滑度等不同，与此同时教师鼓励幼儿用语言表达自己的发现和感受，并将其记录在表格中。二是制作有趣的染纸画。教师引入染纸画，出示染纸样品，介绍染纸的基本方法，接着幼儿取纸进行操作和相互交流。教师提问："你们看一看这三种纸染出来的画，你们发现了什么？哪种纸做染纸最漂亮？为什么？"最后教师总结"宣纸做染纸最漂亮，因为它吸水多"，并在表格中梳理三种纸的不同。三是提出问题，延伸活动。教师提问："今天是用这三种纸来做染纸画，如果将这三种纸折成船放在水里会怎么样呢？"

(四) 整合性

儿童身心发展的水平和学习特点决定了幼儿园课程是高度整合的课程，并且在

[①] 王春燕. 幼儿园教学诊断技巧与对策58例［M］. 北京：中国轻工业出版社，2014：180-181.

幼儿园课程实施中，儿童也是以"完整人"的形象出现的。因此，幼儿园课程的内容应该具有整合性，尽可能使得不同的课程内容相互联系、相互促进，从而构成一个有机的发展整体，更好地促进儿童的发展。《幼儿园教育指导纲要（试行）》也明确指出：幼儿园课程相对划分为五个领域，各领域的内容要有机联系、相互渗透，从不同的角度促进儿童的全面发展。比如，案例1-7虽然只是一个中班语言活动，内容却是具有整合性的，既有语言的学习（如理解故事内容，尝试运用修饰性语言进行描述和表达），又有社会性的学习（如感悟每个人都有自己的独特之处，应悦纳自我与他人）。

> **案例1-7**
>
> **中班语言活动"最奇妙的蛋"**[①]
>
> 　　很久很久以前，有三只母鸡咯咯咯地吵个不停，她们都说自己是最漂亮的母鸡，圆圆有最漂亮的羽毛，琪琪有最漂亮的腿，毛毛有最漂亮的鸡冠。因为吵不出个结果，她们决定去请教国王。国王说："你们会做什么，比你们长得好不好看重要多了，你们三个谁能生下最奇妙的蛋，我就封谁当公主。"于是，全国的母鸡都跟着国王走进了皇宫的庭院里，和国王一起来见证谁能生下最奇妙的蛋。
>
> 　　圆圆生下了一颗又白又干净的蛋，形状好看极了，蛋壳也像磨光的大理石一样，闪闪发亮。"这是我见过的最完美的蛋！"国王叫了起来，所有的母鸡都点头赞成。轮到琪琪了，琪琪生下了一个连鸵鸟看了都会嫉妒的大鸡蛋。"这是我见过的最大的蛋！"国王叫了起来，所有的母鸡都点头赞成。最后毛毛生下了就算过了一百年也没有人会忘记的蛋。在大家面前，有一个四四方方的蛋，每一边都像用尺画的那样直，每一面都有不同的颜色，而且十分鲜艳。"这真是我见过的最不可思议的蛋！"国王叫了起来，所有的母鸡都点头赞成。要从这三个蛋中选出一个最奇妙的蛋，根本是不可能的。所以，国王决定圆圆、琪琪和毛毛都可以当上公主。从此以后，她们三个成了最要好的朋友，而且继续快乐地生世界上最特别的蛋。

[①] 李宁蓉. 最奇妙的蛋（中班）[J]. 幼儿教育，2018（3）：29-31. 引用时有改动。

（五）潜在性

由于儿童知识经验缺乏，自我辨别与自我控制的能力较低，模仿力强，幼儿园的一砖一瓦、一草一木，教师的一言一行、一举一动无时无刻不影响着儿童的发展。因此，幼儿园课程不仅体现在有目的、有计划的教育活动中，而且体现在环境、生活、游戏及教师不经意的行为中。即使是前者，目标和意图也仅存在于教师的意识中，儿童不会清楚地意识到，他们更多感受到的是教师创设的环境、准备的材料、组织的活动，因而其具有潜在性。譬如，在案例1–8中，教师发现儿童并未按照预设的要求进行操作，即根据"小鸡"身上的数字或点子数捉相应数量的"小虫"，便在益智区的墙面上贴了一张图片，后期还进一步加大了区域材料的难度。很显然，教师通过环境和材料的暗示作用，不仅帮助孩子们掌握操作方法，而且进一步提升了孩子们的经验。

> **案例1–8**
>
> **益智区的"小鸡捉虫"**[1]
>
> 教师在开展主题活动"学本领"的过程中，根据小班幼儿的年龄特点设计了"小鸡捉虫"的区域材料，目的是使幼儿按照数字或点子数进行数量对应。但幼儿并未按照预设的要求进行操作，所以教师在益智区的墙面上贴了一张图片，暗示幼儿根据"小鸡"旁边的数字或点子数捉相应数量的"小虫"。有了墙面上图片的暗示，幼儿知道如何进行操作，并能够通过数量验证是否操作正确。后来，为了增强材料的趣味性和挑战性，教师又投放了一些有颜色的"小虫"，让幼儿根据颜色和数字两个维度捉"小虫"，以增加游戏的难度，满足不同幼儿的需求。

当然，幼儿园课程与中小学课程相比，还有一些其他的特点，如游戏性、非义务性、适宜发展性等，但上述五点无疑是更主要的，进一步探讨与分析幼儿园课程的特质，对于我们更好地认识幼儿园课程的本质，以及进行幼儿园课程设计与实施具有重要的指导与启发意义。

---

[1] 徐静洁. "小鸡捉虫"[J]. 幼儿教育，2017（31）：28. 引用时有改动。

⊙ **学习活动**

观摩并重点剖析幼儿园某一个班级的半日活动

活动目的：虽然幼儿园课程改革已经过去三十余年，但是仍然有很多人对幼儿园课程的特质存在误解。在本次活动中，你将通过观摩并重点剖析幼儿园某一个班级的半日活动，进一步加深对幼儿园课程特质的认识。

本活动需要花费你大约 4 个小时的时间。

步骤1：请仔细阅读"幼儿园课程的特质"部分。

步骤2：认真观摩幼儿园某一个班级的半日活动，重点剖析该活动在哪些方面较好地体现了幼儿园课程的特质，哪些方面没能很好地体现幼儿园课程的特质。

后续活动建议：思考如何改进半日活动以更好地体现幼儿园课程的特质，进而提出具体的修改建议，并说明修改的理由。

反馈：

幼儿园课程的特质：

1. 基础性与启蒙性　　2. 全面性与生活性

3. 活动性与直接经验性　　4. 整合性　　5. 潜在性

与小学课程的主要区别是：小学课程是分科课程，以间接经验为主，通过教师的口头传授进行教学，幼儿园课程是综合课程，以直接经验为主，通过直接感知、实际操作和亲身体验的活动方式进行教学。

三、幼儿园课程实质的变化

对幼儿园课程定义与特质的探讨与分析，反映出 20 世纪 80 年代以来我国学者对幼儿园课程实质的认识发生了以下一些重要的变化：

（一）幼儿园课程重心的转变

课程由"学科"到"经验"的变化，实质上是课程由"重物"到"重人"的转变，由重视"教育者"到重视"学习者"的转变，这一转变将幼儿园课程的重心放在了儿童身上，突出了儿童作为学习者的主体地位，将课程直接指向儿童的整体发展。

（二）幼儿园课程态性的转变

课程本质观由静态走向动态，从把课程理解为学科、静态的知识和内容到把课程理解为动态的活动、儿童的学习活动、幼儿园所有活动的总和。这一转变将课程的中心放在实际发展的活动过程中，强调学习者与教育情境的相互作用，表明只有实际进行的能使儿童从活动过程中获得有益经验的教育活动，才是真正的课程。

（三）幼儿园课程价值取向的确立

课程的目的是促进儿童身心的和谐发展，只要能促进儿童发展的活动或经验均纳入课程范围，将课程的目的指向学习者有益经验的获得与身心的健全发展。

（四）幼儿园课程涵盖性的增强

儿童在园的一切带有教育性的活动都是课程，即将发生在幼儿园一切时间、地点、条件下的课程现象均纳入课程范围之中，既包括严密计划与组织的正规的显性课程，也包括无形之中对儿童发生影响的非正规的、计划外的隐性课程。

⊙ 单元小结

本单元主要讨论了两个问题：
（1）课程的内涵与类型；
（2）幼儿园课程的定义、特质与变化。

关于课程的定义五花八门，人们至今尚未达成共识，而当前比较典型的课程定义主要有五种：课程即学习的科目、课程即预期的学习结果或目标、课程即儿童在学校获得的学习经验、课程即学校组织的学习活动、课程即教学计划。每种定义都有其自身的优缺点，反映了独特地看待"课程"的角度和关注的重点。课程类型是课程的表现形式，不同的课程本质决定着不同的课程类型，而当前比较具有代表性的课程类型有三种：学科课程与经验课程、分科课程与综合课程、显性课程与隐性课程。基于此，本单元进一步分析幼儿园课程界定的三种倾向：学科倾向、活动倾向和经验倾向。其中，在我国居于主导地位的是活动倾向的界定，这从而使我们明确了幼儿园课程的定义，幼儿园课程即在儿童的一日生活活动中，帮助儿童获得有益的学习经验，促进其身心全面和谐发展的各种活动的总和。紧接着，本单元还探讨了幼儿园课程的五个特质，即基础性与启蒙性、全面性与生活性、活动性与直接经验性、整合性、潜在性。最后，本单元指出了幼儿园课程实质发生的一些重要变化：重心的转变、态性的转变、价值取向的确立、涵盖性的增强。

⊙ 拓展阅读

1. 朱家雄. 幼儿园课程［M］. 上海：华东师范大学出版社，2003.（第一章）

2. 张华. 课程与教学论［M］. 上海：上海教育出版社，2000.（第五章的第三节）

3. 冯晓霞. 幼儿园课程［M］. 北京：北京师范大学出版社，2000.（第一章）

4. 王春燕. 中国学前课程百年发展与变革的历史研究［M］. 北京：教育科学出版社，2004.（第四部分）

5. 有宝华. 综合课程论［M］. 上海：上海教育出版社，2002.（对综合课程有困惑并有进一步探究兴趣的学习者可以阅读此书）

⊙ 巩固与练习

一、名词解释

1. 课程　　2. 幼儿园课程　　3. 学科课程与经验课程
4. 分科课程与综合课程　　5. 显性课程与隐性课程

二、简答题

1. 当前我国幼儿园课程属于哪些类型？为什么？
2. 简述界定幼儿园课程的三种倾向及其特质。
3. 如何把握幼儿园课程实质的变化？

三、论述题

1. 某幼儿园秉持以儿童为中心、以儿童的生活经验为基础的指导思想进行园本课程的开发与设计，把儿童的生活经验作为课程开发的出发点。请分析该幼儿园倾向哪一种课程定义？该定义认为课程的内涵具体指什么？

2. 比较学科课程与经验课程、分科课程与综合课程、显性课程与隐性课程的异同。

四、案例分析

为什么家长不能理解幼儿园课程的独特性？[①]

一名教龄20年的幼儿园教师抱怨道：现在的课程越来越不好做，比如这个月区域活动设置的是"系鞋带"，孩子们玩了两天以后，很多家长反映：为什么让我的孩子玩"系鞋带"？"系鞋带"有什么用，为什么不多教些知识？再如有的家长问孩子："今天在幼儿园，老师都教了些什么？"孩子奶声奶气地回答："玩滑车，骑木马，认识了好多小朋友……"这时又有很多家长反映：你们幼儿园难道不学习吗？怎么都是玩啊？我早上看到他们在玩，晚上看到还是玩，一天到晚都在玩。当然，有的家长虽然能够认同游戏的价值，但过分强调游戏的功利性，如推崇棋类游戏，

---

① 苏媛媛. 学前教育发展前沿与趋势［M］. 长春：东北师范大学出版社，2015：15. 引用时有改动。

忽视其他类型的游戏。对此,我给家长解释幼儿园课程具有的独特性,它不能和中小学课程相提并论,可是很多家长仍然不理解,认为我们幼儿园没有用心,只会带着孩子们玩,我都不知道该怎么办。

五、实践题

认真观察某一所幼儿园或某一个班级,详细记录一个能够反映隐性课程的案例并进行简单分析,尝试提出一些改进建议。

第二单元 幼儿园课程目标的确立

导 言

在小班语言活动"小小树"中,教师设定的活动目标如下:

1. 欣赏画面,感受儿歌童趣的意境,初步理解小树变化与动作语汇的关系。

2. 学说"敲一敲、摇一摇"等动词,尝试用适宜的动作表达对小树变化的感受。

活动中,教师通过引导幼儿观察PPT中树木画面的变化,帮助幼儿分段理解"敲一敲,敲一敲,小树长出小叶子/摸一摸,摸一摸,小树长出小花朵/摇一摇,摇一摇,小树长出小果子/哇,小树变样啦!"的儿歌内容。但在目标设置中教师对儿歌学习的关键经验把握不足,忽视了儿歌学习中幼儿对诗歌意境想象与节奏韵律的感受,机械地强调"敲一敲、摇一摇"等动词的学习,导致活动中幼儿参与积极性不高,幼儿并没有很好地理解"长出小叶子,开出小花朵,结出小果子"等不同的动词匹配,整个活动仅仅持续了9分钟即简单结束。[1]

那么,确立教育活动目标需要关注哪些要素呢?怎样理解幼儿园课程目标的内涵?确立课程目标需要考虑什么依据?怎样进行幼儿园课程目标的表述?下面我们将进行相应内容的学习。

---

[1] 活动案例系笔者入园教研整理所得。

✩ 学习目标

1. 领会幼儿园课程目标的内涵和体系，明确幼儿园课程目标确立的三个基本依据。

2. 初步掌握制定幼儿园具体教育活动目标的能力，能对实践中的一些具体教育活动目标做出评析。

3. 感受幼儿园课程目标的整合性和一般发展性，体会幼儿园课程目标与中小学课程目标的不同。

思维导图

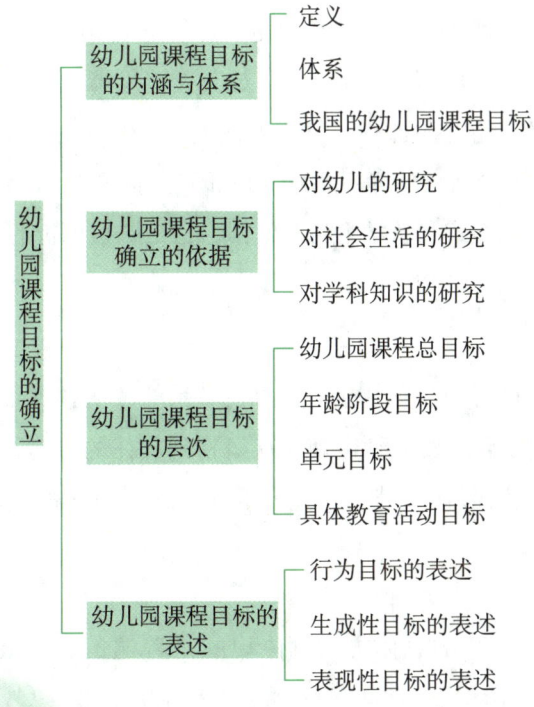

第一节 幼儿园课程目标的内涵与体系

党的二十大报告特别指出"教育是国之大计、党之大计。培养什么人、怎样培养人、为谁培养人是教育的根本问题。"这对于我们思考与制定幼儿园课程目标有着深远的方向性意义。幼儿园课程目标是对幼儿在一定期限内的学习效果的预期，是幼儿园教育目标的具体化。课程目标是幼儿园运行的"指南针"，它既是选择课程内容、确定课程组织方式和教学策略的依据，也是课程评价的标准。

一、幼儿园课程目标的定义

课程目标与教育目的、教育目标是有内在联系的，从教育目的到教育目标再到课程目标是一个从宏观到中观再到微观，从概括到具体的过程。在教育系统中，教育目的、教育目标、课程目标、教学目标等构成了一个有机的整体。

（一）教育目的

教育目的一般指教育的总体方向，体现的是普遍的、终极的教育价值追求。2015 年最新修订的《中华人民共和国教育法》第五条指出："教育必须为社会主义现代化建设服务、为人民服务，必须与生产劳动和社会实践相结合，培养德、智、体、美等方面全面发展的社会主义建设者和接班人。"党的二十大报告中也指出："全面贯彻党的教育方针，落实立德树人根本任务，培养德智体美劳全面发展的社会主义建设者和接班人。"这即是当下我国的教育目的，明确提出了教育要培养的人的基本规格与追求——培养德智体美劳全面发展的社会主义建设者和接班人。

（二）教育目标

教育目标是教育目的的下位概念，它所体现的是不同性质的教育和不同阶段的教育的价值，如幼儿教育目标、高等教育目标、职业教育目标等。我国2016年修订的《幼儿园工作规程》，对幼儿园的保育和教育目标规定如下："（一）促进幼儿身体正常发育和机能的协调发展，增强体质，促进心理健康，培养良好的生活习惯、卫生习惯和参加体育活动的兴趣。（二）发展幼儿智力，培养正确运用感官和运用语言交往的基本能力，增进对环境的认识，培养有益的兴趣和求知欲望，培养初步的动手探究能力。（三）萌发幼儿爱祖国、爱家乡、爱集体、爱劳动、爱科学的情感，培养诚实、自信、友爱、勇敢、勤学、好问、爱护公物、克服困难、讲礼貌、守纪律等良好的品德行为和习惯，以及活泼开朗的性格。（四）培养幼儿初步感受美和表现美的情趣和能力。"

（三）课程目标

课程目标作为教育目标的下位概念，是一定的教育目标在课程领域的具体化，在教育目标的制约下，其具体体现在课程开发与教育活动价值取向。例如，我国2001年颁布的《幼儿园教育指导纲要（试行）》，把幼儿园教育的课程分为健康、语言、社会、科学、艺术五大领域，各领域都有明确的目标。如社会领域目标为：

（1）能主动地参与各项活动，有自信心；
（2）乐意与人交往，学习互助、合作和分享，有同情心；
（3）理解并遵守日常生活中基本的社会行为规则；
（4）能努力做好力所能及的事，不怕困难，有初步的责任感；
（5）爱父母长辈、老师和同伴，爱集体、爱家乡、爱祖国。

二、幼儿园课程目标的体系

目前幼儿园课程目标的体系概括起来主要有两种：以学习内容领域为结构框架的目标体系和以幼儿发展领域为结构框架的目标体系。

日本幼儿园教育的五大领域

（一）以学习内容领域为结构框架表述的课程目标体系

如中国等东方国家的幼儿园课程目标，中国《幼儿园教育指导纲要（试行）》中以学习内容领域为结构框架的目标体系。

1. 健康

（1）身体健康，在集体生活中情绪安定、愉快；
（2）生活、卫生习惯良好，有基本的生活自理能力；
（3）知道必要的安全保健常识，学习保护自己；
（4）喜欢参加体育活动，动作协调、灵活。

2. 语言

（1）乐意与人交谈，讲话礼貌；

（2）注意倾听对方讲话，能理解日常用语；

（3）能清楚地说出自己想说的事；

（4）喜欢听故事、看图书；

（5）能听懂和会说普通话。

3. 社会

（1）能主动地参与各项活动，有自信心；

（2）乐意与人交往，学习互助、合作和分享，有同情心；

（3）理解并遵守日常生活中基本的社会行为规则；

（4）能努力做好力所能及的事，不怕困难，有初步的责任感；

（5）爱父母长辈、老师和同伴，爱集体、爱家乡、爱祖国。

4. 科学

（1）对周围的事物、现象感兴趣，有好奇心和求知欲；

（2）能运用各种感官，动手动脑，探究问题；

（3）能用适当的方式表达、交流探索的过程和结果；

（4）能从生活和游戏中感受事物的数量关系并体验到数学的重要和有趣；

（5）爱护动植物，关心周围环境，亲近大自然，珍惜自然资源，有初步的环保意识。

5. 艺术

（1）能初步感受并喜爱环境、生活和艺术中的美；

（2）喜欢参加艺术活动，并能大胆地表现自己的情感和体验；

（3）能用自己喜欢的方式进行艺术表现活动。

（二）以幼儿发展领域为结构框架表述的课程目标体系

如美国等西方国家的幼儿园课程标准[1]。

1. 社会性与情绪发展[2]

（1）形成积极的自我概念；

（2）主动建构与周围世界的关系，发展人际交往与技能；

---

[1] 朱家雄，胡娟. 幼儿园课程概论 [M]. 上海：复旦大学出版社，2015：45-46.
[2] 张政. 美国早期学习标准社会领域的分析研究 [D]. 杭州：浙江师范大学，2018：40-43.

（3）发展健康稳定的情绪；

（4）能够较好地进行自我调节与控制；

（5）具有共情能力，培养责任心，具有初步的道德意识。

2. 知觉与动作发展

（1）喜欢并成功地用身体去表达情感；

（2）发展写字与绘画所需要的肌肉控制；

（3）增进感觉与动作系统的协调；

（4）增进平衡与律动的活动能力；

（5）利用各种感官探索世界。

3. 认知发展

（1）发展批判性、创造性思考和问题解决能力；

（2）开始理解符号的意义；

（3）探索外表与实质之间的关系；

（4）发展计划、执行与评价能力；

（5）增进对因果关系的理解；

（6）发展对人、对物的各种相似及相异的认识；

（7）扩充对社会与自然环境及其意义的认识。

4. 语言发展

（1）增进运用语言规则的能力；

（2）发展运用语言表达需要、情感和思想的能力；

（3）利用语言引导思想和行动；

（4）扩大词汇范围和复杂性；

（5）发展对词汇意义及发言的兴趣。

三、我国的幼儿园课程目标

在我国，《幼儿园工作规程》所规定的保育和教育目标，也就相当于幼儿园课程的总目标。《幼儿园教育指导纲要（试行）》把总目标与课程内容相结合形成了课程领域目标。例如在健康领域，设立了身体健康，在集体生活中情绪安定、愉快；生活、卫生习惯良好，有基本的生活自理能力；知道必要的安全保健常识，学习保护自己；参加体育活动，动作协调、灵活这四个层次的目标。这类目标一般比较宏观，表述相对抽象。

第二节 幼儿园课程目标确立的依据

幼儿园课程目标确立的依据主要包括以下三个方面：对幼儿的研究、对社会生活的研究及学科专家的建议。因此，科学地制定幼儿园课程目标，意味着必须研究幼儿、研究社会生活、研究学科知识。

一、对幼儿的研究

支持、帮助、引导幼儿学习，促进其身心全面和谐发展是幼儿园课程的基本职能之一。因此，幼儿园课程目标的确立必须关注幼儿的发展，特别是幼儿的身体、动作、认知社会性、情感及个性形成等方面的规律与特点，注重并满足幼儿的发展需要与兴趣，确保课程目标能够真正地引导与促进幼儿的学习与发展。

幼儿的发展需要，是指"理想发展"与"现实发展"之间的距离，即"应该能够怎样的"和"实际是怎样的"之间的差距。一方面，我们要了解儿童发展心理学研究所揭示的幼儿"应该"和"可能达到"的发展；另一方面，要扎根实践，了解幼儿的现实发展状况，即通过对幼儿日常的行为、认知、情感及社会性等方面的实际观察来判断他们的发展水平和特点。在此基础上比较分析，明确幼儿的"最近发展区"，发现其教育需要，对于确立适宜性的课程目标具有重要意义。

最近发展区的概念

> **案例 2-1**
>
> **幼儿园组织户外"走小路"体育游戏**[①]
>
> 某幼儿园小班基于促进幼儿身体平衡性、协调性以及大肌肉控制力等方面

[①] 笔者根据幼儿园教师访谈资料整理获得。

能力的发展，组织户外"走小路"体育游戏。为了激发幼儿的兴趣与信心，教师最初设置宽度适宜的踏板，挑战成功之后幼儿情绪兴奋，获得较强的成就感。考虑到班级幼儿发展水平的差异性，随后教师设置了三种"小路"：踏板、轮胎、易拉罐梅花桩。幼儿可以根据自己的能力选择游戏。有的幼儿在轮胎上可以双脚打开站立，有的却只能跳进轮胎中间。幼儿根据自己的实际情况，也会尝试不同的行进方式，比如除直立行走外，还可以跳、跨等。

> **小贴士**
>
> 《3—6岁儿童学习与发展指南》科学领域科学探究目标
>
> 1. 亲近自然，喜欢探究；
> 2. 具有初步的探究能力；
> 3. 在探究中认识周围事物和现象。
>
> 科学领域目标中没有强调系统严密的学科体系与专业的科学知识，而是强调"幼儿科学学习的核心是激发探究兴趣，体验探究过程，发展初步的探究能力"，凸显了"探究与解决问题"这一终身受益的核心价值。
>
> 资料来源：李季湄，冯晓霞.《3—6岁儿童学习与发展指南》解读［M］.北京：人民教育出版社，2013：111.

二、对社会生活的研究

幼儿成长是一个由"自然人"转变为"社会人"、从"社会学习者"到"社会参与者"的过程。幼儿园课程的基本职能要求在使幼儿度过快乐而有意义的童年的同时，为其积极适应未来的社会的复杂生活做准备。从空间维度来看，幼儿的社会生活需求既包括幼儿生活的家庭、社区发展需求，也包括幼儿所在的民族、国家乃至世界的发展需求；从时间维度来看，幼儿的社会生活需求既包括当前社会需求，也包括未来社会需求，因此，在确立幼儿园课程目标时，需要考虑如何将这些社会生活需求转化为可组织的教育活动与课程目标。如，我们在制定幼儿园课程目标时如何更好体现国家对立德树人根本任务的落地，如何更好体现对我们国家文化的传承，这样在研究社会生活时必须考虑这些要素，在课程目标中要体现将培育和践行社会主义核心价值观融入保教全过程，注重培育幼儿爱父母长辈、爱老师同伴、爱集体、爱家乡、爱党爱国的情感。同时，在课程目标中也要凸显对祖国文化的感知与理解，加深幼儿对祖国文化，尤其是优秀传统文化的了解与认知。

2020年春节，一场始料未及的新冠肺炎疫情席卷全球，使孩子们度过了一个非常特殊的春节和寒假。人们的生活因此发生了很多不同寻常的变化，幼儿也会因此产生多种复杂的感受和困惑。如何在开学后带领幼儿回顾这一特殊社会生活经历，引导幼儿科学认识新冠肺炎，知道预防新冠肺炎的方法，使幼儿养成良好的卫生习惯与生活方式，让幼儿面对未知的疫情发展现状，能够过好当下的生活、做好迎接未来的准备，这些问题值得幼教工作者与广大教育专家积极思考与探索。

三、对学科知识的研究

传递社会文化是教育的重要职能之一，幼儿园课程是实现教育目的的媒介与手段，因此，学科知识是制定幼儿园课程目标的依据之一。

学科的功能通常包括学科本身特殊功能与一般教育功能两个方面。学科知识产生的作用取决于我们如何看待学科知识的功能。侧重于学科知识的特殊功能，则必然强调学科知识的严密性，导致幼儿教育活动的学科化与专业化；侧重于学科知识的一般教育功能，则会让教育者更关注学科知识对幼儿的普遍发展价值。

3~6岁阶段的幼儿身心发展与学习的特点决定了幼儿园课程需要关注学科知识的一般价值，而非专业化、学术化的学科知识。因此，幼儿园课程目标在考虑学科知识时应更多地关注学科知识与幼儿身心的发展关系，关注学科知识对促进幼儿经验、兴趣、爱好和情感等各方面统一协调发展的作用。

第三节 幼儿园课程目标的层次

幼儿园课程目标具有层次性，即幼儿园课程目标具有纵向结构。无论是以学习内容为体系的课程目标还是以幼儿发展领域为体系的课程目标，都可以从上到下分为四个层次，如图2-1所示。

```
远目标        幼儿园课程总目标        概括
 ↓                                    ↑
时            年龄阶段（学年）目标      表
限              单元目标               述
            （时间单元或内容单元）
 ↓                                    ↓
近目标        具体教育活动目标        具体
```

图 2-1　幼儿园课程目标层次示意图

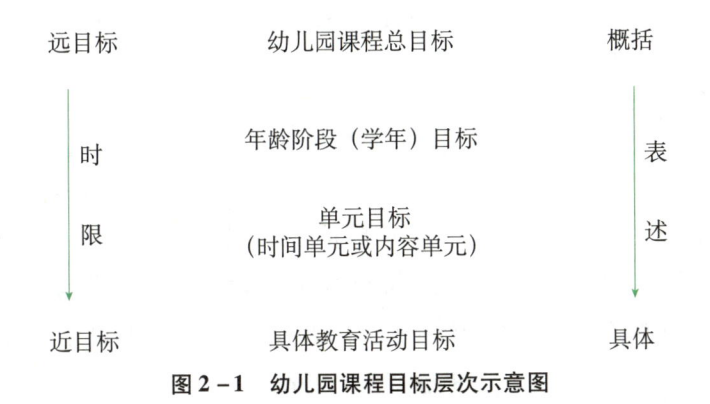

我国实行的是以学习内容为结构框架的课程目标体系。在基于幼儿园课程目标层次的基础上，下面我们来详细了解我国不同层次的幼儿园课程目标。

一、幼儿园课程总目标

我国《幼儿园工作规程》所规定的保育和教育目标，相当于幼儿园课程的总目标。《幼儿园教育指导纲要（试行）》把总目标与课程内容相结合，形成了课程领域目标，如在《幼儿园教育指导纲要（试行）》中，幼儿园的课程分为健康、语言、社会、科学、艺术五大领域，各领域都有明确的目标。具体内容在本单元"幼儿园课程目标的体系"中已有描述，在此不再赘述。

二、年龄阶段目标

幼儿园分为小、中、大三个年龄阶段，因而我国幼儿园课程目标落实到幼儿园中有三个不同的年龄阶段目标。以学习内容为结构框架的年龄阶段目标，不仅要考虑课程的几个内容维度，还要考虑幼儿年龄发展的维度，从这两个维度确定年龄阶段目标。例如，在 2012 年 10 月教育部印发的《3—6 岁儿童学习与发展指南》中，幼儿年龄阶段的发展目标就非常清晰，以艺术领域中"表现与创造"的"目标 1 喜欢进行艺术活动并大胆表现"为例，具体内容见表 2-1。

表 2-1　喜欢进行艺术活动并大胆表现

3~4 岁	4~5 岁	5~6 岁
1. 经常自哼自唱或模仿有趣的动作、表情和声调。 2. 经常涂涂画画、粘粘贴贴并乐在其中	1. 经常唱唱跳跳，愿意参加歌唱、律动、舞蹈、表演等活动。 2. 经常用绘画、捏泥、手工制作等多种方式表现自己的所见所想	1. 积极参与艺术活动，有自己比较喜欢的活动形式。 2. 能用多种工具、材料或不同的表现手法表达自己的感受和想象。 3. 艺术活动中能与他人相互配合，也能独立表现

限于篇幅，其他领域的年龄阶段目标可参见《3—6岁儿童学习与发展指南》。

三、单元目标

单元目标是年龄阶段目标的再分解与细化。这个"单元"既可以是主题活动"单元"，也可以是时间"单元"。当其为时间单元时，这层目标相当于"月计划""周计划"的目标。当其为主题活动单元时，即根据教育目标及相关的教育内容特点，把某一组织目标及其相关的内容有机组织起来。如大班"布艺欣赏与制作"主题目标。

布艺欣赏与制作[①]

（1）欣赏印花花布的花纹与色彩搭配，学习设计花布的概念。

（2）欣赏各类服装的款式、色彩与装饰图案，了解其主要的艺术特色。

（3）在欣赏的基础上，仿制和创造相结合，根据自己的意愿设计服装。

（4）感受布艺活动的乐趣，喜欢参加布艺制作活动，并愿意用自己的作品美化生活。

以时间单元的形式划分，根据教育目标及教育内容的特点，可把单元目标划分为学期目标、月目标、周目标、日目标等，如表2-2所示。

表2-2 小班第二个月月计划[②]

内容	目标
健康	1. 能高高兴兴上幼儿园，了解、熟悉幼儿园的生活 2. 不害怕各种健康检查 3. 学会一个跟着一个走，能听信号走成圆圈 4. 对体育活动有兴趣，能参加做操、游戏等体育活动
语言	1. 注意倾听别人说话，理解谈话的基本内容，初步养成良好的倾听习惯 2. 能听懂成人和同伴的话，乐意开口说话，并能初步用短句表达自己的意思 3. 能用普通话进行语言交流
科学	1. 喜欢观察常见的事物和现象，并对它们感兴趣 2. 能够运用多种感官进行感知和探索活动
社会	1. 喜欢上幼儿园，能适应幼儿园集体生活 2. 认识幼儿园里的人和自己的同伴，认识幼儿园的环境 3. 了解自己，能感受周围成人的关心和爱护，爱父母、爱老师、喜爱自己的家和幼儿园 4. 享受与同伴分享的乐趣
艺术	1. 在唱歌时学习听前奏，并逐步对歌曲的开始和结束做出正确的反应 2. 能够参加美术活动，初步感受造型简单、色彩鲜明的美术作品

[①] 孔起英. 幼儿园美术领域教育精要：关键经验与活动指导［M］. 北京：教育科学出版社，2015：130.

[②] 朱家雄，胡娟. 幼儿园课程概论［M］. 上海：复旦大学出版社，2015：48.

四、具体教育活动目标

这是微观层次的课程目标，是指某一具体的教育活动所期望达到的结果，或所引起的幼儿行为的变化，它是单元目标的具体化，是一种具有操作性的目标，一般要求制定得具体、清晰，但不需要面面俱到。如大班美术活动"藏在名画里的猫"的活动目标为：①

（1）大胆想象不同场景中猫的不同动态，尝试运用绘画的方式进行创作及表现。

（2）体验想象创作的乐趣和成功感。

第四节 幼儿园课程目标的表述

幼儿园课程目标的表述

对儿童发展、社会需求和学科知识的性质这三者之间关系的不同理解，使课程目标存在不同的价值取向。较为常见的目标取向有行为目标（Behavioral Objective）、生成性目标（Evolving Objective）和表现性目标（Expressive Objective）。以下为幼儿园课程中三种目标的表述。

一、行为目标的表述

行为目标是以幼儿具体的、可被观察的行为表述内容的课程目标，它指向课程实施后在幼儿身上所发生的行为变化。行为目标具体、明确，便于操作和评价。泰勒发表的《课程与教学的基本原理》一书中指出，课程目标应根据对社会的研究、对幼儿的研究和对学科的研究而得出，并要通过教育哲学和学习理论的筛选。目标包括"行为"和"内容"两个方面。泰勒认为，课程应关注幼儿学会一般的行为方式。②

大班健康活动——换牙我不怕

---

① 笔者在幼儿园的听课记录。
② 泰勒. 课程与教学的基本原理 [M]. 施良方，译. 北京：人民教育出版社，1994：136–137.

常用行为目标描写动词

行为目标的表述一般包含四个要素：行为主体（Audience）、行为动词（Behavior）、行为条件（Condition）和行为表现程度（Degree），简称 AB-CD 形式。[①] 在幼儿园课程中，行为主体是幼儿，因而目标表述的应该是幼儿行为而不是教师行为。有目标表述为"教给幼儿……"是不妥的，幼儿园课程的行为目标开头应该是"幼儿能够……""幼儿可以……"。行为动词用以描述教育者预期中可观察到的幼儿的具体行为，如"画出""数出""唱出""区别"等等。行为条件即幼儿行为动词出现的特定条件或情景。例如，"在同伴的合作下，能……""在教师的指导下，能……"，等等。行为表现程度即幼儿达成的目标的表现水平，用来评价幼儿行为表现或学习结果所达到的程度，如"能准确地……"。行为目标克服了以往课程目标的模糊性和不确定性，使目标的表述具有精确性、具体性、可操作性，提高了教育活动的影响力，便于进行教育评价。但层层分解的目标会把学习分解成各个独立的部分，教师在进行目标表述时不能只见目标不见幼儿，割裂幼儿学习经验的完整性，这对幼儿的发展是不利的。

⊙ 学习活动

中班歌唱活动：我是猫　第一课时

活动目标：

1. 感受歌曲优雅、诙谐的曲调特点，在反复倾听中，熟悉歌曲曲调，能自如跟唱。

2. 以角色象征物和角色标识性动作为提示，在教师的感染、带动下，以不同肢体动作与嗓音表现不同性格的猫咪。

3. 感受到扮演及表现角色的快乐，体验与同伴一同用身体动作表演与歌唱的乐趣。

上述目标中，幼儿是行为主体；"感受""跟唱""肢体动作与嗓音""体验""身体动作"是行为动词；"在反复倾听中""以角色象征物和角色标识性动作为提示，在教师的感染、带动下""与同伴一同"是行为条件；"熟悉""自如""不同"是行为表现程度。

资料来源：王秀萍. 幼儿园音乐领域教育精要：关键经验与活动指导［M］. 北京：教育科学出版社，2015：119.

[①] 施良方，崔允漷. 教学理论：课堂教学的原理、策略与研究［M］. 上海：华东师范大学出版社，1999：141.

二、生成性目标的表述

在教育过程中生成的课程目标即为生成性目标。如果说行为目标关注的是结果，那么生成性目标关注的则是过程。以生成性目标为取向的学派认为，教育是一个演进过程，课程目标应当反映该过程的方向性质，即幼儿经验生长的内在要求。生成性目标取向可以追溯到杜威的"教育即生长"命题，杜威反对把外在的目的强加给幼儿，认为目的是由教育过程中的内容所决定的，是教育经验的结果。

斯滕豪斯的"过程模式"发展了生成性目标。他认为，课程应该以过程为中心，以幼儿在教育场所的实际表现为基础展开。课程可以规定教师所要做的事情，但教师不能把这些规定看作教育的目的或结果，以此评价幼儿的学习结果，对于幼儿的学习与发展需要保持一种审视、研究和批评的态度。[1]

由此，关注教育过程、强调幼儿个人的生长与个性完善的生成性目标，在表述时不采用可操作的方式界定目标，因为这样会破坏生成性目标的原本意图。生成性目标以过程为中心，以具体的教育情境、幼儿的表现为基础，将教师从目标中解放出来，成为幼儿行为的观察者、解读者、引导者，幼儿与教师的主动性都得到调动与发挥，教育具有了想象与创造的空间。

生成性目标取向的课程在具体实施时具有一定难度，其对教师有非常高的要求，因而在具体实践时受到一些教育者的批判，但这并不妨碍其融入幼儿教育课程中并在其中有所实践。特别是20世纪以来，基于幼儿发展理论的早期幼儿教育课程的设计与实施更加强调幼儿游戏、幼儿的主动活动以及师生间的互动，生成性目标取向被很多早期幼儿教育课程所采用。

> **小贴士**
>
> **生成性目标取向幼儿课程代表：高宽课程**
>
> 美国高宽课程（High/Scope 课程）没有设立特定的课程目标，只是列了数十条关键经验作为对教师组织和实施教育过程的提示。其意在把教师从工作手册和程序表中解脱出来，更好地发挥幼儿和教师双方在教育过程中的主动性和积极性。
>
> 资料来源：爱波斯坦. 学前教育中的主动学习精要：认识高宽课程模式 [M]. 霍力岩，等译. 北京：教育科学出版社，2011：16-17.

---

[1] Schickedanz J A, et al. Curriculum in Early Childhood: A Resource Guide for Preschool and Kindergarten Teachers [M]. Massachusetts: Allyn and Bacon, 1997: 23.

三、表现性目标的表述

表现性目标是美国教育家艾斯纳（Eisner）提出的一种目标取向，是指每一个幼儿在具体教育情境中的个性化表现。艾斯纳认为，课程中既包含预先规定幼儿应该习得的知识、技能，也包括表述文化中已有的规范和技能。表现性目标强调个性化，目标指向培养幼儿的创造性。在幼儿充分发挥创造性的前提下，其在教育情境中的具体行为表现和所学到的东西是无法准确预知的，因此，表现性目标追求的不是幼儿反应的同质性，而是反应的多元性。[①] 以表现性目标为取向的课程评价不是学习结果与预期目标的一一对应，而是一种美学评论式的评价，即对幼儿活动及其结果做鉴赏式的批评。

表现性目标的提出并不是要替代教学性目标，而是在于完善教学性目标。教学性目标针对的是某种必需的技能的发展，这些技能一旦得到，便用于表现活动之中。表现性目标则是鼓励幼儿运用已有的技能，拓展并探索自己的观点、意象和情感。

> **小贴士**
>
> **课程的各种目标取向在幼儿园课程中的互补**
>
> 各种课程目标有其长处，也有其短处。应该说，从行为目标取向发展到生成性目标取向，再发展到表现性目标取向，体现了课程发展对人的主体价值和个性解放的追求，反映了时代精神的发展方向。但是，这并不是说后者可以取代前者，每一种目标取向都有其存在的价值。在幼儿园课程编制中，应兼容并蓄各种课程目标取向，以每种课程目标取向的长处，弥补他种课程目标取向的短处，为达成学前教育的目的服务。
>
> 资料来源：朱家雄. 幼儿园课程论［M］. 北京：中央广播电视大学出版社，2007：81.

⊙ 单元小结

本单元主要讨论了两个问题：

（1）幼儿园课程目标概述；

[①] 艾斯纳. 儿童的知觉与视觉的发展［M］. 孙宏，刘海英，张丹，等译. 长沙：湖南美术出版社，1994：10.

（2）幼儿园课程目标的确定。

课程目标作为教育目标的下位概念，是一定的教育目标在课程领域的具体化，在教育目标的制约下，其具体体现在课程开发与教育活动价值取向。例如，我国2001年6月颁布的《幼儿园教育指导纲要（试行）》中，幼儿园教育的课程分为健康、语言、社会、科学、艺术五大领域，各领域都有明确的目标。现行课程目标划分体系主要包括以下两种：以健康、语言、社会、科学、艺术这五大学习内容领域为结构框架的目标体系和以幼儿社会性与情绪发展、知觉与动作发展、认知发展、语言发展等发展领域为结构框架的目标体系，我国现行的是以健康、语言、社会、科学、艺术这五大学习内容领域为结构框架的目标体系。幼儿园课程目标具有层次性，即幼儿园课程目标具有纵向结构。无论是以学习内容为体系的课程目标还是以幼儿发展领域为体系的课程目标，都可以从上到下分为四个层次，即幼儿园课程总目标、年龄阶段（学年）目标、单元目标（时间单元或内容单元）、具体教育活动目标。幼儿园课程目标的确立主要有对幼儿的研究、对社会生活的研究、对学科知识的研究三方面的依据。幼儿园课程目标的表述包括行为目标的表述、生成性目标的表述与表现性目标的表述，每一种目标取向都有其存在的价值。在幼儿园课程编制中，应兼容并蓄各种课程目标取向，以每种课程目标取向的长处，弥补他种课程目标取向的短处，为达成学前教育的目的服务。

⊙ 拓展阅读

1. 虞永平. 学前课程与幸福童年［M］. 北京：教育科学出版社，2012.

2. 朱家雄，胡娟. 幼儿园课程概论［M］. 上海：复旦大学出版社，2015.

3. 王春燕，王秀萍，秦元东. 幼儿园课程论［M］. 杭州：浙江工商大学出版社，2018.

4. 南京市实验幼儿园. 幼儿园综合课程［M］. 南京：南京师范大学出版社，2016.

5. 伊莱亚森，詹金斯. 美国幼儿园教育课程与实践指南［M］. 李敏谊，付咏梅，刘丽伟，等译. 北京：机械工业出版社，2015.

6. 王春燕. 幼儿园教学诊断技巧与对策58例［M］. 北京：中国轻工业出版社，2014.

7. 泰勒. 课程与教学的基本原理［M］. 施良方，译. 北京：人民教育出版社，1994.

⊙ 巩固与练习

一、名词解释

1. 幼儿园课程目标　　2. 生成性目标　　3. 行为目标　　4. 表现性目标

二、简答题

1. 我国幼儿园课程目标的体系包括哪些内容？
2. 幼儿园课程目标确立的依据有哪些？
3. 幼儿园课程目标主要有哪几种类型的表述？

三、论述题

1. 比较不同类型幼儿园课程目标的内涵与作用。
2. 请选择一例幼儿园集体教学活动案例，运用本单元知识对其目标的确立与表述进行分析。

四、案例分析

小班艺术活动：撕面条[①]

【活动目标】

1. 学习把较大的纸撕成"面条"。
2. 培养幼儿对艺术活动的兴趣。

【活动过程】

1. 出示实物面条，引起兴趣。

师：今天是小动物的生日，妈妈给她准备了一碗面条，面条是什么样子的呢？

（面条是细细的、长长的。）

2. 教师出示所做的"面条"并介绍材料。

3. 教师示范。（学会用拇指和食指捏住纸边慢慢撕纸，知道将撕下来的纸放进托盘里。）

师：请宝宝们一起来撕面条，看一看谁能撕得细细的、长长的。

大家边撕边说"请你吃面条""面条长又长"。

4. 在《生日歌》的音乐声中，大家模仿各种小动物，一起来欢庆，祝小动物生日快乐。

请结合本单元学习内容，谈一谈上述案例中设置的教育活动目标是否合适？并阐述自己的理由。

[①] 王春燕. 幼儿园教学诊断技巧与对策58例［M］. 北京：中国轻工业出版社，2014：10.

五、案例讨论

针对刚刚升入中班的幼儿,教师在幼儿的音乐欣赏活动"小白兔跳跳跳"中,拟订了如下目标:

1. 感受活泼跳跃的音乐性质、单三部曲式的乐曲结构以及音乐的上行和下行。

2. 能用身体动作和语言来创造性地表现乐曲,发挥创造力。

3. 体验参与音乐过程所带来的美好和快乐的情感。

(在实际授课过程中,教师发现效果不佳。)

讨论:试分析上述的活动目标。

第三单元 幼儿园课程内容的选择与组织

导 言

　　课程内容的选择是幼儿园课程设计的核心问题，也是一个难题，主要解决"教什么"（学什么）的问题，也就是要我们思考"什么知识最有价值"。在浩瀚无垠的知识海洋中，我们应该如何为幼儿选择课程内容呢？幼儿园课程内容是否存在一个预先规划好的选择的空间和范围？接下来，我们来看一则活动案例[①]：

　　在炎热的夏季，幼儿园正在开展"带鸡蛋宝宝入园"活动，某幼儿在带鸡蛋宝宝入园后，不小心将鸡蛋摔在了操场一角，炎炎烈日，地面温度很高，等到幼儿户外活动的时候，一个幼儿发现碎在地上的鸡蛋被晒熟了，这个现象引起了幼儿的集体围观，并且极大地激发了幼儿的兴趣和好奇心。"鸡蛋怎么熟了呀？"于是，老师基于幼儿的兴趣点，开展了一次科学探究活动——"太阳底下晒鸡蛋"（见图3-1）。老师为幼儿准备了鸡蛋和各种材质的盛鸡蛋的容器，让幼儿探究：你的鸡蛋在太阳底下能晒熟吗？怎样才能让鸡蛋在太阳底下晒熟呢？针对这个活动，幼儿展开了一次兴致勃勃的科学探究。

　　从上述案例中，我们思考：幼儿园课程内容有预先设定好的范围吗？到底应该如何选择幼儿园课程内容呢，即幼儿园课程内容选择应该遵循什么样的原则？幼儿

[①] 案例来源：杭州市丁兰幼儿园夏叶丽教师。

图 3–1 太阳底下晒鸡蛋

教师在选择课程内容时容易出现哪些问题？掌握这些内容对于一线教师理解幼儿园课程内容、正确选择课程内容意义重大。下面我们将进入这些内容的学习。

☆ 学习目标

1. 理解幼儿园课程内容的内涵与外延，能说出幼儿园课程内容的特点。
2. 能根据幼儿园课程内容选择的原则选择课程内容，并能分析课程内容选择中的一些常见问题。
3. 体会幼儿园课程内容的组织方式与课程类型。

思维导图

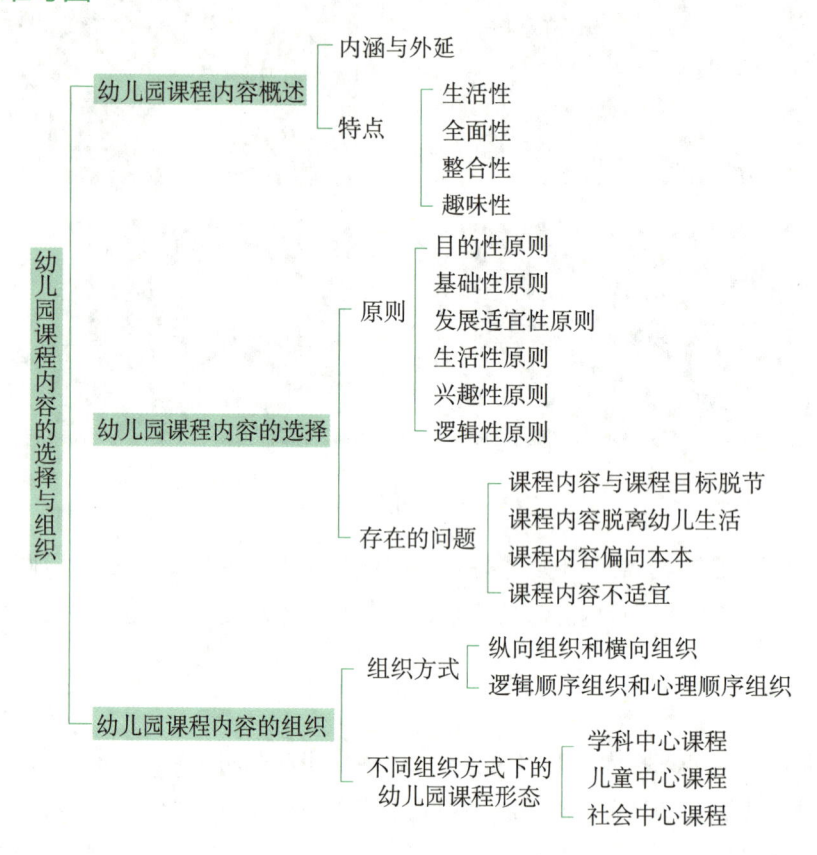

幼儿园课程内容的选择与组织
- 幼儿园课程内容概述
  - 内涵与外延
  - 特点
    - 生活性
    - 全面性
    - 整合性
    - 趣味性
- 幼儿园课程内容的选择
  - 原则
    - 目的性原则
    - 基础性原则
    - 发展适宜性原则
    - 生活性原则
    - 兴趣性原则
    - 逻辑性原则
  - 存在的问题
    - 课程内容与课程目标脱节
    - 课程内容脱离幼儿生活
    - 课程内容偏向本本
    - 课程内容不适宜
- 幼儿园课程内容的组织
  - 组织方式
    - 纵向组织和横向组织
    - 逻辑顺序组织和心理顺序组织
  - 不同组织方式下的幼儿园课程形态
    - 学科中心课程
    - 儿童中心课程
    - 社会中心课程

第一节 幼儿园课程内容概述

一、幼儿园课程内容的内涵及外延

通常来说，幼儿园课程内容是指依照幼儿园课程目标选定的通过一定形式表现和组织的基本知识、基本态度和基本行为。从课程内容的内涵可知：课程内容选择的基本依据是课程目标；课程内容涵盖的范围涉及基本知识、基本态度和基本行为三个方面；课程内容各个方面并非割裂的，而是有组织的、有机的统一体，它们相互联系、协调有序共同促进幼儿的全面发展。那么，具体应该如何理解课程内容呢？对课程内容的理解取决于对课程的理解。对课程的认识直接影响课程内容的价值取向。关于幼儿园课程的界定，主要存在三种倾向：学科取向（知识取向）、活动取向和经验取向。不同的课程取向对幼儿园课程内容的界定存在不同的侧重，各有利弊。[1]

学科取向（知识取向）的课程观，认为课程内容是教材，将学科内容看作课程内容，即课程内容主要指教材或教科书上的内容。这一课程内容取向过分注重传递教材知识，而忽视了幼儿的兴趣和需要。

活动取向的课程观，认为课程内容是幼儿园组织的各种活动。这一课程内容取向关注幼儿的活动，将幼儿的直接经验视为课程内容。强调幼儿在活动中获得知识、能力，强调课程与社会生活相联系。但是其在实践中容易流于形式，更多地关注外在活动形式，而忽视幼儿在活动中的内在情感体验。

经验取向的课程观，认为课程内容是幼儿的学习经验。学习经验是幼儿的学习行为与外部环境之间的相互作用发生的反应。课程是由幼儿的兴趣、需要、经验及

---

[1] 袁爱玲. 幼儿园课程 [M]. 北京：北京师范大学出版社，2015：105.

认知情感特征所支配的。课程内容应当关照儿童的经验与现有发展水平，以便为每个幼儿提供有意义的经验。经验取向相较于活动取向更加关注儿童的兴趣、需要、个体差异性，使得课程内容选择的难度较大。对幼儿兴趣、需要的过分关注，弱化了教师在教育中的作用，容易使教育活动陷入无目的、无计划的状态。

本书中我们主要采用活动取向的课程观，将幼儿园课程内容界定为幼儿园组织的各种活动，强调幼儿的直接经验，以及幼儿在活动中所获得的基本知识、能力和态度。

二、幼儿园课程内容的特点

请阅读下面美国幼儿教育协会（National Association for the Education of Young Children，NAEYC）制定的幼儿园课程指南，思考幼儿园课程内容具有什么样的特点。

⊙ 拓展阅读

美国幼儿教育协会3~8岁儿童课程内容指南[①]

1. 课程内容应当能使幼儿在各个方面，包括社会性、情感、认知和身体等方面得到发展，使儿童成为合格的社会成员；

2. 课程内容应该在帮助儿童学习和掌握知识与技能的同时，发展他们的智力和对知识的理解，培养学习的兴趣，形成良好的学习态度；

3. 课程内容对于儿童来说，应当是有意义的，内容是广泛的，应当是与儿童已有的知识经验相适应的，易于他们理解和接受的；

4. 课程内容应该是大多数儿童可以学会的，符合实际的；

5. 课程内容应该考虑到每个儿童的兴趣和需要；

6. 课程内容应当尊重个体的、文化的和语言上的多样性，并与儿童家庭建立积极的关系；

7. 课程应当从儿童已有的知识经验出发，来帮助他们巩固知识、学习和掌握新的知识与技能；

8. 课程既要突出一定的主题和内容，又应当围绕一定的主题把传统的学科知识综合起来；

9. 课程内容应当具有智力上的整体性，同时尊重学科的基本关系，让儿童掌握

---

① 简晓敏，刘焱. 美国适宜于3~8岁儿童的课程内容与评价指南简介 [J]. 学前教育研究，1995 (2)：20.

的知识虽然是浅显的，但是必须是科学的、准确的；

10. 让儿童学习的内容应是目前能够有效学习的内容，而不是那些无意义的，或者说更适于以后学习的内容，否则就是在浪费儿童的时间与精力；

11. 课程应能够激发儿童学习的积极性，而不是使儿童变得消极、被动；

12. 课程应当重视儿童对知识的主动构建，儿童总是用自己的生活经验去理解生活现象，在这种知识的理解与建构中，会出现一些"错误"的概念，但这种错误的概念可以使教师了解儿童认知发展的水平和思维推理的特点；

13. 课程应当重视社会性交往对学习的作用，并且应当提供同伴间相互学习的机会；

14. 课程应当满足儿童对活动、感官刺激、新鲜空气、休息、健康和营养的需要；

15. 课程应当给儿童以心理的安全感；

16. 课程应当让儿童获得成功的学习体验，能增强儿童的成就感及对学习的兴趣和好感；

17. 课程应具有灵活性，以便教师根据个别和集体的情况进行调整。

整体上来看，幼儿园课程内容具有以下特点：

（一）生活性

生活性是基于幼儿园课程内容来源的一种特性。幼儿园课程的内容与现实生活距离越近，越能激发幼儿的学习兴趣，幼儿的学习也越有效。生活是幼儿园课程内容的重要来源，幼儿的科学教育、语言教育、美感教育等都强调在幼儿的生活中进行。此外，幼儿处在身心发展的特殊时期，他们的思维是感性的、直观的，对于幼儿来说最有效的学习内容便是他们可以直接感知的、经验范围内的内容，这种内容主要源自幼儿周围的现实生活。例如，案例3-1中教师让幼儿通过观察漱口水的变化，感知饭后漱口的重要性。

案例3-1

饭后漱口

让幼儿饭后漱口，是一件很困难的事情，因为小朋友认为自己吃的东西很干净，所以不愿意漱口。有一个幼儿园老师做了一个小实验，用一个杯子接小朋友的漱口水，另一个杯子盛清水，让幼儿观察两种水的不同。幼儿观察发现，刚开始两者区别不是很大，但隔几天后漱口水变得很脏、很恶心。当幼儿发现这一现象后，教师引导幼儿进行讨论解释这种现象，让幼儿认识到饭后漱口的重要性，慢慢地，孩子们能够坚持主动在饭后漱口。

（二）全面性

全面性是基于幼儿园课程内容范围的一种特性。幼儿教育是全面发展的教育，幼儿园课程的目标就是促进幼儿的全面发展。全面发展一方面是指在体、智、德、美、劳等方面的全面发展；另一方面是指在知识、态度、行为等方面的全面发展。因此，幼儿园课程内容必须涵盖体、智、德、美、劳等各个方面的内容，且需要包含促进幼儿知识、态度和行为等全面发展的内容。

（三）整合性

整合性是基于幼儿园课程内容之间关联性的一种特性。生活是整体的，幼儿对事物的认识也是整体的，在现实的幼儿园课程中，儿童是以"完整人"的形象出现的，幼儿发展的多个领域之间是相会联系、相互促进的，共同构成了一个有机的发展整体，所谓的领域划分是相对的，幼儿园课程的内容从本质上而言应该是整合的，应尽可能使不同的课程内容产生联系，以促进学习经验的整合。例如，在秋天幼儿会自然而然的在大自然的变化中认识各种各样的颜色、感受到颜色的变化、探究颜色变化的原因，进行艺术涂鸦、拼贴等创作活动，其中蕴含多个领域经验的融合。因此，幼儿园课程应该追求现实生活的完整性，课程内容应该是整合性的。

（四）趣味性

趣味性是基于幼儿园课程内容本身和其组织形式的一种特性。基于幼儿的年龄特点，只有符合幼儿年龄特点且具有一定趣味性的内容才能促使幼儿专注于活动，促进幼儿的发展。因此，幼儿园课程内容本身对于幼儿来说应该是有趣的。好的课程内容一定是能够激发幼儿的学习兴趣，引导幼儿进行主动学习的内容。但值得思考的是：趣味性作为幼儿园课程内容的基本特性，是不是意味着只有那些幼儿感兴趣的内容才能作为幼儿园课程内容呢？需要注意的是：首先，幼儿的兴趣具有不稳定性；其次，并不是所有有价值、有意义的课程内容都是幼儿感兴趣的。因此，面对这种情况，第一，幼儿园课程内容应该做到具有一定的灵活性，随着幼儿经验、兴趣的变化进行灵活调整。第二，将有价值、有意义的课程内容以儿童感兴趣的形式进行组织呈现。

第二节　幼儿园课程内容的选择

幼儿园课程内容的选择又称"课程选择",实际上是关于教师"教什么"以及幼儿"学什么"的问题,既是课程编制中的一项基础工作,又是课程编制的基本环节和核心要素之一。凡是有助于发展幼儿基本知识、基本能力、基本态度的内容,都应该是并且可以是幼儿园课程内容。也就是说,幼儿园课程内容的范围,可以归结为三个方面:有助于发展幼儿的基本知识,有助于发展幼儿的基本能力,有助于发展幼儿的基本态度。可见,"有助于"和"基本"成为课程内容在选择时必须考虑的限定词。然而,"有助于"和"基本"作为两个在幼教领域有着模糊界定和宽泛认知的词汇,从一定程度上加大了幼儿教师在课程内容选择中的不确定性和难度。如何在这界定模糊、理解多元的理论范围中,选择具有幼儿发展适宜性的学习内容,就需要具有明确的课程内容选择原则。

一、幼儿园课程内容选择的原则

《幼儿园教育指导纲要（试行）》中明确指出,教育活动内容的选择应体现以下原则:"第一,既适合幼儿的现有水平,又有一定的挑战性;第二,既符合幼儿的现实需要,又有利于其长远发展;第三,既贴近幼儿的生活来选择幼儿感兴趣的事物和问题,又有助于拓展幼儿的经验和视野。"依据这样的精神,幼儿园课程内容选择时须遵循以下具体原则:

（一）目的性原则

目的性原则是指幼儿园课程内容的选择要有助于实现幼儿园课程目标。课程内容作为实现课程目标的载体和手段,应牢牢围绕课程目标进行选择,这样才有助于课程目标实现。当前我国幼儿园课程的目标是促进幼儿身心全面和谐发展。所谓全案例"各种各样的树"

面,一方面是指体、智、德、美、劳全面发展;另一方面是指每一个方面在基本知识、基本能力、基本态度的内容上全面考虑。例如,大班艺术活动"各种各样的树"①。在艺术畅想活动中,教师让幼儿倾听音乐,并根据自己的理解自由结合变成各种各样的树。活动开始后,在音乐的伴随下,教师首先让幼儿欣赏各种各样的树,然后让幼儿用肢体动作展现树的姿态,最后教师拍照记录结束本次活动。活动后,当教师被问到"本次活动的目标是什么"时,教师回答"让幼儿体验快乐"。从目的性原则出发,应该让幼儿在快乐的体验中得到认知、情感、能力上的发展。从艺术活动的核心目标来看,应该让幼儿在欣赏音乐、理解音乐的基础上,通过与同伴合作,用肢体语言来表现树的各种姿态,以此培养幼儿对音乐的感受力、想象力。但是从活动中我们不难发现,对音乐和树的认知理解能力在"有趣、快乐"的情境中被教师丢失了,以至于到最后,活动主要目标成了"体验快乐"。究其原因就是教师未能落实"内容要为目标服务"的理念,使全面发展的活动目标有所偏废。

(二)基础性原则

幼儿园教育是基础教育的重要组成部分,是我国学校教育和终身教育的奠基阶段。基础性原则是指幼儿园课程内容应立足于幼儿核心素养,促进幼儿全面发展,为幼儿选择最具基础性的学习内容,并为幼儿的终身可持续发展奠定坚实基础。那么什么是幼儿园课程学习中最基础性的东西呢?

> **小贴士**
>
> **"基础性"的参考标准**
>
> 冯晓霞在其著作《幼儿园课程》中,提出了判断课程内容是否具有"基础性"的参考标准。标准如下所示:
> ■ 是否与儿童现在的生活、学习有直接关系;
> ■ 是否必须现在学,以后学就失去最佳时机;
> ■ 是不是文化或人类知识中的最基本成分;
> ■ 是不是今后学习所必需的基础;
> ■ 是否具有最大的应用性和迁移性。

基础性原则作为幼儿园课程内容选择的重要判别标准,为教师在遴选和甄别课程内容时提供了有效的参考依据。深化对基础性原则的认识,有利于教师认识和思

---

① 王春燕. 幼儿园教学诊断技巧与对策58例[M]. 北京:中国轻工业出版社,2014:64.

考在幼儿园教育教学活动中，到底是关注概念的获得、技能的提升还是关注能力的培养、素养的提升；有利于提升幼儿教师的专业性，从内容选择环节遏制"小学化"内容超前进入幼教领域。同时我们也要思考基础性在幼儿品德启蒙方面的渗透，就如二十大报告中所强调的"用好红色资源，深入开展社会主义核心价值观宣传教育，深化爱国主义、集体主义、社会主义教育，着力培养担当民族复兴大任的时代新人。"这个对于我们思考幼儿园课程内容选择的基础性非常具有引导意义。

需要特别注意的是，对幼儿园课程内容基础性原则的强调涵盖了幼儿园课程内容的文化性，反映和传递中国的优秀传统文化是任何阶段的课程内容基础性原则的要求。费孝通先生曾言："文化是一个民族祖祖辈辈积累下来经过不断改革的集体生活经验。人类是通过文化得到生存和生活。我们每个人无时无刻不能离开自己从小习得的文化。"[1] 现代化过程中全球一体化成为一个时代的社会生活的典型特征，世界在休戚相关的意义上成为一体，但是这个一体中存在着与生俱来的文化差异和文化多样性。然而，不可否认的是全球化进程中存在着"文化趋同"的一面。幼儿园课程应该着眼于培养与中国社会文化相适应的人，而不是中国文化的背离者。朱家雄先生就中国幼儿园课程内容的价值取向与美国学前教育课程所持有的价值取向的相似性提醒我们，幼儿教育应该重视文化对幼儿的影响和文化的重建。没有文化的文化是可怕的，这对当前教育领域存在的"崇洋媚外""引进来""照抄照搬"等课程内容的思考具有启发性意义。

> ◉ 问题思考
>
> 基于基础性原则判断以下哪些内容是幼儿园课程所应包括的？
>
> - 生活自理能力
> - 读书、识字
> - 艺术素养的培养
> - 艺术技能的训练
> - 数学知识的习得
> - 数概念的感知
> - 科学能力的培养
> - 科学概念的习得

> 小贴士
>
> 基础性原则要求选择幼儿园课程内容时关注幼儿学习能力的培养、生活习惯的养成，为幼儿终身的学习和发展打基础；而不是盲目地灌输幼儿知识、概念，进行超前教育。

---

[1] 费孝通. 文化的生与死 [M]. 上海：上海人民出版社，2013：12.

（三）发展适宜性原则

发展适宜性原则是指幼儿园课程内容既要适应幼儿当前的年龄特点和发展水平，又要具有一定的挑战性。也就是说，幼儿园课程内容的选择要适应幼儿的"最近发展区"。发展适宜性的关键是"适宜性"和"发展"。所谓"适宜性"是指适应幼儿当前的发展水平，适应幼儿个体发展的需要。落实"适宜性"，一方面要系统学习不同年龄阶段幼儿的身心发展水平，掌握幼儿发展的一般特点（普遍性）；另一方面要观察分析现实中的幼儿，掌握幼儿的个体差异性（特殊性）。所谓个体差异性是指，不同年龄阶段幼儿具有不同特点，同一年龄阶段不同幼儿之间具有不同特点，同一幼儿在不同的发展方面具有不同的特点。所以，观察分析所面对的现实中的幼儿，针对不同幼儿的特点和需要选择课程内容，是遵循发展适宜性原则的关键。所谓"发展"是指促进幼儿经验在原有水平上得到不断的巩固和提升。在选择课程内容时，不能拘泥于幼儿现有水平进行经验重复，而是要着眼于幼儿经验的提升来确定课程内容。

> **问题思考**
>
> 中班活动目标：了解水果的特征（颜色、形状、味道）
> 课程内容：教师 A 选择西瓜　　教师 B 选择杨桃
> 基于以上问题，试分析哪位教师选择的课程内容更具有发展适宜性呢？

> **小贴士**
>
> 判断是否适宜有两个重点：一是分析课程内容与幼儿年龄特点之间的适宜性；二是分析课程内容是否对幼儿原有经验有提升。基于这两点，从适宜性的角度来看，了解水果的特征是中班幼儿的需要，这也符合幼儿的发展水平；从发展的角度来看，了解生活中常见的水果西瓜的形状、颜色、味道对于中班的幼儿而言是一种经验的重复，而了解杨桃这种不常见的水果的形状、颜色、味道对于幼儿而言则是一种经验的提升，能有效扩充幼儿的水果概念。

（四）生活性原则

"生活即教育"，对于幼儿这个特殊的教育群体，教育内容只有源于生活，才能实现高于生活的追求。作为幼儿教育载体的幼儿园课程内容必须贴近幼儿的生活，尤其是要关注幼儿的日常生活，熟悉的日常生活更加能够有效地激发幼儿的学习欲望、探究兴趣，使幼儿更容易感受和理解，并且在熟悉的生活中持续学习。《3—6岁儿童学习与发展指南》明确提出："幼儿的学习是以直接经验为基础，在游戏和日常生活中进行的，要珍视游戏和生活的独特价值，创设丰富的教育环境，合理安排一日生活，最大限度地支持和满足幼儿通过直接感知、实际操作和亲身体验获得经验的需要。"生活作为幼儿获得直接经验的最佳场所，生活性原则也可以被称为"直接经验"原则。

生活性原则强调在选择课程内容时要做到：第一，使幼儿在学习的过程中借助具体的情景、具体的事物，在参与、探索和交往中进行学习。强调"真情景""真实践""真事件"基础上获得"真经验"。例如，瑞吉欧经典活动案例"小鸟戏法"中，教师针对幼儿在角色区产生的问题"怎样让影子停下来"，鼓励幼儿自主探索，使幼儿在亲身体验中获得了初步的关于光和影的认识。第二，教师要从生活中挖掘课程内容，从幼儿的生活情景中选择幼儿容易感知的事物，通过生活化的课程内容，帮助幼儿整理、提升经验，促进幼儿的进一步发展。例如，2019年南京鹤琴幼儿园的活动案例"田老师的草坪婚礼"[1]，让幼儿通过多元的方式了解、解读、参与、感知、体验婚礼的含义、价值和特点。特别值得注意的是，生活化的课程内容不等同于生活本身，要注意课程内容基于生活又高于生活的原则要求。也就是说，对于生活中幼儿能够充分感知的教育经验，幼儿教育中应该做到避免重复。

案例 "小鸟戏法"

（五）兴趣性原则

兴趣性原则是指在选择课程内容时从幼儿感兴趣的事物中寻找富含教育价值的内容。兴趣性原则绝非盲目地以幼儿兴趣为中心，而是强调在幼儿兴趣中寻找有教育价值的内容。兴趣性原则是一种基于学习成效的考虑，兴趣的高低直接影响课程内容的学习效果。例如，在案例"珍妮的七色花"谈话活动中，珍妮的七色花，每一片花瓣都可以实现一个愿望，珍妮用最后一片七色花花瓣来帮助他人。教师希望通过这个故事让幼儿了解珍妮用最后一片七色花花瓣帮助他人是很有意义和价值的行为，让幼儿体会帮助他人的情感。于是教师在故事后追问"假如你有一朵可以实现愿望的七色花，你会用来干什么？"

案例 "珍妮的七色花"

---

[1] 田老师的草坪婚礼［EB/OL］.（2019-10-30）[2020-07-21]. https://mp.weixin.qq.com/s/Dl-iZ6ddHMYnqmHMhw8eehA.

幼儿纷纷回答"我想要玩具""我想买个大房子"……面对这种情况，教师甲选择追随教育目标，让幼儿回顾珍妮的行为，引导幼儿说出帮助他人的话语，达到教学目标。教师乙则选择追随幼儿的兴趣，在幼儿想要玩具的兴趣迸发后，随即说道："大家都想要玩具，可是我们没有珍妮的七色花，怎么实现自己的愿望呢？"针对这一问题，幼儿纷纷献计献策，开展了一个玩具博览会活动。

兴趣性原则促使我们在选择课程内容时必须关注幼儿的兴趣。需要重视的是，幼儿的兴趣和教育目标并非总是一致的，当幼儿的兴趣与教育目标不一致时，教师要学会正确处理二者之间的关系。作为幼儿教师，首先，要做到心中有目标；其次，要做到注意观察和分析幼儿；最后，要将眼中的幼儿和心中的目标巧妙联系，不拘泥于一次活动目标的完成，灵活把握幼儿兴趣与教育目标之间的联系。

> **小贴士**
>
> 美国教育学者认为，当成人与幼儿一起工作交谈时，必须谈论幼儿感兴趣的，且对幼儿来说是重要的并且具有意义的话题。但需要注意的是，在教室活动中幼儿并不一定要去喜欢他们在学校被要求做的每一件事情，重要的是，对于他们"没兴趣"的事情，即便不愿意照做，仍需要了解和接纳。即使并不是特别有兴趣，但进行小组和更大的群体活动时，幼儿仍能发展与强化主动参与、贡献并分担责任的气质，这些气质可以帮助幼儿建立他们有效参与未来社会生活的基础。
>
> 资料来源：赫尔姆，贝内克，等．项目课程的魅力［M］．林育玮，洪尧群，陈淑娟，等译．南京：南京师范大学出版社，2006：32.

（六）逻辑性原则

逻辑性原则是指选择课程内容时要明确五大领域各领域所存在的内在规律性，形成"教学大纲"。知识经验存在固有的逻辑性，课程内容的选择要综合考虑，遵循由易到难、由浅入深、循序渐进的原则。值得关注的是，逻辑性原则并非单纯从五大领域各领域自身的逻辑体系出发，而是要在依据幼儿的经验水平，也就是"幼儿的大纲"的基础上，帮助幼儿不断在原有的水平上提升，形成对事物整体的、系统的感性认识。也就是说，教师一方面要关注五大领域各领域知识本身的内在逻辑性；另一方面要从逻辑上关注不同年龄阶段的幼儿。

例如，从某幼儿园开展的主题活动"福建的船"中，我们可以体会逻辑性原则的应用。针对这次活动，教师的课程内容安排如下：

1. 认识船：认识各种各样的船（客船、货船、游艇、军舰等）。

2. 了解船：说出各种各样的船的特点和作用（交通工具、运输工具、探险、侦察、打仗等）。

3. 设计船：结合各种船的特点设计船；针对船和其他交通工具的区别设计船；大胆创造在路上行驶的船、在空中飞翔的船。

逻辑性原则就是要求教师在选择课程内容时，做到层层递进、环环相扣。艺术创造要以大量感性经验的积累为基础，通过观察感知事物的特征，进而发挥创造想象。教师在课程内容的选择中恰好就遵循了这一内在逻辑。

又如，借助主题活动"中秋节"[①] 案例，我们可以体会如何使课程内容从逻辑上关照不同年龄阶段的幼儿。中秋节到了，各班开展节日主题活动。

1. 小班：观察各种各样的月饼，让幼儿从形状、大小、包装、味道等方面感受月饼的丰富，知道中秋节要吃月饼，大家在一起团团圆圆。

2. 中班：初步感受中秋节的习俗，重点开展"做月饼"的活动，使幼儿体验劳动后的成就感。

3. 大班：了解"嫦娥奔月"的故事，让幼儿体会中秋节背后的团圆、温暖和爱。

二、幼儿园课程内容选择中的问题

幼儿园课程内容选择具有很大的自主性，在实践中容易出现以下问题：

（一）课程内容与课程目标脱节

课程内容脱离课程目标的突出表现就是：第一，选择课程内容时，偏重智育和专门的教学活动。课程内容被局限为教师精心准备的专门的教学活动，游戏活动和生活活动作为课程内容，在促进幼儿全面发展，培养幼儿生活能力方面的价值被忽略。教师在选择课程内容时，狭隘地认为幼儿园课程内容就是教师为幼儿准备的专门的教学活动。例如，在进行户外体育活动时，幼儿基本处于"放羊"状态，教师的任务集中在确保幼儿的安全，而忽视了游戏作为重要的课程内容在促进儿童发展方面的重要价值。第二，选择各方面内容时又偏重基本知识与技能，较少关注情感、态度方面的内容。在知识中心主义、功利主义的影响下，幼儿园教师和家长过度关注外显的知识，将幼儿的发展等同于所获知识技能的多少，于是课程内容的小学化仍然是当前幼儿园课程内容选择中面临的严肃问题。评价一个学习者是否"有能

---

① 王春燕. 幼儿园教学诊断技巧与对策58例［M］. 北京：中国轻工业出版社，2014：60.

力",不在于其知识的占有量,而在于其获取知识的能力和对获取知识的渴望。因此,激发幼儿的学习兴趣、培养幼儿的学习能力应该是当前课程内容在选择中要关注的重点。

(二)课程内容脱离幼儿生活

课程内容脱离幼儿生活,是指幼儿学习的内容远离其生活经验,同时也不贴近他们的兴趣需要。例如,在北方内陆地区某幼儿园教学活动"交通工具"中,教师选择了"船"作为主要的认识对象,为幼儿提供了各种各样的船的图片,还有航空母舰,让幼儿观察学习,却忽略了幼儿在生活中对船的认识比较薄弱,脱离了幼儿的实际生活,以至于在最后的设计船环节,幼儿设计出的船大同小异。

幼儿园课程内容选择存在的问题——脱离幼儿生活、远离幼儿经验

> **小贴士**
>
> 教师在选择课程内容时,要坚持"从生活中来,到生活中去"的理念。要从幼儿最熟悉的生活环境(自然环境、社会环境)中选择那些具体、形象、直观,或能引起幼儿想象和联想的事物、材料、活动等作为教育内容。对幼儿来说,这种内容具有亲近性,是随手可以触摸的眼前的东西,对于促进幼儿学习具有得天独厚的条件。

(三)课程内容偏向本本

课程内容偏向本本,是指受课程即教材的课程观影响,课程的选择局限于各种版本的教材内容,课程内容主要来自教材。教材作为理想的课程内容,具有普遍性和规定性。张雪门先生曾指出,我们不能拿一成不变的理论去应对千变万化的儿童,因此再好的教材,特别是幼儿园教材都需要我们针对幼儿园以及幼儿的实际情况,对其进行筛选和二次加工。

幼儿园课程内容选择存在的问题——本本主义

(四)课程内容不适宜

课程内容不适宜是指课程内容在量或者质上与幼儿发展特点、水平不相适宜的问题。不适宜的表现主要有两种:一是偏难,超出幼儿的能力范围;二是偏易,幼儿的学习是在重复已有的经验,没有适宜性的发展和提升。

在实践中,课程内容偏难主要表现为"小学化"内容的侵入,以及教师对幼儿发展水平认识不到位而造成的课程内容超载。例如,在中班"认识左右"的活动

中，教师对幼儿发展水平认识不足，导致幼儿在辨别左右时一片混乱。中班的幼儿能够辨别以自己为中心的左右，还不能辨别以客体为中心的左右。

课程内容偏简单主要表现为没有适宜性的发展。例如，在大班语言活动"想办法"[①] 中，教师引导幼儿观察图片1"小明一个人在家玩气球，一不小心，气球飞到柜子上了，这可怎么办？"针对这一问题，让幼儿说一说怎么办。之后出示图片2"小明家的工具床、拐杖、凳子"，让幼儿想一想"如何用这些工具把气球安全拿下来？"教师组织幼儿回答，并给予肯定。幼儿的答案除了在语言组织上稍有差异，重点几乎都落在搬个凳子站上去，拿着拐杖或木棒，一碰气球，气球就能飞下来。案例中，教师选择的这一内容对于大班幼儿来讲较为简单、问题集中，幼儿无须经过深度思考就能凭经验解决问题。

案例 大班语言活动"想办法"

第三节 幼儿园课程内容的组织

幼儿园课程内容的组织是指将课程内容以某种特定的方式编排和组织起来。课程内容选择完成之后的任务就是对课程内容进行组织，使课程内容以适合幼儿学习特点与规律的方式呈现。

一、幼儿园课程内容的组织方式

从不同的角度出发，幼儿园课程内容有不同的组织方式。

（一）纵向组织和横向组织

纵向组织是指将课程内容的各种要素按照纵向的、先后发展的顺序来排列，以保持其整体的连贯性。纵向组织强调经验的层次性、连续性和顺序性，按照由简到

[①] 王春燕. 幼儿园教学诊断技巧与对策58例［M］. 北京：中国轻工业出版社，2014：43.

55

繁、从具体到抽象的方式组织课程内容。

横向组织是指将各种课程内容的要素按横向关系组织起来，强调整合性，需要找出各种课程内容之间的内在联系，然后整合为一个有机整体。这实际上是以广义的概念来组织课程内容，要求打破以传统学科的形式和结构构成的知识体系，以便让儿童获得更为完整的经验。可以看出，横向组织强调知识的广度而非深度，关注知识的运用而不是形式，注重幼儿经验与知识的相互关联及各领域知识的融会贯通。

（二）逻辑顺序组织和心理顺序组织

逻辑顺序组织是指按照知识本身的系统和内在的联系来组织课程内容。这一组织方式重点考虑学科本身的逻辑顺序，有利于幼儿掌握系统的知识。例如，学科课程就是按照每门学科内在的逻辑性来组织课程内容的，并注重这些内容的连续性和顺序性。

心理顺序组织，就是指按照儿童心理发展的特点来组织课程内容，学科的逻辑顺序要从属于儿童心理顺序原则，要尊重儿童的身心发展特点、兴趣、需要、经验等，如经验课程。

随着课程理论的发展，越来越多的课程理论专家认为，在对课程内容进行组织时，要将学科的逻辑顺序与学习者的心理顺序统一起来，但是在实践运用中，会遇到许多具体的问题和困难。首先，人们对学科本身的逻辑顺序和结构很难达成统一的看法，如布鲁纳（Bruner）就认为，只要找到这门学科的基本结构，任何学科都可以用某种形式教给任何年龄阶段的任何人。其次，对儿童的心理发展规律的研究尚不成熟，况且每个儿童都有独特的心理结构，不太可能从个体中抽象出一个无所不包的模型，因此，课程内容不可能适合每个儿童的心理发展规律。所以说，在课程实践中仍然存在许多亟待解决的问题。

二、不同组织方式下的幼儿园课程形态

不同的课程内容的组织方式总是受特定的课程价值观的支配，不同的组织方式下幼儿园课程的形态一般来说分为学科中心课程、儿童中心课程和社会中心课程。

（一）学科中心课程

学科中心课程是根据知识的内在逻辑顺序和结构来组织课程内容，其以学科为中心来保持课程内容的系统性。它强调不同学科门类之间的相对独立性，以及每门学科内部逻辑体系的完整性。课程应当传递人类社会中的文化精华，因此要围绕

"学科结构"来组织课程内容。在幼儿园课程中，分科课程就是一种典型的学科中心课程。

（二）儿童中心课程

儿童中心课程受"儿童本位"课程观的影响，其根据儿童的心理发展规律，围绕儿童的兴趣和发展来组织课程内容，关注的是儿童的经验和需要，将知识技能的传授与儿童的日常生活经验相联系。例如，在游戏生成的课程"玩雪"[①] 中，教师萨拉注意到孩子们对雪很着迷，孩子们产生了很多关于雪的奇妙的问题："它是怎么轻轻飘落在地面上的？它是怎么慢慢地在我们的舌尖和温暖的手心里融化的？它是如何被风吹动的？雪是不是比水轻？……"萨拉面对孩子们的问题回答说："我们怎么才能知道呢？"于是在她的鼓励下，孩子们开始了"玩雪"活动，一系列实验也就开始了。

案例 "玩雪"

（三）社会中心课程

社会中心课程也称核心课程，它强调围绕社会问题来组织活动内容，以适应和改进社会生活。其中社会问题是儿童在社会生活中遇到的各类问题，包括认识、情感、交往等方面的问题，其目的在于加强课程与生活的联系。课程是为儿童将来适应社会做准备，因此，课程应当深入社会生活当中，课程内容要源于社会生活情景，让儿童在探索和解答这些问题的过程中学习，了解自己的生活环境，并努力适应或改善它。例如，针对汶川地震、世界博览会、国庆阅兵、新冠肺炎疫情等重大新闻事件以及幼儿生活周围的社会热点活动，如民俗文化节、地方艺术节等内容，教师都可以及时生成主题活动。电视媒体对这些内容的传播让幼儿获得了大量的感性经验，这些内容既是幼儿生活的一部分，也是一笔宝贵的课程资源。例如，幼儿园借助中华人民共和国成立70周年华诞，开展了"为祖国妈妈过生日"系列活动[②]：

元素篇：我爱祖国，为祖国制作礼物。

欢庆篇：红旗飘飘。开展幼儿园阅兵仪式、升国旗、奏国歌。

祝福篇：美好祝福。送上你对祖国的生日祝福。

最后，我爱我的祖国，我是中国娃，感受中国红、绘制中国旗、托起中国梦。

[①] 范霍恩，努罗塔. 以游戏为中心的幼儿园课程 [M]. 史明洁，译.6版. 北京：中国轻工业出版社，2017：195.

[②] 案例来源：中华女子学院附属实验幼儿园.

⊙ 单元小结

本单元主要讨论了四个问题：

（1）幼儿园课程内容的内涵和特点；

（2）幼儿园课程内容选择的原则；

（3）幼儿园课程内容选择容易出现的问题；

（4）幼儿园课程内容的组织方式和形态。

关于幼儿园课程内容的内涵，通常来说幼儿园课程内容是指依照幼儿园课程目标选定的通过一定形式表现和组织的基本知识、基本态度和基本行为。同时，不同的课程取向对幼儿园课程内容的界定存在不同的侧重。学科取向（知识取向）的课程观，认为课程内容是教材，将学科内容看作课程内容，即课程内容主要指教材或教科书上的内容；活动取向的课程观，认为课程内容是幼儿园组织的各种活动；经验取向的课程观，认为课程内容是幼儿的学习经验。整体上而言，幼儿园课程内容体现出生活性、全面性、整合性、趣味性的特点。结合幼儿园课程内容的特点，在进行课程内容的选择时应该遵循目的性原则、基础性原则、发展适宜性原则、生活性原则、兴趣性原则和逻辑性原则。然而在实践中，幼儿园在进行课程内容的选择时具有较大的自主性，因此容易出现课程内容与课程目标脱节、课程内容脱离幼儿生活、课程内容偏向本本、课程内容不适宜等问题。紧接着，本单元在最后探讨了幼儿园课程内容组织的方式，主要有纵向组织和横向组织、逻辑顺序组织和心理顺序组织。不同的组织方式下幼儿园课程可以分为学科中心课程、儿童中心课程和社会中心课程。

⊙ 拓展阅读

1. 朱家雄. 幼儿园课程［M］. 上海：华东师范大学出版社，2003.

2. 张华. 课程与教学论［M］. 上海：上海教育出版社，2000.

3. 冯晓霞. 幼儿园课程［M］. 北京：北京师范大学出版社，2000.

4. 王春燕. 幼儿园教学诊断技巧与对策58例［M］. 北京：中国轻工业出版社，2014.

5. 瑞吉欧儿童国际中心. 除了蚂蚁，什么东西都有影子［M］. 周菁，译. 南京：南京师范大学出版社，2014.

6. 赫尔姆，贝内克，等. 项目课程的魅力［M］. 林育玮，洪尧群，陈淑娟，等译. 南京：南京师范大学出版社，2006.（对项目课程有兴趣的可以阅读此书）

7. 胡华. 回归与还原儿童本真生活［M］. 南京：江苏凤凰少年儿童出版

社，2015.

8. 范霍恩，努罗塔. 以游戏为中心的幼儿园课程［M］. 史明洁，译. 6版. 北京：中国轻工业出版社，2017.

⊙ 巩固与练习

一、名词解释

1. 幼儿园课程内容　2. 儿童中心课程　3. 社会中心课程
4. 学科中心课程　5. 逻辑顺序组织　6. 心理顺序组织

二、简答题

1. 幼儿园课程内容选择应遵循的原则有哪些？
2. 当前幼儿园课程内容选择中容易出现的问题是什么？
3. 不同课程观主导下三种不同课程内容取向是什么？并简述其优缺点。

三、论述题

1. 如何理解幼儿园课程内容选择的兴趣性原则？
2. 试着选择一所幼儿园的课程内容进行分析，说明其课程组织方式，判断其课程内容选择是否存在问题。
3. 针对"小学化"趋势，谈一谈幼儿园课程内容选择应该遵循的原则。

四、案例分析

针对下述案例，结合所学知识分析本次音乐活动在内容的选择上是否存在问题？

小班音乐活动　"泡泡不见了"

［活动目标］

1. 感受歌曲轻松愉快的欢乐情绪；
2. 通过吹泡泡的情境，理解歌词，初步学唱歌曲《泡泡不见了》；
3. 大胆参与到音乐游戏中，体验吹泡泡的乐趣。

［活动内容］

《泡泡不见了》　歌曲

吹呀吹泡泡，有大也有小。
飞呀飞上天，飞呀飞上天。
泡泡，泡泡，泡泡不见了。

［活动过程］

（一）吹泡泡，引导幼儿观察泡泡的变化过程下午3：35~3：40教师现场吹泡泡，激发幼儿的兴趣。随后教师通过不断提问引导幼儿感受歌词的内容。"谁能告诉我泡泡是一样的吗？""泡泡是不是有大的，有小的？""陈老师吹的泡泡是飞在天上的，还是落在地上的？""你们还能看见我刚才吹的泡泡吗？""泡泡不见了对不对？"……

（二）欣赏倾听儿歌《泡泡不见了》

下午3：40~3：43播放儿歌，教师跟着哼唱。随后教师提问"你们刚才都听到了什么呢？……现在请小朋友们再听一遍。"

（三）学唱儿歌《泡泡不见了》

下午3：44~3：50教师领唱幼儿跟唱一遍（教师领唱过程中会跟着节奏拍手）；幼儿和教师一起跟着音乐唱一遍；随后教师和幼儿合唱一遍。

教师问："你们学会了吗？你们知道这首歌的名字吗？"

幼儿回答："泡泡歌。"

教师用很小的声音说："现在我告诉你们这首歌的名字，仔细听哦，这首歌叫《泡泡不见了》。"

（四）音乐游戏"泡泡不见了"

下午3：50~3：55教师带领幼儿围成圆圈，并随机发出指令让幼儿做出相应的动作。当教师喊"吹泡泡，吹泡泡"的时候，幼儿拍手正常走动；当教师喊"泡泡变大了"的时候，幼儿用手臂比大圆并踮起脚尖走路；当教师喊"泡泡变小了"的时候，幼儿弯腰走路；当教师喊"泡泡不见了"的时候，幼儿捂脸并蹲下躲起来。

整个活动在游戏中自然地结束。

第四单元 幼儿园课程实施

🎓 导 言

在大班"搭房子"的活动中，幼儿在参观了多种房屋，欣赏了各式建筑的照片，了解了房子的基本结构后，决定搭建一座"可以进去玩"的布房子。教师找来了晾衣架、竹竿、大号遮阳伞和各种花色的布料，希望尽量提供丰富的材料支持幼儿建造。但孩子们却拒绝使用教师提供的花布——他们想搭一座"原始人的帐篷"，用黑布做顶，用白布搭围墙，这样他们就可以自己在"墙"上作画记事，玩原始人的游戏了。[1]

倘若你是这位幼儿教师，面临这样的场景，你会如何处理呢？是坚持预设的活动内容，还是追随和支持幼儿生成的兴趣需要呢？这些都关系到背后的幼儿园课程实施取向问题。下面我们将进入幼儿园课程实施单元，共同探究幼儿园课程实施的含义、取向、影响因素以及在实践中开展的具体途径。

---

[1] 张斌. 幼儿园教育中"儿童意识"缺失的问题分析［J］. 幼儿教育，2015（34）：7.

☆ 学习目标

1. 理解幼儿园课程实施的含义，能说出幼儿园课程实施的三种取向。
2. 能依据幼儿园课程实施途径的主要内容、价值，分析说明实践中的课程实施问题。
3. 结合实践分析影响幼儿园课程实施的主要因素。

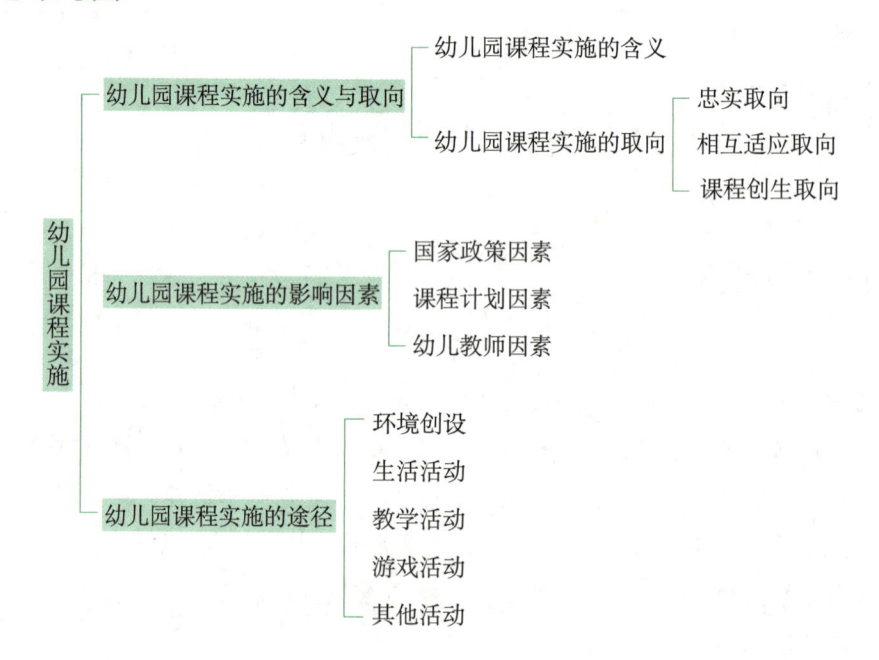

思维导图

```
                          ┌─ 幼儿园课程实施的含义
       ┌─ 幼儿园课程实施的含义与取向 ─┤                    ┌─ 忠实取向
       │                  └─ 幼儿园课程实施的取向 ─┼─ 相互适应取向
       │                                      └─ 课程创生取向
幼儿园  │                          ┌─ 国家政策因素
课程   ├─ 幼儿园课程实施的影响因素 ─┼─ 课程计划因素
实施   │                          └─ 幼儿教师因素
       │                          ┌─ 环境创设
       │                          │─ 生活活动
       └─ 幼儿园课程实施的途径 ─────┼─ 教学活动
                                  │─ 游戏活动
                                  └─ 其他活动
```

第一节 幼儿园课程实施的含义与取向

一、幼儿园课程实施的含义

课程实施（curriculum implementation）是指将课程计划付诸教育实践的过程，是达到预期的课程目标的基本途径。一般来说，课程实施是课程"再调整"的新活动，而新的课程计划又往往蕴含着对原有课程的某种变革，课程实施则是将某种程度课程变革转换到教育实践中，并试图在实践中有效地实现这一变革[①]。

关于课程实施的研究，关注的是课程计划在教育过程实际中所发生的情况，以及课程实施的各种影响因素。对课程实施的研究，有助于课程编制者了解、分析和评定课程计划与教育实际之间的契合度，理解课程实践的有效性，从而及时调整课程计划，完善课程编制的过程。因此，从某种意义上说，课程实施是将课程理论转化为课程实践的活动，是课程编制中不可缺少的重要环节。[②]

美国著名课程论专家古德莱德（Goodlad）认为存在五类不同层面的课程[③]，古德莱德的"五层次论"分析框架，能帮助我们进一步理解课程实施：

（1）理想的课程（ideological curriculum），即由一些研究机构、学术团体和课程专家提出的应该开设的课程。

（2）正式的课程（formal curriculum），即由教育行政部门规定的课程计划、课程标准和教材，这是列入课表、实际开设的课程。

（3）领悟的课程（perceived curriculum），即任课教师实际理解领会的课程。

（4）运作的课程（operational curriculum），即实际反映在教育教学过程之中的

[①] 施良方. 课程理论：课程的基础、原理与问题[M]. 北京：教育科学出版社，1996：130.
[②] 靳玉乐. 课程实施：现状、问题与展望[J]. 山东教育科研，2001（11）：3-7.
[③] 靳玉乐. 现代课程论[M]. 重庆：西南师范大学出版社，1995：74-75.

课程。

（5）经验的课程（experiential curriculum），即学生实际体验到的课程。

由此可见，"理想的课程""正式的课程"要有效地转化为教师"领悟的课程""运作的课程"和学生"经验的课程"，就必须经历课程实施这一个环节。然而，课程实施是一个在复杂的、不确定场域，不断地对课程内容与实施策略做出选择并加以执行的过程，经历多种转换，每一次转换后新的课程都会或多或少地出现与上一层次课程的偏差。有学者提出，课程实施对于教师而言正如一次次向"未知之地"的旅行，教师的课程实施旅程不一，短至一节课或一个单元的行程，也可以是一学期或一学年的旅程，而这课程之旅一般开始于"领悟的课程"，行动于"运作的课程"，反思于"经验的课程"。[①]

⊙ 问题思考

有人将课程实施隐喻为一个没有终点的旅程，每一个终点又是另一个新的起点，每一个起点都来自前一个终点。也有人认为，课程实施就像在说故事，说永远没有完结篇的故事。在故事中，讲者、听者、读者都变成主角。所有的结构都是暂时的、瞬间的，像夜空中闪烁的繁星，此起彼伏，相互辉映，不再是北极星独光。

那么，你是如何理解课程实施的，你能否也尝试提出一种隐喻？谈谈你的理由。

二、幼儿园课程实施的取向

案例　来自幼儿园教师的困惑——幼儿园教材的"取舍"

课程实施的取向是指对课程实施过程本质的不同认识以及支配这些认识的相应的课程价值观。[②] 课程实施取向集中表现在对课程计划与课程实施过程关系的不同认识上。美国课程专家斯奈德（Snyder）、博林（Bolin）和朱姆沃尔特（Zumwalt）将课程实施归纳为三种取向：忠实取向、相互适应取向与课程创生取向。这三种取向在对课程实施本质、课程知识的产生、课程变革、实施者的角色等方面的认识存在不同的见解。正如案例"来自幼儿园教师的困惑——幼儿园教材的'取舍'"中所呈现的，在实践中关于课程实施确实存在不同

---

① 黄小莲. 教师课程实施之旅：决策与执行［M］. 杭州：浙江大学出版社，2012：13-14.
② 张华. 课程与教学论［M］. 上海：上海教育出版社，2000：327.

的声音。

下面我们将采用三种隐喻分别解析三种课程实施取向,它们的出现并不是为了加强教育学语言的修饰效果,为枯涩的语言加一个"美丽的花边",而是对教育意义的质的揭示,有利于我们对教育活动内在性、价值性和精神性的独特把握[1]:

(一)忠实取向(fidelity orientation)

课程实施的忠实取向将课程实施的过程看作忠诚执行课程计划的过程。这种取向的基本假设是:课程实施要忠实地反映课程设计者的意图,从而达成预定的课程目标。这一取向强调课程设计的重要性,实施者的任务是按既定的设计加以实施,其责任往往是"技术"的而非"价值"的。正如有人将其隐喻为"建筑设计图",课程实施则是具体的施工。设计图纸要对施工做出非常具体、详细的规定与说明。实施者就像建筑工人一样要忠于图纸,严格按照图纸进行施工。施工的质量是根据实际施工与设计图纸之间的吻合程度,即实际施工达到设计图纸的要求程度来考核的。

在课程实施的忠实取向视野下,课程变革是教师实施课程专家制定的课程变革计划的过程,成功与否取决于教师是否不折不扣地实施课程专家设计的课程变革计划。在这一取向中,教师很少能偏离既定的课程计划,教师是课程的"消费者",是被动的"实施者",教师应当按照专家对课程的"使用说明"循规蹈矩地实施教学。由于课程专家编制的课程计划不一定能被教师把握和实施,因此,在课程实施前需要对教师进行适当的培训,在课程实施中,也要对教师的教学进行支持和监督。

> **案例 4—1**
>
> ### 户外活动[2]
>
> 滚轮胎是今天安排的户外活动,格格选择一个轮胎慢慢地从这一端滚到了另一端,她已经能够一口气来来回回地成功走上好几遍。一种游戏方法玩腻了,格格又想了另一种玩轮胎的方法,叫来好朋友一起将轮胎平放在地上,依次从这个轮胎跳到另一个轮胎上,新的玩法得到了幼儿们的喜爱。这时,教师抬头看看钟表,活动时间已经快 40 分钟了。"咻!"教师的口哨声吹响,同时教师连忙对着幼儿们拍手说:"活动结束,收拾器材,我们要回去了。"幼儿们一阵"哎哟"声,一个个都很不情愿地把轮胎放回活动器材室。格格一边抱怨着"哎呀,我还想玩呢!"一边不情愿地将轮胎放到活动器材室里。

---

[1] 黄小莲. 教师课程实施之旅:决策与执行[M]. 杭州:浙江大学出版社,2012:14.
[2] 周雯雯,李克建. 幼儿园班级一日活动安排与组织的案例分析[J]. 幼儿教育,2015(7):6.

从案例中可见，户外活动中的幼儿依旧处于兴趣盎然的活动状态，但是教师为了确保能按照幼儿园班级内一日活动时间表上所规定的时间顺利进入下一个活动环节，立即停止幼儿正在进行的活动。在课程实施中，教师应当根据幼儿兴趣和注意力的实际情况，选择合适的时机来结束活动，使幼儿感兴趣的活动得到拓展或深入，将枯燥简单的活动删除或削减。反之，教师所做的不过是执行他人生硬规定的目的和计划，从事他人提出的活动安排。教师在课程实施中如果只是原样照搬地接受和忠实地执行，那么其主体性和创造性就无法得到发挥，这在一定程度上也是对幼儿的兴趣和需要的忽视。

（二）相互适应取向（mutualadaptation orientation）

课程实施的相互适应取向是指把课程实施过程看成是课程计划与班组或学校实践情境在课程目标、内容、方法、组织模式各方面相互调整、改变与适应的过程。课程计划与课程实施的过程发生相互调适的现象具有必然性，因为课程实施过程是一个复杂的、非线性的和不可预知的过程，而绝不是一个预期目标和计划的线性演绎过程。[①] 即所有事先预设、开发设计的课程，在实施过程中都需要进行适度修正，才能适用于不确定的课堂教学情境中。正如有人将这一取向隐喻为"球赛"，课程计划是一场球赛的方案，这个方案是赛前教练与球员共同制订的；课程实施则是球赛进行的过程，尽管球员要贯彻事先制订好的比赛方案，而完成这项方案的具体细节则主要由球员来把握，即球员要根据场上的具体情况随时做出灵活机智的现场反应。

在相互适应取向视野下，教师则是主动的、积极的"消费者"，为了使预定课程方案适合具体实践情境的需要，教师需要把握课程具体实施的过程，要对之进行积极的、理智的改造。从案例4-2中，我们可以了解相互适应取向的实践做法：

> 案例4-2
>
> **支持孩子"不务正业"**[②]
>
> 教师在益智区投放了纸牌，玩法是任意选取两张纸牌，然后根据上面的数字进行加减运算，目的是提高孩子的计算能力。那天，小华走进益智区，不料玩了四五分钟之后，他的兴趣转移了，对纸牌本身产生了兴趣。他把两张纸牌

[①] 张新海. 反对的力量：新课程实施中的教师阻抗［M］. 北京：科学出版社，2011：31.
[②] 蔡薇. 支持孩子"不务正业"［J］. 幼儿教育，2015（7）：29. 案例有所改编.

斜着相互支撑，搭成一个"人"字，但纸牌很容易滑倒，他再搭又滑到了。试了几次，他开始折起纸牌来，看到崭新的纸牌被他这么糟蹋，教师没有制止反而静静等待。果然，小华"毁"了好几张纸牌后搭建成功了。后续，教师还提供了一些废旧纸片等材料投放进去支持孩子的游戏。连着几天，小华都做着他的建筑师，在他的带动下，其他孩子也加入了进来，有的搭建楼房，有的搭建机器人，都说搭纸牌好有趣，玩得不亦乐乎。

案例中，教师原本预设纸牌是幼儿进行数学经验学习的材料，但是这与幼儿的兴趣和需要不契合。如果在案例中小华产生游戏倦怠的第一时间里，教师便介入其中引导小华继续运算，那么就不会产生纸牌建构游戏活动了。教师顺应幼儿的兴趣和需要，及时积极地调整活动内容并加以观察创设幼儿的"不务正业"的机会，反而让幼儿体验到自我创造游戏的愉悦感。

（三）课程创生取向（enactment orientation）

创生，即创造并生成。课程创生取向是指在教育情境中，教师与学生根据自己的实际情况和需要，在已有知识、经验、能力、技能、智慧的基础上整合既有的课程变革计划，联合发明、建构、创造并自然生成新的教育经验的过程。[1] 课程再也不是一个就原初的课程计划"按图索骥"的过程或稍事修改的过程，而是一个真正的创造过程。最终，在具体情境中创生出的教育经验融合了师生的兴趣、情感、思想、智慧，是真正属于他们的"有温度"的课程[2]。正如有人将这一取向隐喻为"乐谱演奏"，如果课程计划是一个乐谱，那么课程实施则是作品的演奏。同样的乐谱，每个指挥家和乐队的理解、体会及演奏技巧是不同的，面对的观众也是不同的，因此同样的乐谱会有不同的演奏方式，产生不同的演奏效果。

在课程创生取向视野下，教师与学生在课程实施中的主体性和创造性得到强调，教师的角色不再是课程主动抑或被动的"消费者"，教师不再简单地"按部就班"，而是成为课程的"开发者"，课程创生的过程即教师和学生持续共同成长的过程。

---

[1] 韦冬余. 创生性课程与教学：创生取向课程实施与探究教学论［M］. 武汉：华中师范大学出版社，2012：3.

[2] 张华. 课程与教学论［M］. 上海：上海教育出版社，2001：342.

> **案例 4-3**
>
> ### 用什么器具装水最快[①]
>
> 　　玩水活动中,教师提供各种水枪供幼儿选择。一开始,幼儿用装了水的水枪喷洒,但渐渐地幼儿对装水过程产生了兴趣。那些装水量少的水枪遭到冷落,容量大的水枪成为"抢手货"。他们意识到只有在水枪的储水罐里快速地装上足量的水,才能在"枪战"中占优势。
>
> 　　这一天,几个孩子聚在水桶边提出要求:"老师,我想用娃娃家的小碗来装水,那样会快一些。""不,用超市里的奶粉桶更快。""可乐瓶装得快。"孩子们的争论引发了教师的思考:用什么器具装水最快呢?于是,教师借来很多一样大的水枪储水罐和大水桶,与孩子分组共同尝试探究:究竟用什么器具往储水罐里装水才最快呢?为了证明自己找的器具装水最快,孩子们专注投入地操作并交流经验。教师将孩子们的发现一一记录下来,大家共同发现了秘密:口子大的器具装水快,底深的器具运水方便,容器大的器具节约时间。教师和孩子的活动仍在持续中,他们又开始探究如何将水装得最满。

　　从案例中,我们不难发现,课程是教师与幼儿共同创造的经验,这些经验都是在真情境、真问题中体验到的,而且是一个动态生成的过程。幼儿在常态的玩水活动过程中自发产生的问题以及教师对于这些问题的赋值思考,认为这些问题中蕴含着对科学现象的探索价值。这既符合幼儿的年龄特征,又符合幼儿的兴趣需要,师幼共同的实践解决了真情境中的真问题。教师关注并尊重幼儿在探索过程中出现的真实问题,不断生成契机引导幼儿在科学活动中进行深度学习与探究。因此,教师和幼儿不再是被动的知识的接受者,而是他们用自己的智慧共同创生着新的课程。

⊙ 问题思考

　　在幼儿园课程实施的三种取向中,你倾向于哪一种?请谈谈你的理由。

[①] 江晨. 借助问题情境 引发科学探究 [J]. 幼儿教育,2015 (Z4):34. 引用时有改动。

（四）对三种取向的评析

课程实施的三种取向各有自身的价值，它们从不同层面揭示了课程实施的本质。忠实取向强化了课程政策制定者和课程专家在课程变革中的作用。相互适应取向则综合考虑了具体实践情境之外的专家所开发的课程与对这种课程产生影响的学校情境、课堂情境等因素。创生取向则提升了教师和学生在课程开发和创造中的主体性，真正实现了学生最优发展，造就教师最优发展，引导课程改革的深化推进。[①]

不容忽视的是，三种取向也存在各自的局限性。忠实取向把课程变革视为线性地实施预定的课程计划的过程，使课程变革成为一个机械的、技术化的程序，这就抹杀了课程变革的直接参与者——教师与学生的主体性价值。相互适应取向本身是比较模糊的，带有折中主义色彩，在兼具另外两种取向优点的同时，也不可避免地具有它们的局限性。课程创生取向具有浓厚的理想主义色彩，要求教师不仅善于对专家开发的课程做出正确的判断、选择和解释，对创生取向课程实施理论进行认知和掌握，更善于根据具体情境的特殊需要创生自己的课程，并要求学生也成为课程的主体，这种取向对实践以及教师专业要求是很高的，因此推行的范围也有一定局限性。[②]

在幼儿园课程实施中，或由于教育行政部门的推行和支持，或由于教育评估机构的检查和督导，或由于当前对某些理论范式的宣传和学习，或由于幼儿园园长和教师的课程热忱，幼儿园中其实不存在纯粹采取的一种取向的做法，往往采用的是掺杂着多种取向的复合体，这种做法当然也暴露出一些问题，正如案例4-4所呈现的。

案例4-4

没有最好的课程，只有最适合的课程[③]

设计和编制课程是一回事，实施课程是另一回事，这就好比设计和制作衣服是一回事，穿着衣服是另一回事。每个人每天都要穿衣服，但是，要求他们自己去设计和制作衣服并不在理，因为大部分人不会设计和制作衣服。同样，每个幼儿园教师每个工作日都要实施课程，他们主要是课程的实施者，而不是课程的设计和编制者，要求他们自己去设计和编制课程，这样做也不合理，因

[①] 韦冬余. 创生性课程与教学：创生取向课程实施与探究教学论［M］. 武汉：华中师范大学出版社，2012：9.

[②] 张华. 课程与教学论［M］. 上海：上海教育出版社，2000：338.

[③] 朱家雄. 幼儿园课程中幼儿教师的角色定位［J］. 早期教育，2004（8）：4-5.

为他们中的绝大部分人并不会设计和编制课程。

作为课程的实施者，幼儿园园长和教师要学会去选择和运用社会上已有的、有品质的教育资源，特别是那些已通过政府有关部门严格审查的教育材料，也许这比自己花大力气去设计和编制自己的课程和教材更为重要。这就好比一个想要将衣服穿着得体的人一样，学会在林林总总的市场上不为广告所左右，能鉴别和找到适合自己的、有品位的衣服，并逐渐学会在一定的场合下穿着适合的衣服，这样的本领可能比自己花力气去制作衣服更有意义。一般而言，幼儿园园长和教师应在如何创造性地运用那些主要由课程专家和有丰富经验教师们编制的材料上下功夫，通过课程园本化的过程，使课程和教育活动能在最大程度上适合自己的教育对象。这样，他们才会有时间和精力去快快乐乐地与幼儿打交道。

反观现实，对课程实施取向的选择和定位，其依据并非孰是孰非，而是考究其适宜性。权衡课程实施生态环境中的各种影响课程实施的生态因子以及它们之间的关系，是选择课程实施取向的基本出发点。[①] 这也为当下开展幼儿园课程园本化和园本课程建设带来理性思考。

第二节 幼儿园课程实施的影响因素

课程实施是课程计划付诸实践的过程，这就要求课程实施者做出一系列的调整，包括对个人习惯、行为方式、课程重点、学习空间、课程安排等进行一系列的重新组织。对于影响幼儿园课程实施的因素探讨，我国研究者有着不同的观点，为我们

---

① 朱家雄，黄瑾，李召存，等. 幼儿园课程的理论与实践［M］. 上海：华东师范大学出版社，2012：108.

提供了借鉴参考，具体观点如表4－1所示。

表4－1　我国研究者关于影响课程实施的因素分析[①]

因素说	研究者	主要观点
二因素说	陈侠	人的因素：学生与课程实施；教师与课程实施 物的因素：教科书与课程实施；教学设备与课程实施
三因素说	李子健 黄显华	创新的特征：需要；清晰度；创新的规模和复杂性；学程的质量和实用性 干涉和个人：教师；校长；本地及外地促进者；持续的支持和训练 脉络：层次；文化；组织的政治脉络
四因素说	江山野 汪霞 丁念金	与尝试课程改革有关的特性；地方条件；地方策略；外界因素 课程计划的特征；教师的特征；学校的特征；校外环境的特征 教师；学生；资源；支持性条件
五因素说	施良方	课程计划本身的因素；交流与合作；课程实施的组织和领导；教师的培训；各种外部因素的支持
六因素说	黄甫全	文化背景；主体；对象；管理；环境；理论基础

通过上表，我们在一定程度上能意识到，课程实施是一个非常复杂的过程，受到诸多因素的影响和制约，同时每个影响因素之间并非孤立的，在实际过程中它们总是相互交织、相互影响的。鉴于此，我们应该在借鉴又不拘泥于上述理论框架的同时，以幼儿园教育情境为抓手，充分考虑幼儿园课程实施中的实际情况，对影响课程实施的各种因素进行全面合理的剖析。结合幼儿园教育实践，分析影响幼儿园的课程实施的因素，主要有以下几个方面。

一、国家政策因素

近些年，国家加大了面向学前教育发展的政策倾斜力度，出台了一系列标准性文件，如《幼儿园工作规程》《3—6岁儿童学习与发展指南》《幼儿园教师专业标准（试行）》等，一定程度上规范了课程实施。同时，各级教育部门对幼儿园课程实施发挥了导向作用，这种作用通过对课程的审定、推行、监督和评估等措施和途径得以实现。例如，浙江省教育厅于2017年出台《关于全面推进幼儿园课程改革的指导意见》，提出改进课程的园本化实施，教师应灵活实施课程方案，恰当处理预设与生成的关系，使活动真正成为师幼积极互动、共同建构的过程。但是，尽管国家层面以及地方出台的幼儿园相关政策或措施在价值取向和教育观念上引领着幼儿园课程实施，但是这些措施是否真正能有效地落实，仍需要更深入的探索。

[①] 黄小莲. 教师课程实施之旅：决策与执行［M］. 杭州：浙江大学出版社，2012：29.

二、课程计划因素

幼儿园课程计划主要是指幼儿园教育大纲与幼儿园教材。从我国目前国情来看，教材是一线教师接受新的课程变革理念的重要载体，是他们获取新理念与课程实施的主要途径。如果课程计划本身具有较高的质量、可操作性，课程理念贴合幼儿园现实需求和社会文化诉求，那么课程实施的有效性就会增加。

与此同时，幼儿园课程计划编制者与实施者应加强对话沟通，让课程实施者能真正地理解幼儿园课程实施的要义。那么，课程理念如何通过课程编制者的中介落实到课程实施者一线教师的教学行为中呢？我们把课程理念转化为教学行为的过程用图 4-1 进行呈现。

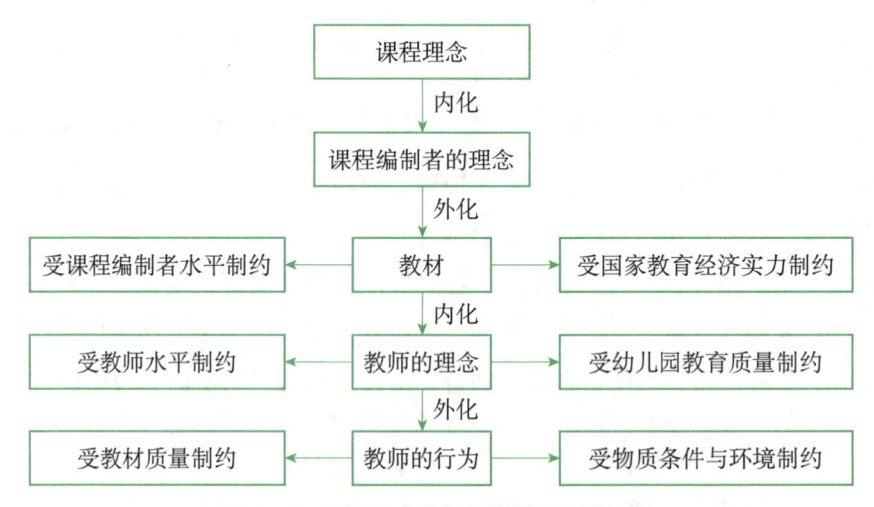

图 4-1 课程理念转化为教学行为的过程

由图 4-1 可见，对课程编制者而言，他们的任务是把已经内化的课程理念通过课程的核心——教材外化出来；对课程实施者即一线教师而言，通过教材实施既要内化理念又要把内化的理念外化为行为。只有当课程编制者与一线教师双方的内化、外化功能都发挥正常，才能最终实现"理念—行为"的转化。

当然，特别要指出的是，幼儿园教育与其他学段的教育不同，不适合原封不动地使用现成的教材。课程实施者必须关注幼儿的兴趣和需要，关注幼儿园及周围的环境和资源，从教师专业水平出发，开展幼儿园课程的建设工作，真正落实好幼儿园课程实施行为。

三、幼儿教师因素

教师是课程实施的决定性力量。幼儿园课程实施主要通过幼儿园教师来进行，幼儿教师的课程权利、幼儿园的课程管理、教师的专业素质直接影响着课程实施的质量。反观现状，有些幼儿教师对幼儿的生活、兴趣和需要缺乏关注，对现实生活中的课程资源缺乏关注，过度依赖购置的课程方案，只有机械地实施教案的能力，一定程度上影响着课程实施的可行性和有效性。

在具体的课程实施过程中，首先，幼儿教师要明确自身在幼儿园课程实施中的关键性角色，加强专业理论的学习，幼儿教师也急需专业的教研队伍、教研工作予以有效指导，引导其真正理解新的课程理念，同时在学前教育师资职前培养系统中开设关于幼儿观察与行为分析能力、课程设计与实施能力等相关课程；其次，幼儿教师在课程实施中应具备资源的意识，根据本土资源、本园现状、幼儿兴趣和需要去生成和实施活动，对课程实施中存在的关键问题进行及时的反思；最后，幼儿教师也是幼儿园课程的研究者，要鼓励并引导幼儿教师从课程实施者走向课程建设者，打消其畏难情绪，使其对幼儿园课程建设投入思考与热情。

> **小贴士**
>
> 看一看下面所列问题，是否符合你的实际情况[①]：
>
> 1. 你是否问过自己，为何实施目前的课程设计与方案？
>
> （1）是不是因为习惯成自然，你的班级每天都执行同样的课程设计，实施同样的课程？
>
> （2）你是否无奈地按部就班、循规蹈矩地执行别人制订好的计划，不知道或从未质疑为何要这么做？
>
> （3）你执行的幼儿园课程计划是否真正满足了自己和幼儿的切实需要？
>
> 2. 你是否觉得工作压力很大，节奏太快？是否觉得每天都在不停地准备活动、整理收拾、填写家园联系手册、制订课程计划、写报告和简报、看电子邮件和各种通知、学习各种新规定和文章？
>
> （1）你是否每天都没有时间缓一缓，然后高质量地陪伴幼儿？
>
> （2）每天下班时你是否感到筋疲力尽？而这种疲惫，与其说是因为你白天所做的一切，还不如说是因为你不曾做的一切？
>
> 3. 你是否觉得幼儿园的课程实施已经被商业化气息渗透，更受到媒体渲染的儿童观的影响？
>
> （1）幼儿的玩具、餐盒和服饰上是否有当下影视作品中新潮的超人形象？

---

① 柯蒂斯，卡特. 关注儿童的生活：以儿童为中心的反思性课程设计 [M]. 郑福明，张博，译. 2版. 北京：教育科学出版社，2015：3. 引用时有所删减。

（2）你是否发现幼儿在游戏中会模仿一些暴力言行和模式化的人物，然而这些情节重复，也没有什么创意？

（3）你是否注意到，许多玩具的功能设计和包装都已经固定化、程序化，能让幼儿探索、发现或发挥想象的空间很小？

（4）如果为幼儿提供开放、有一定挑战性的活动或玩具，是否担心如果没有教师帮助，幼儿会不知所措，有些幼儿园甚至都不愿意尝试？

4. 你是否觉得有必要反思幼儿园的一些习惯性做法，如集体活动时间、常规活动时间、过渡与结束时间以及美工活动、节日活动或歌曲的学习价值？

（1）你是否发现，让幼儿为入学做准备，时常被理解为教幼儿各种标准，而不是启发幼儿的心智？

（2）在对幼儿游戏活动进行反思时，你是否觉得自己真正理解如何为幼儿的探索提供支持？

第三节 幼儿园课程实施的途径

幼儿园课程主要是以幼儿园一日活动的形式组织与实施的。在这方面，上海市率先做出探索和贡献，《上海市学前教育课程指南》（2004年10月）明确指出"幼儿园课程主要以幼儿园一日活动的形式组织实施"，并"将幼儿园一日活动中的主要活动归为四类，即生活活动、运动、学习活动、游戏活动，它们既综合指向课程目标与内容，又保持各自活动的特点"。《上海市学前教育课程指南》还对这四种活动分别做出了具体的界定和描述。无论如何对活动类型分类，对幼儿园教育活动类型以及每一种类型的内涵、价值的理解，都必然是幼儿园教师有效实施幼儿园课程的前提。

一、环境创设

> ⊙ 问题思考
>
> 闭上你的眼睛,想象孩提时能引起你积极情绪的环境。记住你在那个环境中的感觉,想象那里的声音、气味和经历。现在请用一串能体现这个环境的本质的描述性词语来概述这个特别的环境。

《幼儿园教育指导纲要(试行)》中明确指出:"环境是重要的教育资源,应通过环境的创设和利用,有效地促进幼儿的发展。""幼儿园的空间、设施、活动材料和常规要求等应有利于引发、支持幼儿的游戏和各种探索活动,有利于开发、支持幼儿与周围环境之间积极的相互作用。"

蒙台梭利教育理论指出要创设"有准备的环境",瑞吉欧幼儿教育方案将环境称之为"第三位教师"。在学前教育领域中,环境是幼儿园课程的根基,对于幼儿的身心发展有着不可低估的价值,这一点已经引发共识。

一般而言,幼儿园环境可划分为物质环境和精神环境两大类。幼儿园物质环境主要是指幼儿园内影响幼儿身心发展的物化形态的教育条件,包括园舍建筑、设施设备、活动场地、活动材料、环境布置、空间布局以及绿化等。幼儿园物质环境是幼儿园整个教育环境的重要组成部分,是开展各项工作的前提条件和基础。幼儿园精神环境主要是指幼儿园中的人际关系和情感氛围等,包括教师的教育理念、教育行为、教师与教师的关系、教师与家长的关系、教师与幼儿的关系、幼儿与幼儿的关系以及园风等。幼儿园精神环境对幼儿认知、情感与个性品质的形成与发展具有十分重要的作用。这里我们将主要阐述幼儿园物质环境的创设,它包括户外环境创设和室内环境创设两大类。

> **小贴士**
>
> **有一个孩子向前走去**
>
> 请欣赏美国诗人惠特曼的一首诗《有一个孩子向前走去》的片段,这首诗描绘了一个小生命与世间环境种种的成长性关联,他以此来构建自我世界,这正如幼儿园环境创设对儿童身心潜移默化的影响。
>
> 有一个小孩子每天往前走,
> 他第一眼看到的东西,他就成为那样东西,

> 而那样东西因为那天成了这孩子的一部分，
>
> 或者是那天特定的一部分，
>
> 可能延续多年，或者年年循环。
>
> 或者是早开的紫丁香，那么它会变成这个孩子的一部分，
>
> 还有那青草，那绚丽的朝霞，那红色白色的苜蓿草，以及那菲比鸟的啾鸣，
>
> 还有那三个月大的小羊羔，淡粉色的一窝小猪，小马驹和小牛犊，
>
> 还有谷仓空地上或泥泞的池塘边那叽叽喳喳的小鸡一家，
>
> 还有池中好奇的鱼儿，以及那美丽的迷人的湖水，
>
> 还有池中的水草，优雅地摇曳着，
>
> 所有的这一切，都成了这个孩子的一部分。
>
> ……
>
> 那个天天向前走的孩子，
>
> 他正在走，
>
> 他将永远天天向前。

（一）户外环境创设

户外环境已经成为幼儿园第二大学习空间，其和室内环境同等重要。在进行户外环境创设时，理想的户外环境要能保证基本的功能和幼儿的安全，同时还应注重对户外游戏环境的创设，给幼儿提供学习机会和社会互动的机会。

1. 提供充足的、分为不同区域的空间

户外空间应当被划分为不同的区域，以满足幼儿不同的运动需求（跑、跳、平衡、爬、悬垂等）。户外空间还包括角色游戏、建构、艺术活动等创造性活动空间，以及一些种植、饲养、灌木丛、花草等自然探究空间。不同区域之间可以用低矮的植物、砖墙、栅栏等进行分隔。

幼儿园户外环境评估表

2. 创设美观、吸引人的户外活动环境

户外环境既要实用，又要美观吸引人。我们需要考虑以下几点：用自然材料和色彩丰富户外环境，如创设池塘、水车、花草等增加户外环境的丰富色彩和质感。用幼儿的想法和艺术作品将户外游戏场个性化。例如，在波兰，幼儿在帆布上创作的大型画作被悬挂在户外环境中，提升了幼儿环境的参与感。为丰富感官体验而设计户外环境。例如，在树上挂风铃，让池塘的水流声激发幼儿的听觉，让不同季节的树叶、花朵的颜色变化刺激幼儿的视觉，等等。

3. 创设丰富的活动区环境

户外环境应该提供复杂而丰富的各种活动区域，如器械运动区是指大型组合玩具以及中型玩具区，其既能促进幼儿运动能力的发展（走、跑、跳、攀爬），对培养幼儿敢于挑战、主动大胆的学习品质也有积极作用。在户外环境创设中还可以创设种植园地、饲养区、沙水池等区域。当前，幼儿园户外环境也越来越成为幼儿学习的主要空间，人们意识到户外比室内有更多的自由空间和可利用的自然资源，因此创设了如角色游戏（娃娃家、农家乐、加油站、小医院）、表演游戏（手偶木偶、音乐歌表演）、建构游戏（中大型积木、各种塑料管子、梯子）、艺术创作（墙、地、石头、纸箱涂鸦）、木工制作等活动区。

> **小贴士**
>
> **户外艺术区创设建议**
>
> 将画架摆在树下，安静地作画；
>
> 在户外涂鸦墙涂鸦，创作巨大的壁画墙；
>
> 提供拼贴画区，让幼儿用自然的实物进行创作，可以引导幼儿到大自然中寻找材料；
>
> 提供黏土区，让幼儿制作树皮、花、松果等创意物；
>
> 进行户外扎染，用植物扎染各种布艺，装扮户外；
>
> 运用天然材料如蔺草、丝带、狗尾巴草等，邀请幼儿进行编织活动；
>
> 在各种大小器皿上作画，如瓦罐、油桶、酒坛；
>
> 为幼儿提供麻绳、剪贴画、纸板、画笔等，鼓励幼儿户外创作象征性作品，可以将作品进行悬挂展示以装饰户外。

（二）室内环境创设

室内是幼儿在一日活动中度过较多时间的地方，是他们重要的生活场所。因此，创设一个"美观、吸引且像家一样的环境"对幼儿来说特别重要。在室内环境设计上要关注家庭与幼儿园之间的连续性和过渡性，运用地毯、布帘和墙饰等柔软性材料为幼儿营造"家"一般的幼儿园环境。例如：要根据不同功能将空间进行分隔，在创设集体活动空间的同时，还需要创设可独处的私密空间；既需要考虑颜色、质地、采光等元素，同时还要考虑多种元素之间的和谐，避免视觉轰炸等。但是，在实践中幼儿园教师在创设环境时，也会陷入一些误区，如案例4-5所示：

> **案例 4-5**
>
> **让儿童意识体现在幼儿园的环境中**[①]
>
> 记得一年冬天,我去参访一所收费甚高的民办幼儿园。从踏入大门那一刻起,我就留心观察这所幼儿园的每一处环境,想借此了解这所幼儿园为什么会开出如此高价的学费标准。
>
> 走进幼儿园主楼门厅,只见迎面的墙上挂满了幼儿园所获的各种荣誉牌匾,在阳光的照射下显得金光闪闪,门厅中央放了一个古典式的柜子,里面摆满了幼儿园所获的各项荣誉奖杯和证书。穿过门厅来到走廊,墙面、门窗、灯具都是一派欧美风格,每面墙上还贴着中英文对照的标语,整个给人的感觉是富贵气派,甚至奢华之至……
>
> 后来,我还参访了另一所幼儿园。幼儿园门厅的墙面上张贴着全园教师的图文简介,这些简介不是成人提供的,而是每个班级的幼儿绘制的。每份简介的中间是教师的照片,孩子们在这张照片周边用自己能够理解的文字乃至符号介绍教师。例如,艳艳老师喜欢穿紫色的衣服,艳艳老师喜欢吃葡萄……每句介绍下面都标有"小记者某某某",也就是幼儿的姓名。
>
> 这真的是"孩子眼里的老师",这种方式不但体现了全班幼儿对自己最亲近的教师的了解,而且让每位参访者也都间接地感受到了师幼之间这份亲密的关系。这所幼儿园并不奢华贵气,但处处体现出强烈的"儿童意识"。

环境是课程理念的外化表现,教师持有怎样的教育理念,在环境创设中都会有所具体体现。上述案例向我们呈现出两所幼儿园环境的鲜明对比。我们在环境创设中应当体现儿童的视角、儿童的需求、儿童的特性。正如瑞吉欧幼儿教育所述,环境里每一处都是幼儿和教师学习经历的见证。空间必须像一个鱼缸一样,透过它我们可以清楚地看到活动在其中的幼儿的思想、价值观、态度和文化。[②] 例如,可以尝试邀请幼儿共同创设班级环境,或是鼓励幼儿给环境取名字,或是引导幼儿对当前教室空间进行评价,选出自己喜欢的区域和不喜欢的区域,提出理由和改进建议,

---

[①] 布拉德. 0—8岁儿童学习环境创设 [M]. 陈妃燕,彭楚芸,译. 南京:南京师范大学出版社,2014: 393.

[②] 亨德里克. 学习瑞吉欧方法的第一步 [M]. 李季湄,施煜文,刘晓燕,译. 北京:北京师范大学出版社,2002: 33.

在全班讨论基础上逐个改善教室区域和整体布局。一个好环境应该和幼儿以及使用者共同发展，正如一个未完成的故事，可让每个幼儿将自己的想法加入这个故事之中。

二、生活活动

生活活动是指满足幼儿基本生活需要的活动，主要包括盥洗、进餐、如厕、喝水、午睡等活动环节，每一个环节的实施都有其自身的特点与价值。生活活动是幼儿健康、文明的生活方式和卫生习惯养成的重要途径。同时，生活活动也是培养幼儿生活自理能力，使幼儿形成乐于为集体服务的态度，萌发爱劳动的情感，增强责任感、独立性的重要途径。对于幼儿教师而言，在实施生活活动中既要高度重视和满足幼儿的需要，又要尊重和满足他们不断成长的独立要求。

幼儿的盥洗活动一般包括大小便、洗手、洗脸、刷牙漱口等。在盥洗方面，幼儿园要达到盥洗设备的安全、卫生、清洁，教师要引导幼儿掌握盥洗的基本技能。例如，幼儿园要有可调节的温水供应，每位幼儿有自己的擦手毛巾。在低年龄段班级一般是由教师帮助幼儿进行盥洗活动，在较高年龄段班级教师则应鼓励幼儿尝试自行主动盥洗。

在进餐方面，幼儿园应制定科学合理的饮食制度，每周食谱营养均衡，为有过敏反应的幼儿提供替代性食物。幼儿进食必须定时定量，进餐时间一般间隔3~4小时。在餐前教师应注意安排好进餐前后的过渡环节，如组织幼儿分批洗手，向幼儿介绍饭菜营养以激发幼儿食欲，组织适宜的餐后活动；进餐过程中，教师要组织好幼儿的领餐、进餐秩序，营造宽松愉悦的进餐氛围，鼓励幼儿独立进餐，使幼儿养成良好的饮食习惯和文明的进餐方式。餐后，鼓励幼儿通过力所能及的方式参与餐后的服务和整理工作，如收拾餐具、桌椅等，或进行提前安排好的餐后活动。

在如厕方面，时间安排和组织方式要合理，应按照幼儿的实际需求进行。教师要利用生活中的适当契机为幼儿集体讲解如厕的正确方法与步骤，并做必要的安全监护、指导或帮助；当有幼儿弄脏裤子时，教师能以温和友好的态度帮助幼儿处理大小便问题，护理过程中注意保护幼儿的自尊和隐私。

在喝水方面，教师要合理安排饮水时间，注意提醒幼儿及时主动喝水，如天气炎热告知幼儿增加喝水次数、对于个别身体不适的幼儿提醒其多喝水，幼儿运动后或出汗较多时也应提醒其多喝水。同时，教师要关注幼儿的饮水量，引导幼儿养成自觉定时定量喝水的良好习惯，并能使幼儿主动记录每日喝水情况。

在午睡方面，幼儿园要创设温馨而安静的午睡环境，午睡时间随着季节变化可以做适宜性调整，一般午睡时间为 2~2.5 小时。幼儿的睡眠时间有长有短、幼儿入睡有快慢，甚至有不午睡的幼儿，教师应该关注个体差异性，做出妥当的安排。

三、教学活动

教学活动是我国幼儿园课程实施的重要途径之一。它是一种有目的、有计划的由教师对幼儿施加影响的活动。教学活动更多地强调教师的主导作用，强调教学的结果，其承担着向幼儿传递人类和民族文化遗产的任务。教学活动可以是全班集中的形式，也可以是分小组的形式。

教学活动可以培养幼儿积极主动的学习态度、学习兴趣以及有效地与环境互动的学习能力；可以促使幼儿主动建构知识，唤起幼儿积极的学习探究精神，培养幼儿积极主动、乐于创造等良好的学习品质。但是，幼儿园在教学活动实际开展中往往会陷入一些误区：

第一，把教学活动完全变为以语言为媒介的言语讲授活动，即把教师的讲解、提问、解释等言语活动作为幼儿获得知识的唯一途径，忽视了幼儿直接感知、实际操作、亲身体验的学习方式。

第二，把教学活动作为唯一的、重要的组织途径，将其与游戏活动、生活活动等途径相割裂。

案例 小班语言活动——会响的小路

第三，教学实践过程中暴露出一系列突出问题。例如，教学活动内容脱离、远离幼儿生活，教学活动中提问设计缺乏有效性，活动预设与生成的关系处理不妥，等等。在案例"小班语言活动：会响的小路"中，由于幼儿缺乏对这些动物生活习性等方面的经验，尤其对这些小动物走路的方式感到陌生，教学陷入了机械学习的境地，教师一味地想让幼儿学会故事中的新词语，反而削弱了幼儿的学习兴趣。究其原因，教学活动中选取的文本材料所展示的内容脱离、远离幼儿生活经验。

随着当前"课程（教学）游戏化"等理念普及，在实施教学活动中，教师也容易陷入一些误区，或是受传统观念的束缚，或是受实践操作的局限，导致教学活动实施过程中出现问题。为了避免这些问题的出现，教师应当注意：教学活动游戏化不能替代幼儿的游戏活动，活动的合理安排比活动形式的表面热闹更重要，要重视幼儿审美、情感体验而不仅仅是知识技能的学习，要关注并提升教学活动质量，等等。

四、游戏活动

> ⊙ 问题思考
>
> 回忆童年时期，你最喜欢玩的游戏是什么？尝试分析与比较小时候的游戏和现在的幼儿园游戏有什么异同点？

游戏活动是幼儿自发、自主、自由的活动，是幼儿园教育的基本活动形式。

（一）游戏的特征

对游戏的概念做出统一界定是一件困难的事情，许多学者从文化、社会学、人类学、心理学等多领域视野对游戏活动做出界定。正如霍普斯（Hopps）认为，游戏是一种复杂的活动，不同的研究者，由于研究角度各异，对游戏的解释是不同的。[1] 但是，我们可以从特征角度把握游戏的本质：

1. 自主性

幼儿从事游戏是出于自发、自愿的需要，在游戏中幼儿能自主自由地选择游戏材料、同伴、内容等。

2. 愉悦性

游戏能给幼儿带来愉快的情绪体验。游戏中的幼儿没有任何心理负担，不担心游戏以外的任何奖惩，不受日常生活的约束，幼儿是轻松的、自由的、快乐的，可以全身心地投入，享受游戏的快乐。

3. 有序性

幼儿在游戏中并非毫无约束和限制的。仔细观察会发现，幼儿的每个游戏中都隐含着秩序性，每个个体都有一定的自我约束。任何游戏都是有一定规则的，不管行为方面的规则还是游戏本身的规则，一旦规则被违背，就会影响游戏的有序开展。

4. 虚构性

幼儿最珍贵的特征是想象与实际的分界暧昧模糊[2]，游戏是在假想的情景中反映真实生活的活动，其情节的发展和角色的扮演，活动的方式和替代物的使用，等等，均需要借助想象来进行。这种虚构、不真实的情境，给游戏抹上了一种神秘的色彩。

---

[1] 邱学青. 学前儿童游戏［M］. 4 版. 南京：江苏教育出版社，2008：10.
[2] 黄武雄. 童年与解放［M］. 北京：首都师范大学出版社，2009：10.

基于游戏的本质特征，我们可以界定出：游戏是幼儿在某一固定时空中进行的自发自愿的活动，往往伴随着愉悦快乐的情绪体验，是需要遵守一定游戏规则的有序活动。

譬如在案例"游戏仅是玩玩而已吗？"中，游戏对于幼儿来说不仅仅是玩，而是有意义、有价值的学习。幼儿在游戏中认识和理解周围世界中的事物与现象，积极主动地建构自我的经验。正如维果斯基（Lev Vygotsky）所说，在游戏中幼儿总是表现得超过自己的年龄特点，超出自己日常的行为表现，在游戏中幼儿看上去仿佛高出自己一头。[①]

案例 游戏仅是玩玩而已吗？

⊙ 问题思考

结合游戏的特征，分析下述三个案例是否属于游戏，谈谈你的理由。

1. 明明在数学区里，拿起卡片，对应卡片上的数字夹夹子，夹好之后立起来，数字小人就可以站好了，他看起来对自己的本领很自豪。

2. 今天莉莉选择的是玩橡皮泥，老师请她尝试做一个小胖猪，并为她提供了范例，莉莉就努力地做起来。

3. 浩浩早上一到幼儿园就拉上他的好朋友袁帅进了建构区，两个人插了一把机关枪、一把手枪，接着就对着打起来，两人一边"嘟嘟"地开着枪，一边炫耀自己的枪最厉害。

（二）游戏的组织与实施

游戏可以依据认识角度的不同划分为不同类型。结合幼儿园实践，美国学者盖伊·格朗兰德（Gaye Gronlund）提出游戏有三种不同水平：一是混乱失控的游戏；二是简单重复的游戏；三是有目的的、复杂的、能够让幼儿聚精会神的游戏。[②] 这就意味着，教师在组织与实施游戏时，应当关注并提升幼儿的游戏活动质量。

游戏的分类

1. 提供幼儿开展游戏活动的时间、空间和材料

（1）游戏的开展需要连续的、充足的时间来保障。研究表明，幼儿完全融入一

---

① 格朗兰德. 发展适宜性游戏：引导幼儿向更高水平发展［M］. 严冷，译. 北京：北京师范大学出版社，2014：2，10.

② 格朗兰德. 发展适宜性游戏：引导幼儿向更高水平发展［M］. 严冷，译. 北京：北京师范大学出版社，2014：2，10.

个高质量的游戏至少需要 30 分钟。① 在较长的游戏时段里,幼儿才能逐渐发展出社会和认知层次较高的游戏形式,进行完整的游戏活动。而在较短的游戏时段里,幼儿没有足够的时间结伴游戏,不能相互协商、讨论或做进一步的探索,只能从事一些社会和认知层次较低的游戏。

(2) 空间是游戏的前提,它提供了足够的内容、背景和意义,适宜的空间不会束缚儿童表达自己的情感②。第一,空间密度大小适宜。根据游戏中容纳幼儿数量、幼儿活动频率来规划幼儿游戏空间的大小。第二,空间的开放性。开放的游戏空间能引导幼儿在游戏活动中与同伴相互联动,能激发幼儿更多的社会性交往行为。第三,空间的拓展性。要善于挖掘室内、走廊、户外等空间来创设游戏场,提高空间的延展性和利用率。

(3) 适宜的游戏材料是开展游戏活动的重要基础。游戏材料和幼儿发展之间存在着双向的联系。游戏材料能够鼓励幼儿进行特定类型的游戏,从而直接或间接地促进幼儿的发展。与此同时,幼儿的发展水平也影响着他们对游戏材料的选择。③ 而在游戏活动中,教师在游戏材料投放时往往会陷入困惑。

> **案例 4-6**
>
> **角色游戏材料越真实越好吗?**④
>
> 小班的"娃娃家",被划分为客厅、厨房、卧室等。为了进一步激发幼儿动手的兴趣和能力,教师投放了制作奶茶、棒棒糖、荷包蛋等食物的半成品,同时提供了面粉以及擀面杖、模具等原料和工具。幼儿对"制作面点"产生了极大兴趣,而对其他材料视而不见。于是,教师开始介入游戏,投放一些低结构替代性材料,比如一些彩色纸条、泡沫等,希望引发幼儿再制作奶茶、面条、饺子之类活动。但是,教师观察发现幼儿对此兴趣不大,还是对真实的原料和工具更感兴趣。教师感到困惑:在投放"娃娃家"的材料时,是不是应该更多考虑提供真实的材料与工具,以还原真实的生活?或者说,类似"娃娃家"的投放材料是不是越真实越好呢?

---

① 格斯特维奇. 发展适宜性实践:早期教育课程与发展:第 3 版 [M]. 霍力岩,译. 北京:教育科学出版社,2011:42.

② 布拉德. 0—8 岁儿童学习环境创设 [M]. 陈妃燕,彭楚芸,译. 南京:南京师范大学出版社,2014:365.

③ 约翰森,克里斯蒂,华德. 游戏、儿童发展与早期教育 [M]. 马柯,译. 南京:南京师范大学出版社,2013:158.

④ 沈心燕. 游戏材料越真实越好吗 [J]. 幼儿教育,2015 (28):34-35.

案例4-6中的"娃娃家"是小班幼儿最喜爱的角色游戏活动，该教师的困惑在于是不是角色游戏中投放的材料越逼真越好。仔细分析，首先，小班幼儿因为年龄特点，"以物代物"假想力发展不足，对材料的逼真性、情境性依赖程度高，更倾向于使用面粉、擀面杖等生活常见的材料。其次，教师投放彩色纸条等低结构材料，虽然具有一定的开放性，但是与制作奶茶、棒棒糖等建立直接联系，使材料有明确的指向，反之，材料功能的固化往往会使活动异化成幼儿完成教师制定的制作任务。因此，教师在游戏活动中需要根据幼儿年龄特点、发展需要等投放适宜性材料，让幼儿在生动有趣、富有挑战的游戏环境中获得学习与发展。

2. 多元方式支持和丰富幼儿的游戏经验

游戏活动必然需要有幼儿相关的生活经验做支撑。游戏是幼儿表现和反映自己社会生活经验的过程，也是经验整理和再创造的过程。如果游戏活动与幼儿经验相互剥离，就无法真正激发幼儿的游戏积极性。正如有学者指出，幼儿纵有无限的想象力，如果没有足够广阔的经验作为想象的素材，他的世界很快就会因贫乏而萎缩。[1] 因此，教师可通过集体讨论、外出参访调查、邀请客人来访、开展相关主题活动、阅读相关的绘本故事等多种途径方式来丰富幼儿的游戏经验。

3. 教师是幼儿游戏的引导者、支持者、合作者

在落实"幼儿园要以游戏为基本活动"的理念时，在幼儿园游戏实践层面，幼儿教师常常在游戏活动中对自我应发挥怎样的指导作用产生疑惑，如案例4-7所示：

> **案例4-7**
>
> **无所事事的小"顾客"**[2]
>
> 幼儿园采用了混龄形式开展角色游戏，分别创设了不同的游戏主题。康康是中班的一名男孩，在一次游戏观察中，L老师看到，康康和同班的希希一起来到小一班的"超市"，康康选了一个恐龙玩偶，希希选了一罐"薯片"，两人直接把商品放入购物袋，没付钱就离开了。接着，他俩又逛到了小二班，看见"医院"里"医生"正在给熊奶奶（布偶）看病，"蛋糕坊"里几个"顾客"正在吃"蛋糕"。他俩看了一会儿就走了，没有参与进去。之后，他俩又来到小三班逛了一圈，也只是看了看就走了。最后，他俩来到走廊上，拿出恐龙玩偶，自己扮作奥特曼，开心地玩起了打怪兽游戏。

---

[1] 黄武雄. 童年与解放［M］. 北京：首都师范大学出版社，2009：43.
[2] 黄进. 过犹不及的角色游戏［J］. 幼儿教育，2018（13）：30-32. 引用时有改动。

接下来几周的游戏中，L老师有意识地对康康的游戏状态做了持续观察，发现他依然以闲逛和玩自己的游戏为主。L老师便考虑采用"任务卡"策略，引导康康更深入地参与角色游戏及同伴互动中。任务卡上循序渐进地设置了三项任务：任务一，到指定的游戏区参与游戏；任务二，到指定的游戏区完成一项指定任务；任务三，自己选择区域购买一件自己喜欢的商品。康康虽然在游戏中完成"打卡"任务，可他显得并不开心。面对那么多不同的游戏主题，为什么康康还是找不到自己感兴趣的游戏内容呢？作为教师要如何引导和帮助，才能让他主动并快乐地参与游戏及同伴交往中，提高游戏水平呢？

案例中所描述的"无所事事的小'顾客'"并不是发生在某个幼儿园的个别现象，在开展游戏活动时，教师应意识到游戏中的"热闹"不等于"积极"，"丰富"不等于"适宜"，教师在游戏中要关注幼儿自我的内在游戏意愿、身心发展规律以及经验特征，对幼儿游戏的支持和引导应建立在科学的理论依据以及更审慎的观察和反思之上。因此，在幼儿游戏过程中，教师首要转变游戏观念，全面审视游戏价值，要多途径地丰富游戏理论知识的学习，这也有助于教师深刻理解幼儿游戏行为背后的意义，从而调整自我的游戏指导行为。同时，教师要在具体的游戏情境中深入持续地观察幼儿游戏活动，灵活运用指导策略，给予合适的引导和支持。

五、其他活动

幼儿园课程实施途径中有节日活动、亲子活动、社会实践活动等其他活动类型，在这里我们统称为其他活动，它们在幼儿成长过程中起着不可或缺的作用。

（一）节日活动

节日，与常态日子相比是一个特殊的日子。节日活动对幼儿成长具有重要的教育意义，其可以传递传统文化精神，萌发幼儿对传统文化的归属感，同时也可以发展幼儿的社会性。在社会众多节日中，教师应该在解读节日内涵的基础上，选择适合幼儿并契合幼儿兴趣和需要的节日来开展活动。可以是传统节日活动，如春节、清明节、端午节、中秋节等；也可以是地域节日，是指由本土文化滋生的节日，如由宁波红帮服装文化而来的红帮服装节。幼儿园重视这种节日的教育价值，帮助幼儿认识家乡文化之美，产生对家乡的归属感。也可以是基于幼儿生活共同生成的节日。例如，有的幼儿园生成集体生日派对，每月选择其中一天定为本月生日幼儿的聚会日，举办一个有意义的生日派对，幼儿可以提前半个月一起商讨自己理想中的集体生日派对，教师根据幼儿的想法设计规划活动，幼儿与教师一同参与场地布置。过一个生日就代表着又大一岁了，幼儿可以写下自己的心愿，展望美好的明天。

节日活动的开展应当真正把幼儿放置在节日活动的主体身份上，同时节日活动应当是持续性、系列性的活动，并非某一天的活动。整个节日活动的筹备、开展等过程应有幼儿的亲身体验与实际参与，要将其渗透到常态的一日活动中。

（二）亲子活动

亲子活动是由幼儿园创造一定的条件，以亲子关系为纽带，以教师为主导，教师与家长共同组织与实施的一种幼儿园教育活动。亲子活动能增进亲子之间的关系，同时，也能使家长更好地理解幼儿园的办园理念，更清楚地了解到自己孩子的能力。例如，有的幼儿园发现幼儿成长过程中爸爸参与幼儿的教养很少，甚至仅仅是"影子爸爸"，于是成立了"老爸俱乐部"，通过每月一次的爸爸带孩子徒步、登山、骑马等亲子活动，让老爸有机会回归到"老爸"的行列，以自己特有的方式陪伴与享受幼儿成长。

亲子活动实施中，教师应当明确家长是亲子活动的参与主体之一，使家长真正参与亲子活动，而不只是流于形式；可以结合幼儿实际需求、环境资源以及家长实际情况设计一些适宜的亲子活动，让家长的参与成为常态。

（三）社会实践活动

社会实践活动是指幼儿园教师组织幼儿走出幼儿园，走入社会，亲近大自然，通过游览参观、观察记录和感受体验等方式，建构相关社会认知，体验社会情感，形成社会行为的实践活动。《幼儿园教育指导纲要（试行）》中明确指出："幼儿园应与家庭、社区密切合作。充分利用自然环境和社区的教育资源，扩展幼儿生活和学习的空间。"因此，开展社会实践活动应盘活幼儿园周边资源，建立稳定的实践基地群，如小学、商圈、警察局、农庄等，将社会实践资源进行挖掘与整合并转化为幼儿活动的教学资源。例如，有的幼儿园利用周边万达商圈的地理优势和丰富的家长资源建立了三类体验基地：商圈体验、农场体验、民俗体验。结合幼儿的经验水平及日常教学活动内容规划了不同年龄段幼儿的基地体验项目，如表4-2所示。

表 4-2　基地体验活动安排表①

基地名称	体验类型	面向年龄段
雅戈尔服饰有限公司	商圈体验	中班
沃尔玛超市	商圈体验	中班
尚善牙科医院	商圈体验	大班
万达电影院	商圈体验	中班
鄞州消防大队	商圈体验	大班
糖纸甜品店	商圈体验	中班
中信银行	商圈体验	中班
"十里四香"农家乐	农场体验	中班
万晟农庄	农场体验	小、中、大班
宁波博物馆	民俗体验	大班
鄞州甬剧团	民俗体验	大班
南塘老街	民俗体验	中、大班

幼儿园社会实践活动具有时间的灵活性、空间的广阔性、内容的丰富性、形式的多样性、学习的情境性、情感的体验性等特点。要基于所挖掘的社会基地资源，生成丰富的幼儿园社会实践活动，引导幼儿在发现问题、探究问题、解决问题的社会实践体验过程中，获得真实的自我体验，促进幼儿社会品质的发展。

⊙ 问题思考

幼儿园要开展一次春天远足活动，假如你是带班教师，你会如何组织和实施这次远足活动？

总的来说，目前我国幼儿园课程实施的现状呈现逐渐从以教学活动为课程实施的主要途径走向几种实施途径并存的状态。当然，在一些幼儿园也涌现了许多项目活动、蒙氏式自我活动的尝试与探索。诚然，囿于传统文化、物质经济、园区现状、教师专业素养等各种因素，幼儿园课程实施仍需要走很长的探索之路。

⊙ 单元小结

本单元主要讨论了三个问题：

（1）幼儿园课程实施的含义与三种取向；

---

① 资料来源：宁波市钟公庙中心幼儿园"小钟娃"社会体验课程。

（2）幼儿园课程实施的影响因素；

（3）幼儿园课程实施的主要途径的内容与价值。

在关于幼儿园课程实施单元学习中，我们结合古德莱德提出的课程"五层次论"理解了幼儿园课程实施的含义。基于此，进一步分析了课程实施的三种基本取向——忠实取向、相互适应取向与课程创生取向，明确了三种基本取向各自的价值与局限性。紧接着，从国家政策、课程计划、幼儿教师三个方面分析了影响课程实施的因素。最后，结合幼儿园实践案例，明晰了幼儿园一日生活中的具体实施途径，即环境创设、生活活动、教学活动、游戏活动、其他活动，并且对幼儿园教育活动途径以及每种途径的内涵、价值、策略进行了详细的探讨。

⊙ 拓展阅读

1. 朱家雄，黄瑾，李召存，等．幼儿园课程的理论与实践［M］．上海：华东师范大学出版社，2012．（第三章第四节）

2. 韦冬余．创生性课程与教学：创生取向课程实施与探究教学论［M］．武汉：华中师范大学出版社，2012．（对课程创生取向有进一步探究兴趣的学习者可以阅读此书）

3. 黄小莲．教师课程实施之旅：决策与执行［M］．杭州：浙江大学出版社，2012.

4. 上海市教育委员会教学研究室．幼儿园课程图景：课程实施方案编制指南［M］．上海：华东师范大学出版社，2013.

5. 王春燕．给幼儿园教师的101条建议：幼儿园课程［M］．南京：南京师范大学出版社，2009．（本书"课程实施篇"对理解课程实施取向及影响因素有较大启发）

6. 杭州云谷幼儿园环境视频：http：//kindergarten. yungu. org.

⊙ 巩固与练习

一、名词解释

1. 课程实施　　2. 忠实取向　　3. 相互适应取向　　4. 课程创生取向

二、简答题

1. 简述幼儿园课程实施取向的类型。

2. 简述幼儿园课程实施的途径以及每种途径的内容、价值。

3. 简述影响幼儿园课程实施的因素。

三、论述题

1. 观察幼儿园一日活动中生活活动、游戏活动、教学活动等的安排情况，讨论其所体现出的课程价值观。

2. 结合幼儿园实践，分析相互适应取向在实践中的具体表现、对你的挑战及你的应对。

四、案例分析

小班科学主题活动：认识车[①]

在小班"认识车"的活动中，教师让孩子们各自介绍自己带来的玩具车，认识车的不同类型和特征。轮到聪聪介绍时，他拿着车说："我的车开起来可快啦，看！"话音未落，他的车"嗖"地一下蹿到教室另一端。顿时，教室里像炸开了锅一样，孩子们纷纷拿着自己的车与同伴比车速，再也没有人愿意来介绍了。看到孩子们如此兴奋，教师意识到小班幼儿喜欢用行动代替言语，喜欢在玩中交流，于是，就默许了孩子们的行为。

这时传来几个幼儿的争论声："我家地面是大理石的，玩具车开得可快了！""我家是很滑的木地板，车开得比你更快呢！""老师，我的车在塑胶地上开得怎么不快啊？！"

听到孩子们的争论和提问，教师立刻意识到这是一个幼儿感兴趣而且富有探索意义的话题。于是，马上提出一个对小班幼儿来说具有挑战性的问题："你们知道车在什么地方开得最快？在什么地方开得最慢吗？"

孩子们立刻涌向教室的各个角落，开始探究车在地板、毛巾、水泥地、毯子等不同材料上滑行的速度。一次更有意义、更富有情趣的探索活动开始了。同时，教师还在区角投放了玩具汽车及各种材料，供幼儿随时入区进行观察和自主操作探究。

问题与思考：

1. 结合案例，谈谈你如何看待这一教学现象。
2. 在幼儿园教学实践中，你认为应该如何处理预设与生成的关系？

[①] 王春燕. 幼儿园教学诊断技巧与对策58例[M]. 北京：中国轻工业出版社，2014：185–186.

第五单元 幼儿园课程的评价

导 言

一次户外体育活动中，教师要求小朋友们模仿小兔子跳跃的方式将"蘑菇"（玩具）送到指定地点，练习并脚跳。一些小朋友没有练习，而是选择帮助小朋友递送"蘑菇"。

组织活动的教师认为部分小朋友没有完成并脚跳的练习，活动有待改进。但观察小朋友在活动中的表现却发现孩子们玩得很愉快，很喜欢这个游戏。之后教师收到家长反馈，家长觉得这只是一个游戏活动，希望教师多安排学"知识"的内容。教师觉得有些困扰，不知该如何调整这一次活动，你能帮帮她吗？[①]

你认为，上述案例中不同主体的"感受"都是对课程的评价吗？幼儿园课程评价是否就是评课？你是如何理解幼儿园课程评价的？你是如何理解案例中的不同评价的？幼儿园课程评价有哪些要素？如何评价幼儿园课程？下面我们进入本单元的学习。

---

① 案例为笔者实习经验。

☆ 学习目标

1. 解释幼儿园课程评价的内涵，并能用自己的话说出幼儿园课程评价的定义。
2. 阐述幼儿园课程评价的要素，并能加以分析。
3. 运用课程评价的相关原理对幼儿园实践中的课程活动进行初步评价。

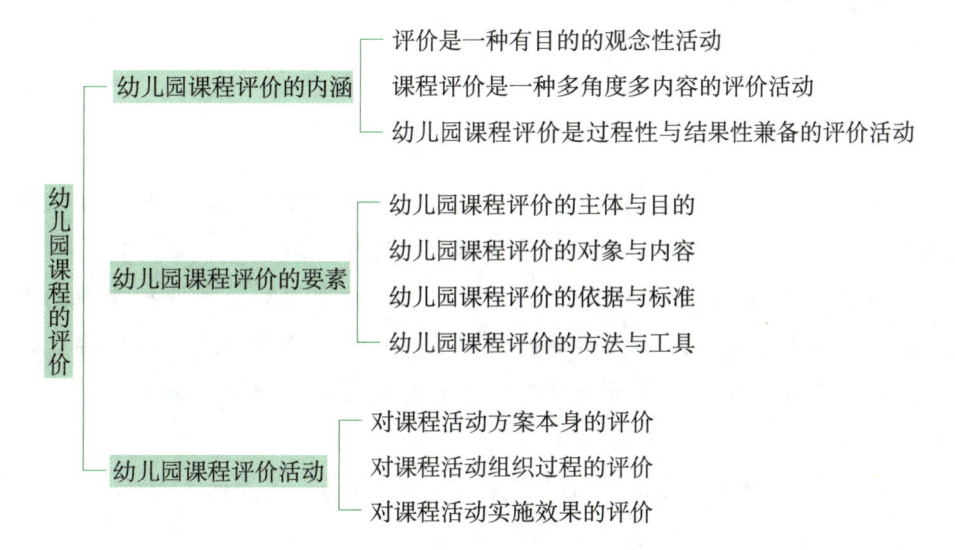

思维导图

幼儿园课程的评价
- 幼儿园课程评价的内涵
  - 评价是一种有目的的观念性活动
  - 课程评价是一种多角度多内容的评价活动
  - 幼儿园课程评价是过程性与结果性兼备的评价活动
- 幼儿园课程评价的要素
  - 幼儿园课程评价的主体与目的
  - 幼儿园课程评价的对象与内容
  - 幼儿园课程评价的依据与标准
  - 幼儿园课程评价的方法与工具
- 幼儿园课程评价活动
  - 对课程活动方案本身的评价
  - 对课程活动组织过程的评价
  - 对课程活动实施效果的评价

第一节 幼儿园课程评价的内涵

《幼儿园教育指导纲要（试行）》指出，教育评价是幼儿园教育工作的重要组成部分，是了解教育的适宜性、有效性，调整和改进工作，促进每一个幼儿发展，提高教育质量的必要手段。幼儿园课程评价作为幼儿园课程实施的重要组成部分，有助于幼儿园课程活动有效开展。同时，评价本质上是一种认知活动，因此知晓幼儿园课程评价的基本定位和意义，对于评价者来说也是必不可少的专业准备。

在探讨幼儿园课程评价的内涵时，我们以对幼儿园课程的理解为基础，以课程评价的定义为依据，以评价的特性为切入点。

一、评价是一种有目的的观念性活动

评价是一种普遍的行为，评价可以定义为是人把握客体对人的意义、价值的一种观念性活动。[1] 也就是说，评价主体不同对于同一事物会有完全不同的评价。但不能因为评价是主观的，就认为评价可以随心所欲。实践证明，人们可以形成一个共同的评价标准，而这一标准是客观的。因此，正视评价本质上的主观性，不盲目以己度人，以己度事，是所有评价行为应该具备的基本素养。评价具有的目的性，让评价不仅有判断功能，还具有预测功能、选择功能、导向功能。[2]

二、课程评价是一种多角度多内容的评价活动

课程评价作为评价的子领域，自然也有从不同角度出发的价值判断的特征。在历史上，不同时期人们对课程评价有不同的理解。早期的课程评价以教育测验

---

[1] 冯平. 评价论 [M]. 北京：东方出版社，1997：32.
[2] 冯平. 评价论 [M]. 北京：东方出版社，1997：2.

为主，教育测验的中心问题是考核测验的客观化、标准化，然而其忽视了评价内容的丰富性、多元性。直到"课程评价之父"泰勒指出："评价过程实质上是一个确定课程与教学计划实际达到教育目标的程度的过程"，指出早期课程评价中常模参照测验评价的不足。① 这一评价理论被逐渐运用于实践中。更多教育家，如斯滕豪斯指出，评价不仅应关注结果对于目标的实现程度，更应关注课程过程中发生的内容。不过，在课程评价的内容方面，人们普遍认可课程评价是对课程的计划、活动及结果的价值做出衡量和判断。这些内容根据角度的不同，进一步产生更多的价值衡量和判断。也就是说，课程评价的要素包括课程评价对象、课程评价标准、课程评价方法。

三、幼儿园课程评价是过程性与结果性兼备的评价活动

幼儿园课程评价作为课程评价的子项目，是基于幼儿园课程的特殊性进行的，区别于其他教育阶段的课程评价。如今，对幼儿园课程普遍用活动论来界定，即幼儿园课程是实现幼儿园教育目的的手段，是帮助幼儿获得有益的学习经验，促进其身心全面和谐发展的各种活动的总和。② 因此，幼儿园课程评价既是一种特殊的认识活动，又是针对幼儿教育的特点和组成要素，通过收集和分析比较系统全面的有关资料，科学地判断幼儿教育的价值和效益的过程。③

> **小贴士**
>
> **幼儿园课程评价特点**
>
> 1. 幼儿园课程评价是一个变化着的概念，涉及一定的教育观念、社会目标、价值体系、政治经济背景、文化传统，以及持不同观点的设计者、评价者等，加之课程本身内涵丰富、变量多、范围广，很多方面难以量化，因此其是一个不断充实、完善和丰富着的概念。
>
> 2. 幼儿园课程评价是一个系统地搜集资料的过程。不能仅依靠一次观察、测试等得来的资料做出判断，应将从测量、评定、观察、访谈、问卷等多种渠道得来的资料加以综合。
>
> 3. 幼儿园课程评价注重对资料的解释，仅仅将资料搜集起来是不够的，只有对资料做出解释、分析，才是评价。

---

① 泰勒. 课程与教学的基本原理 [M]. 施良方，译. 北京：人民教育出版社，1994：26.
② 王春燕. 幼儿园课程概论 [M]. 2版. 北京：高等教育出版社，2014：14.
③ 虞永平. 幼儿园课程评价 [M]. 南京：江苏教育出版社，2009：12.

4. 幼儿园课程评价是对价值的判断，不是对课程情景或现象的描述。说明课程情景和现象本身还远远不够，还必须判断其意义或效用。

5. 幼儿园课程评价是一种反馈—矫正系统。评价工作受到课程目标和特征及其内容方法等的制约，课程通过评价获得反馈，从而实现改进和完善。

6. 幼儿园课程评价不仅对学前儿童的发展结果做出评价，还要对教与学的过程、活动组织形式、教学目标的适宜程度，以及师生互动的质量等做出评估。

资料来源：

1. 霍力岩．学前教育评价［M］．北京：北京师范大学出版社，2000：19.
2. 王坚红．学前教育评价［M］．北京：人民教育出版社，2010：228－231.

综上所述，幼儿园课程评价是基于一定的评价目的，针对幼儿园课程的特点和要素，通过观察、了解、分析、判断等方法，对幼儿园课程的过程、结果做出价值反馈，使之改进和完善的调控过程。

第二节 幼儿园课程评价的要素

幼儿园课程评价是一个庞大的体系，在这个体系下包含着评价的基本要素，本节从主体与目的、对象与内容、依据与标准、方法与工具四个维度展开讨论。

一、幼儿园课程评价的主体与目的

教育部 2001 年颁布的《幼儿园教育指导纲要（试行）》中明确指出"管理人员、教师、幼儿及其家长均是幼儿园教育评价工作的参与者""幼儿园教育工作评价实行以教师自评为主，园长以及有关管理人员、其他教师和家长等参与评价的制度"。

幼儿园课程评价的主体可归类为自我和他人两类。自我评价是指评价者对自己在活动中的状况或发展情况做出自我鉴定，通过自我分析，实现自我提高的过程。幼儿园课程的自我评价主体即课程活动的参与主体，也就是幼儿和教师。他人评价是指由评价对象以外的有专业经验和知识的相关人员实施的评价，如园内领导评价、专家评价、同行评价等。

幼儿园课程评价

幼儿园课程评价的主体是谁，意味着由谁来承担与实施课程评价，他们的评价目的也是不同的。具体包括以下四个方面：

教育行政管理人员的评价，即幼儿园教育政策制定者、幼儿园行政管理人员、教育专家等获得课程方面的信息，以便管理幼儿园课程，并做出相应决策。

幼儿园教师评价，即教师考察与分析幼儿园课程实施过程的诸多因素，如课程设计、活动组织、师幼互动等，完善原有的幼儿园课程。我们还可以通过幼儿园教师的评价，了解幼儿的发展水平，发现课程的优点和不足，更好地改进课程，促进幼儿发展。

家长评价，即家长了解幼儿园课程，发现课程中存在不足与问题，促进幼儿园课程改善。

幼儿评价，即幼儿在课程实施中的自我评价与同伴评价，包括活动中的自我体验以及与教师、同伴互动的感受。

值得强调的是，不同课程评价主体的目的诉求存在差异，如教师追求理论与实践的同步以及领导、同事、家长和社会的认可，家长比较关注孩子是否从中获得发展与成长，幼儿希望从课程活动中获得愉悦和乐趣。因此，不同主体的课程评价在实施中务必求同存异，提高合作性，尽量减少目的诉求差异所导致的消极影响。尤其应该关注课程主体——幼儿的评价，关注课程实施中幼儿的情感体验和自主能动性等。

评价，幼儿园发展的神奇"路标"（节选）

⊙ 问题思考

在了解幼儿园课程评价的主体和目标之后，你认为应该如何妥善处置幼儿园课程评价中的他人评价，尤其是家长评价？

二、幼儿园课程评价的对象与内容

幼儿园课程评价的对象可以分为三个方面：对课程活动方案的评价、对课程活动组织过程的评价、对课程活动实施效果的评价。具体评价内容如表 5-1 所示。

表 5-1 幼儿园课程评价的具体内容

评价对象	评价内容
课程活动方案	包括课程理念、课程目标、组织形式、组织内容、课程评价[1]
课程活动组织过程	包括三个组织途径：幼儿园生活活动、幼儿园游戏活动和幼儿园教学活动。幼儿园生活活动需要关注生活常规与管理、互动与支持、生活活动的科学照顾、生活活动与课程的整合性等；幼儿园游戏活动需要关注材料和空间、管理和使用、活动设计与关联性、活动监护与指导等；幼儿园教学活动需要考虑是否以幼儿为中心、是否要素一致、是否有效互动等
课程活动实施效果	课程活动实施效果内容广泛，需根据具体课程对象具体讨论。课程活动实施效果有显性的，也有隐性的；有可被预测的，也有非预测的；有长效性的，也有短效性的[2]

三、幼儿园课程评价的依据与标准

▶ 课程评价标准四个特征

评价标准，又称评判标准，是指人们在评价活动中应用于对象的价值尺度和界限。而评价标准依赖于客观的评价依据。基于不同的评价依据，幼儿园课程评价存在不同的评价标准。

例如，以课程目标为依据的评价标准，常以课程确定的行为目标作为课程评价的标准。若行为目标具体、明确且可被观测到，就可以成为课程效果的评价标准。也有将儿童发展水平作为评价幼儿园课程评价标准的。但是，幼儿园课程评价的依据是多元的、复杂的，单纯将行为目标或者儿童发展水平作为评价标准，甚至是唯一指标，都不能理想地说明课程评价所想要解决的问题。

▶ NAEYC课程评价要素分析

不论课程评价标准的具体内容如何，其中都存在一些基本的共性要求。美国幼儿教育协会（NAEYC）认为，以下要素在课程评价中不可或缺：[3]

接受该课程的孩子是否放松、愉悦，并积极参与其中？

是否有足够的受过专门训练的教师？

成人对不同年龄和有着不同兴趣的幼儿的期望是否有适当的变化？

幼儿各方面的发展是否都受到重视？是否在幼儿的认知发展、社会情

---

[1] 虞永平. 幼儿园课程评价 [M]. 南京：江苏教育出版社，2006：48.
[2] 朱家雄. 幼儿园课程论 [M]. 北京：中央广播电视大学出版社，2007：89.
[3] 邱白莉. 幼儿园课程评价标准中的几个要素 [J]. 早期教育，2006 (12)：10.

感发展和生理发展等方面都花了相应的时间并同等重视?

教师们是否经常一起讨论设计和评价课程?

是否欢迎家长来园参观,参与讨论课程,提供意见?

评价指标,指的是课程评价标准的具体化呈现。以《上海市幼儿园保教质量评价指南(征求意见稿)》[①](部分)来举例说明,具体内容如表 5-2 所示。

表 5-2 《上海市幼儿园保教质量评价指南(征求意见稿)》(部分)

评价内容	评价要点	评价标准				信息采集
		优秀	良好	合格	不合格	
课程实施方案	方案编制	依据学前课程的要求,管理层与教师共同研究课程,逐步形成切合本园实际的操作性强的课程实施方案;课程实施方案对引领和指导幼儿园课程实施作用明显;在实施过程中有不断改进与完善课程方案的机制		幼儿园初步形成课程实施方案;教师了解本园课程实施方案,依照幼儿园课程方案,形成切实可行的班级教育计划		● 查阅幼儿园课程实施方案; ● 抽样查阅教师的保教工作计划与相关记录; ● 与部分教师、园长等交流与访谈
	方案内容	能符合儿童的年龄特点、发展需要、能力、兴趣及经验,做综合设计,关注多领域经验的平衡与连贯;能充分体现国家与地方相应法规文件的精神,与国家倡导的理念、人才培养目标相一致;课程设置、安排合理,有本幼儿园的特色;课程和儿童发展评价能与目标相呼应		课程目标能体现国家与地方相应法规文件的精神;课程的编排与设计,能基本保证四类活动,顾及幼儿的多种经验和能力,难易恰当		● 查阅幼儿园课程实施方案,重点看课程设置、内容及评价部分; ● 查阅教师保教工作计划(包括学期、月、周、日等)以及现场考察,验证与方案内容的关系

我国幼儿园课程评价起步较晚,参考发达国家已有的评价工作是较为常规的方法,但同时我们必须充分考虑我国国情、幼儿园学情、地方文化特色等重要因素。

四、幼儿园课程评价的方法与工具

幼儿园课程评价的方法主要分为两大类。一类是量化评价,另一类是质性评价。

[①] 上海市教学委员会教研室. 上海市幼儿园保教质量评价指南:征求意见稿 [EB/OL]. (2011-05-20)[2020-12-26]. https://wenku.baidu.com/view/88769164f5335a8102d2205e.html.

（一）量化评价

课程量化评价是通过把握具体的数量关系来描述和说明课程现象、课程实施、课程效果等表现，从数量的比较中推断评价课程的一种评价方式。量化评价具有具体性、精确性和可验证性的特点，表现性与可操作性较强。但量化评价不考虑评价对象与特定环境之间的关系，容易忽略思想、情绪、情感等主观的、动态的教育现象。不过由于量化评价具有简便易行、容易操作、简明精确等优势，在实践中处于相对支配的地位。常见的幼儿园课程量化评价方式有评价标准量化表、问卷等。

1. 评价标准量化表

不少研究者研制了评价标准的量化工具，如美国的《幼儿园环境质量评价量表》［Early Childhood Environment Rating Scale（Revised Edition），ECERS-R］李克建和胡碧颖在借鉴 ECERS-R 和实证研究的基础上研制的《中国托幼机构教育质量评价量表（试用版）》。通过对课程活动相关要素进行观察或测查，对照评价标准量化表中的各个项目，在符合的条目或等级上做好标记，从而进行评估。使用评价标准量化表进行评价，虽然对使用者有一定要求，但只要使用者具有一定的专业基础并接受一定的系统培训，评价的质量就主要取决于评价标准量化表的优劣。因评价标准量化表操作简便、简明高效，常被运用于对大量评价对象的整体性评估。如北京市幼儿园课程综合评价标准及计分表（试行），如表 5-3 所示。

表 5-3 北京市幼儿园课程综合评价标准及计分表（试行）（部分）[①]

区县____ 幼儿园____ 园所性质____ 年龄班____ 日期____ 评价者____

评价标准						
课程实施评价						
1. 教育环境	A	B	C	D	E	本项分数
1.1 教师为幼儿营造尊重、接纳、关爱的精神氛围						(100 × A____ +75 × B____ + 50 × C____ + 25 × D____) ÷ 18 =
1.2 班级环境安全、卫生、整洁						
1.3 班级整体环境符合本班幼儿的年龄特点						
1.4 班级整体环境符合本班幼儿实际情况						
1.5 班级有 5~8 个活动区						
1.6 班级活动区空间安排合理，有利于幼儿游戏						
1.7 玩具、材料可玩性强						
1.8 玩具、材料数量充足						

[①] 北京教育院早期教育研究所. 北京市幼儿园课程综合评价标准：试行［M］. 北京：北京少年儿童出版社，2015：5.

续表

评价标准 课程实施评价					
1.9 玩具、材料种类多样					
1.10 玩具、材料具有适度挑战性					
1.11 各种玩具、材料方便幼儿取用					
1.12 操作材料中有一定数量的自然物、废旧物					
1.13 环境、材料注重环保、节约					(A、B、C、D为对应频次)
1.14 教师和幼儿共同参与准备玩具、材料和布置班级环境					
1.15 环境、材料体现幼儿的意愿和想法					
1.16 环境、材料体现本班近期教育目标、教育内容					
1.17 环境、材料能随着幼儿的发展和游戏需要不断丰富和调整					
1.18 墙面环境与幼儿互动性强，对幼儿的活动能起到引领、提示等支持作用					
频次					
总分（八个部分之和×0.125）					

2. 问卷

问卷调查是以一系列的问题构成的调查表收集被评估对象认知、行为、态度的评估方法。它的优势是可以在较短时间内，获得大量的数据信息，信息收集的过程经济且易于实施。但获得的信息不够深入与细致。由于学前儿童还不具备文字语言能力，在幼儿园课程活动中，问卷调查法多用于对家长和教师的调查。若问卷的对象是幼儿，那么问卷中应该尽量避免文字而是用符号或图像来代替。在问卷的实施中，也需要采用口头沟通来测查。如教师口述问题，幼儿口头回答，或教师口述问题，幼儿用符号或图画表示。

儿童问卷案例

（二）质性评价

质性评价是力图通过自然的调查，全面充分地揭示和描述评价对象的各种特质，以彰显其中的意义，促进理解。[①] 质性评价是基于量化评价的有限性提出的，具有过程性、情境性、具体性的特点，评价者并不独立于评价的课程之外，需要将深入、细致、系统的调查资料作为基础，并从中寻找意义解释或者理论根源。幼儿园课程评价中常见的形式有活动记录、档案袋评价、访谈法评价等。

---

① 李雁冰. 质性课程评价：从理论到实践（二）[J]. 上海教育，2001（12）：30.

1. 活动记录

活动记录是教师通过观察，记录教育教学中真实情境，收集相关教育信息，反思教育行为，更新教育观念，升华经验理论的重要手段。活动记录主要分为三个部分：活动描述、问题分析、策略调整。

> **案例 5-1**
>
> **"幼儿在建构游戏中材料的运用"的活动记录**[①]
>
> 【活动描述】今天早上在建构区进行活动的时候，总有小朋友因为一些事情来告状，有的是为了一块积木，有的是因为搭积木的地方被人占了，还有的是因为好不容易搭好的房子被人弄散了。
>
> 【问题分析】为什么会有这么多告状的事情呢？
>
> 问题一：建构区场地不够大，材料不够充足，影响幼儿操作发挥。
>
> 问题二：区域活动操作常规有待提高。
>
> 问题三：幼儿之间相互理解、相互沟通思维相对较弱。
>
> 【策略调整】
>
> 解决问题一：改善建构区场地及材料。
>
> 扩大建构区场地，便于幼儿更好地发挥。增添搭建材料，如各种各样的罐子、废旧的饮料瓶、纸箱等。
>
> 解决问题二：制定活动区公约。
>
> 教师在交流讲评中，和幼儿共同商量制定一份活动区公约。培养幼儿的良好操作常规，引导幼儿进行正确的操作，保护操作材料，对材料进行整理和归位。
>
> 解决问题三：培养幼儿合作互助意识。
>
> 在积木不够的情况下，如果有小朋友愿意把自己的积木让给其他人，这样的争吵告状是不是会少一些呢？或者引导幼儿进行讨论，寻找解决问题的方法。

从案例 5-1 中可以看到，教师认为场地大小、材料种类和幼儿园的常规是造成幼儿经常告状的主要原因，进而改善了建构区场地布置及材料投放。教师通过活动

---

① 易新. D 幼儿园区域活动中新手教师与熟手教师观察记录的比较研究［D］. 成都：四川师范大学，2017：28. 引用时有改动。

记录的方式收集了教育信息，反思了教育行为，更有针对性地培养了幼儿良好的区域活动操作行为，进一步促进了幼儿社会性发展和教师工作开展。

⊙ 学习活动

请观察教学活动中的真实情境，收集相关教育信息，根据以上案例格式（活动描述、问题分析、策略调整），做一次幼儿园教学活动记录。本活动需要花费你大约 60 分钟的时间。

2. 档案袋评价

档案袋评价即教师根据一定的课程目标，有意识地将幼儿的作品、资料、信息收集起来，通过对档案袋建立过程的记录、分析与解释，反映幼儿在一段时间或者一个领域的发展。下面介绍四种较为常见的档案袋评价类型。

第一，展示型。由幼儿自己选择出最好的或最喜欢的作品，放入档案袋中。幼稚的作品真实地反映了幼儿成长中的快乐和烦恼。实践操作中，作品展示型档案袋以幼儿的美术作品、剪纸、手工作品照片、泥塑作品照片、建构作品照片、手制绘本等为主要内容，这些作品还配有教师的简要评述。

> **案例 5-2**
>
> **绘画档案夹**[①]
>
> 目标：让幼儿主动地了解、欣赏、鉴别艺术作品的创作过程，发现自己作品的长处与不足，明确改进自己作品的步骤与目标，从而提高幼儿的绘画技能与自我评价、自我反思能力。
>
> 构成部分：第一部分，每学期放入10件作品，要把能展现每一件作品不同创作阶段的初稿、修改稿与最终定稿同时放入，这样合起来算一件作品。第二部分，放入伴随每一件作品的反思调查表。第三部分，与教师、家长、同伴交流的记录。
>
> 附：反思调查表
> A. 你喜欢此作品哪一方面？　　B. 你不满意什么？　　C. 如何改进？
> D. 你需要老师提供什么帮助？　　E. 下一步你想怎么画？画什么？

[①] 王春燕，王秀萍，秦元东. 幼儿园课程论［M］. 北京：新时代出版社，2005：100-101.

仔细阅读案例 5-2 不难发现，档案袋评价并不是仅仅将幼儿作品等信息不加判断地收集起来，而是配合幼儿发展规律及课程安排，有计划、有目的地、螺旋上升式地置入材料，以真实地展现幼儿的成长过程及课程的发展。

成长过程型档案袋案例

第二，文件型。包括幼儿的平时作品和形成性检查表格（行为检查和观察记录），该类型的档案袋评价对于幼儿的评价更客观与全面。实际操作中，主要有两大类表现形式：成长过程型和综合评价型。成长过程型档案袋以时间为顺序，以记录幼儿在家庭、幼儿园的生活活动照片，幼儿园区域活动中的各类观察记录以及户外活动照片为主要内容，展示幼儿的成长过程。综合评价型档案袋以幼儿各领域发展为线索，以幼儿的作品、教师观察记录、轶事记录、教师日志、阶段性评价表等为主要内容，展示幼儿的综合表现并对此进行评价。在案例"大班教师日志'不必重来'"中，教师记录了日常生活活动中的一次"多余"的指导，意识到了培养幼儿形成良好的生活习惯的关键点。

案例 大班教师日志"不必重来"

第三，理想型。研究者认为这是一种比较理想化的档案袋评价。它鼓励幼儿自我反思，让幼儿对被选入的作品好的、坏的方面加以评价。例如：幼儿对某项内容感兴趣，展开个体化的独立探索，收录从设立活动目的、编制活动计划、创作或收集作品材料直到最后活动反思整个活动过程中的相关资料。

理想型档案袋案例

第四，目标型。按照教师列出的活动主题，幼儿在教师指导下选择档案夹内容，提高幼儿通过各种方法收集资料的能力。档案袋按照主题分别收录幼儿收集的各项资料、作品或信息。

目标型档案袋案例

前两种档案袋评价——展示型和文件型在幼儿园实际操作中最为常见。

○ 问题思考

档案袋评价的代表人物比尔·约翰逊（Bill Johnson）认为："简单地'收集'学生的作品并把它们放入文件夹中，并非档案袋评定，胡乱地哪怕有机会地收集彼此无关的阶段作品，放入马尼拉纸文件夹中，也不是在制作一个系统的档案袋。"在了解了档案袋评价之后，请说一说你对这句话的理解，并结合幼儿园实际举例。

3. 访谈法评价

访谈法也称谈话法，是指评价者与评价对象进行直接交谈，从而获取信息的一种方法。访谈法虽然不能大量获取样本,但是在获取资料上更为直接、深入,同时还能验证其他收集方式收集到的资料的真实性,以及弥补其他方式收集资料的不足。

在幼儿园课程中访谈法主要是指与幼儿进行问答来收集信息的活动。如案例 5-3 中,教师使用了访谈法,对幼儿心中"虫子"的概念有了基本的了解。

> **案例 5-3**
>
> **关于"虫子"的谈话提纲**[①]
>
> 一位教师在了解幼儿心中的"虫子"概念时,就运用了访谈的方法。她拟出了几个中心问题,和幼儿进行交谈:
>
> "你喜欢虫子吗?为什么?"
>
> "你知道哪些虫子?"
>
> "蜜蜂、蚊子、苍蝇……是虫子吗?为什么?"
>
> 通过交谈,她甚至发现幼儿有很多想法是自己不曾知道的,比如她和某一个幼儿的谈话是这样的:
>
> 师:"你喜欢虫子吗?"
>
> 幼:"不喜欢。"
>
> 师:"为什么不喜欢?"
>
> 幼:"虫子不好,会咬人。"
>
> 师:"你知道哪些虫子?"
>
> 幼:"我知道好多虫子,就是不知道名字。"
>
> 师:"蚂蚁是虫子吗?"
>
> 幼:"蚂蚁不是虫子,它就是蚂蚁。"
>
> 师:"蚊子是虫子吗?"
>
> 幼:"蚊子是虫子,它会咬人。"
>
> 师:"苍蝇是虫子吗?"
>
> 幼:"苍蝇也是,它会咬人。"

访谈法评价也可以应用于教师、家长等对象,作为全面评估学前儿童认知、情感、态度、行为能力的补充,以及作为幼儿园课程活动评价的依据。不论谈话的对

[①] 张俊. 幼儿园科学教育[M]. 北京:人民教育出版社,2004:322-323.

象是幼儿还是成人,谈话者都需要准备好详细的访谈提纲,确定访谈流程,寻找合适的访谈时间和地点。谈话者要对访谈内容非常熟悉,并且需要具备一定的谈话能力和经验迁移的能力,这样才能自由地围绕话题展开访谈,同时又能使访谈深入,发挥访谈法的优势。

值得提及的是,量化评价和质性评价并不是对立的,质性评价可以用来佐证量化评价,量化评价可以用来支持质性评价,结合两者可以获得对研究对象更为广泛的认识。例如,高瞻课程模式的学前儿童观察评价系统(COR Advantage)是观察者(教师、照顾者、家庭成员或是研究者)在一段时间内基于客观观察做逸事记录,在水平0(最低)到水平7(最高)这8个水平上记分。[①] 其既注重系统的、综合的信息收集,保留质性研究过程性、情境性、具体性的优势;又借以评价学前儿童的发展水平,便于直观了解儿童发展所处阶段,做出相应的教学策略决策。[②]

学前儿童观察评价系统(COR Advantage)之学习品质

> **小贴士**
>
> 无论是量化评价还是质性评价,在具体操作时,有两个关键点值得关注,它们就是观察和记录。
>
> 一、观察
>
> 观察是认识周围世界的基本方法,也是课程评价中的重要手段。评价者拥有合格的观察能力,是评估得以实施的基本条件。那么,首先需要厘清评估中的观察是什么、怎样才能更好地观察等基本问题。观察作为一种从事科学研究的手段,被质性研究者们认为"不仅是人的感觉器官直接感知事物这么一个过程,而且是人的大脑积极思维的过程"。在学前儿童科学教育活动评估中的观察起始于"看",却不止于"看",评估是在观察的过程中就已经发生了。观察,不仅是对观察对象有一个感性的认识,更是对个体或事件发生、发展、变化过程的观察。同时,儿童作为人的存在和发展中的个体,决定了他们需要的不是像一件件物品那样被客观地观察与评估,而是来自教师的理解。评估的观察,并非单纯观察的行为,应该称之为观察体系,是以理解儿童为前提,感知观察对象的过程与结果,结合观察者的思考的综合行动模式。

---

① 美国高瞻教育研究基金会. 学前儿童观察评价系统[M]. 霍力岩,刘祎玮,刘睿文,等译. 北京:教育科学出版社,2018:2.

② 约翰逊. 学生表现评定手册:场地设计和前景指南[M]. 李雁冰,译. 上海:华东师范大学出版社,2000:31.

二、记录

记录是观察中非常重要的环节。人的记忆能力是有限的，短时记忆无法记住一定时长以外的内容。甚至已经记住的内容，经过一定时间后，记忆也会有所偏颇。就算后期通过各种方式回忆，提取出来的也可能是经过加工的感知。评价者需要善用"数码媒介"进行记录。"数码媒介"引自瑞吉欧教育中的"数码媒介"，指的是存于电脑中的任何形式的文件，即使这些文件之后会打印在纸上或录制成录像带。数码媒介法不但是一种有效的评估辅助，更是一种行之有效的评估方法。瑞吉欧早在2009年就开始使用数码录像来记录幼儿的活动。随着信息化时代的来临，人们使用的手机早已具备较好的录像、摄影功能，数码媒介的使用日趋常态化。摄影、录像技术可以很好地弥补日常学前儿童科学教育过程中教师无法兼顾观察和记录的遗憾，同时数码媒介能够更好地保留和还原学前儿童行为的真实性和完整性。

资料引用：

1. 陈向明. 质的研究方法与社会科学研究 [M]. 北京：教育科学出版社，2000：227.

2. 爱德华兹，甘第尼，福尔曼. 儿童的一百种语言 [M]. 罗雅芬，连英式，金乃琪，译. 南京：南京师范大学出版社，2006：353 - 365.

第三节 幼儿园课程评价活动

本节以实际案例分析为入口，从课程活动方案本身的评价、课程活动组织过程的评价和课程活动实施效果的评价三个方面来分析幼儿园课程评价活动。

一、对课程活动方案本身的评价

幼儿园课程方案是幼儿园课程实施的指导纲要，是幼儿园课程总体结构化的书面表达方式。完整的幼儿园课程方案包括课程理念、课程目标、组织形式、组织内容、课程评价，它是幼儿园课程实践的基础。[①] 下面我们从课程活动方案的课程理念、课程目标、组织形式、组织内容、课程评价来进行阐述。

（一）对课程理念的评价

幼儿园课程理念是幼儿园课程的主导价值观，包括课程设计的基本理论、核心思想和相应的研究方法。[②] 幼儿园课程理念是评价幼儿园课程的核心要素，它直接影响幼儿园课程的实施和构建。不同的幼儿园课程理念体现出不同的儿童观、教育观与学习观。[③] 例如：进步主义教育理念认为幼儿园课程应该从儿童发展水平出发，为儿童提供活动的经验；人文教育理念就强调幼儿园课程理念应包含审美理念、生活理念、交流理念。[④]

对幼儿园课程理念的评价可以从以下几方面进行。

1. 正确性

幼儿园课程理念的正确性是幼儿园课程质量的首要标准，也是课程设计必须思考的首要问题。[⑤] 正确性指的是幼儿园课程基本理念以及所强调的主要价值取向是否与幼儿园所在的社会文化背景及幼儿园教育实际情况相契合。具体指幼儿园课程理念是否符合国家学前教育法规和指导性文件的精神，是否符合当代的儿童发展观和学习观。[⑥] 例如，当评价者评价案例"中班数学活动'认识图形'"的课程方案时，会意识到方案的设计缺少基于幼儿生活经验的生成或者生成流于形式，存在"小学化"的倾向。该课程方案中的课程理念是不符合《幼儿园工作规程》《幼儿园教育指导纲要（试行）》和《3—6岁儿童学习与发展指南》的精神的。并且对于中班幼儿来说，认识3种图形和4种颜色的目标过于简单，不符合中班幼儿发展的年龄特点。幼儿园课程理念的正确性是评价课程

中班数学活动"认识图形"

---

① 虞永平，张辉娟，钱雨，等. 幼儿园课程评价［M］. 南京：江苏教育出版社，2006：48.
② 虞永平，张辉娟，钱雨，等. 幼儿园课程评价［M］. 南京：江苏教育出版社，2006：49.
③ 王春燕，秦元东. 幼儿园课程概论［M］. 3版. 北京：高等教育出版社，2019：122.
④ 刘洪言. 人文视界中的幼儿教育课程理念［J］. 课程教育研究，2016（8）：17-18.
⑤ 虞永平，张辉娟，钱雨，等. 幼儿园课程评价［M］. 南京：江苏教育出版社，2006：50.
⑥ 王春燕，秦元东. 幼儿园课程概论［M］. 3版. 北京：高等教育出版社，2019：122.

方案的第一步，从中评价者能发现课程方案的根源性问题。

2. 一致性

影响幼儿园课程方案的课程理念往往不是唯一的，这就涉及不同课程理念之间的一致性。首先是理念之间的协调一致，在吸收和运用不同理念和理论支撑时，必须对其进行分析和消化。在并未理解的基础上做多个理念的单纯叠加，不仅不利于课程方案的实施，甚至可能对课程方案设计产生负面影响。其次，课程理念在构成方案的基本要素，如课程目标、课程内容、组织形式、课程评价，以及学习材料、学习环境、互动策略，还有隐性课程等方面都要保持一致。幼儿园课程方案包含多个相互冲突的课程理念或理论，这往往是课程开发者自身对各种理论或理念一知半解、生搬硬套的结果。[①] 在进行课程方案设计时，需要对各个要素进行分析、审议，关注课程各要素以及显性课程与隐性课程的课程理念之间是否保持一致。

3. 贯通性

幼儿园课程方案不仅要在各要素之间保持课程理念的一致，还要在课程理念与实施之间保持贯通。课程理念没有贯彻落实到课程方案计划和实施的全过程中的每一个环节，这样的课程理念就仿佛"纸上谈兵"。课程方案计划和实施的全过程，包括课程方案的基本要素，如课程目标、内容、组织、评价等以及课程方案的具体落实。在有些幼儿园课程方案中，课程理念被表述得很好，但其他部分并没有体现出核心的课程理念；在有些幼儿园课程方案中，课程理念是正确的，但其并没有在课程实施层面的具体活动计划中体现出来，甚至出现了与具体活动计划相背离的现象。[②] 这样不仅不利于课程方案科学有效的实施，更不利于儿童的发展。如案例5-4中，教师虽然都知道《3—6岁儿童学习与发展指南》指出，幼儿的学习是以直接经验为基础的，要最大限度地支持和满足幼儿通过直接感知、实际操作和亲身体验来获取经验的需要，但在实际活动方案设计中，教师为了有效控制活动，仍然出现了教师本位的情况。这种课程方案就算课程理念写得再具体、清晰，仍然会出现南辕北辙的现象，这一点值得我们注意。

幼儿自创绘本故事《赶走牙细菌》

[①] 虞永平，张辉娟，钱雨，等. 幼儿园课程评价 [M]. 南京：江苏教育出版社，2006：53-54.
[②] 王春燕，秦元东. 幼儿园课程概论 [M]. 3版. 北京：高等教育出版社，2019：123.

> **案例 5-4**
>
> **中班健康活动"牙虫快走开"课程活动方案评价及调整**[①]

	方案与实施（一）	评价	方案与实施（二）
活动目标	1. 了解蛀牙的危害； 2. 养成每天早晚刷牙的卫生习惯	从目标中可以看出，活动以教师高控为主，幼儿是接受式学习，这不利于幼儿自主选择与自主探索。中班幼儿已经从个体式学习逐步走向了合作式学习，教师应顺应孩子的年龄特点和情感发展的需求，将幼儿个体式学习转向群体交往、分享式学习	1. 了解蛀牙的危害； 2. 通过操作体验学习刷牙的正确方法； 3. 乐于与周围同伴分享刷牙的感受
活动准备	故事《小熊拔牙》	材料单一，缺少对幼儿的已有经验的利用，挑战性不足，不能很好地引起幼儿的兴趣	1. 学具：幼儿人手一把牙刷和一个水杯； 2. 教具：幼儿自制绘本《赶走牙细菌》； 3. 牙齿模型一个、视频展示仪
活动过程	1. 谈话导入，引出故事《小熊拔牙》。 2. 讲述故事《小熊拔牙》，引起孩子共鸣。师：为什么小熊会去拔牙？找了谁为自己拔牙？最终小熊学会了什么？ 3. 教师教授正确刷牙的方法，幼儿模仿学习。 4. 教师总结刷牙的正确方法，帮助幼儿养成良好的卫生习惯	与目标一样，活动过程设计以教师高控为主，缺少幼儿自主学习。活动方式单一，应该运用集体、小组、个别等多种方式开展学习活动；教学方法应恰当、灵活、多样，充分体现幼儿自主性的原则	1. 猜谜导入，引起兴趣。 （1）教师请幼儿猜谜导入活动。 （2）出示牙齿模型，让幼儿感知牙齿的特点。 2. 欣赏绘本故事，体验牙齿健康的重要性。 3. 讨论与分享，探索刷牙的正确方法。 （1）幼儿自由组成小组，讨论刷牙方法。 （2）小组代表上台表现本组认同的刷牙方法。 （3）教师用牙齿模型讲解、示范刷牙的正确方法。 （4）幼儿自由结伴到盥洗室内进行练习。 4. 活动延伸：音乐游戏"蛀牙虫，快走开"

[①] 王翠萍，陈小峰，孙锡霞. 回归儿童本源设计教学活动：以中班健康活动"牙虫快走开"教研为例［J］. 早期教育（教师版），2016（3）：42-43. 引用时有改动。

4. 清晰性

一个完善的幼儿园课程方案应该通过简洁明了、通俗易懂的文字表述，尽可能明确、清楚地呈现自己的课程理念，并注重逻辑性、层次性和概括性。[①] 这样才能便于后期信息的阅读和提出，既避免了因表述不清而引起的理解错误，又便于传播和分享课程理念。

> **小贴士**
>
> 请根据本单元所学知识，从课程理念方面评价"大班泥工活动：水族馆"这一活动方案。本活动需要花费你大约30分钟的时间。
>
> **大班泥工活动：水族馆**
>
> 一、课题来源
>
> 《幼儿园教育指导纲要（试行）》在艺术领域提出了"感受与创造并重"的观点，强调让幼儿在获得视觉和情感满足、愉悦的同时，培养其对美的感受能力和艺术创造能力。陶艺活动既锻炼了幼儿手部触觉的敏感性，刺激其手部小肌肉的发育，又解决了幼儿动手能力普遍较低的问题。海洋动物是幼儿熟悉又喜欢的动物，因此，选择"水族馆"作为本次教学活动的素材。将"水族馆"贯穿于整个教学活动中，通过学小鱼游一游、制作海底动物，最后感受亲亲热热在一起的气氛，不仅可以增强幼儿的动手能力，同时还能提高其认知能力和审美能力，促进其身心和谐发展。
>
> 二、活动目标
>
> 1. 能运用团圆、压扁、切、铲的技法，塑造海底的鱼。
> 2. 感知鱼身上各种花纹图案，探索制作花纹的方法。
> 3. 体验两两合作装饰鱼缸的乐趣。
>
> 三、活动准备
>
> 1. 经验准备：学习过律动"小鱼游"。
> 2. 物质准备：装饰好水草的油桶，粉、绿、蓝、白、红、黄色的面团，"蓝色海水"、五彩石、拓印模板（海龟、章鱼等），花纹图案4副，泥工板、展示台。
>
> 四、活动过程
>
> 1. 进场：律动"小鱼游"。

---

① 王春燕，秦元东. 幼儿园课程概论［M］. 3版. 北京：高等教育出版社，2019：122.

2. 欣赏视频。

师：我们刚刚变成小鱼真开心。这儿有一段视频说的是水族馆里发生的事，我们一起来看一看。

师：你看到了什么？（水族馆里有各种形状、花纹的鱼，还有海龟、海星、章鱼、五彩石）。

3. 再次欣赏视频。

师：海里的鱼有各种各样的形状，它们身上还有漂亮的花纹呢！请小朋友边看边找一找花纹。

4. 引导幼儿感知各种花纹图案，示范做法。

（1）师：看一看花纹图案，说说你最喜欢哪一幅，用面团怎么做？

（2）分析并示范制作方法，圆型叠加、半圆、横条、竖条、三角形。

（3）参与示范制作三角形状的面团。

（4）师：这里还提供了一些模具，有海龟、章鱼等形状，大家可以用拓印的方法来制作。水族馆里的动物看起来更加丰富，还可以加上一些五彩石，这样就更像水族馆了。

5. 讨论制作中的困难。

（1）师：制作好的鱼怎么从泥工板上取下，贴在鱼缸上呢？（用工具轻轻铲、用大拇指压鱼身边缘）

（2）两两合作完成一个鱼缸的装饰，两人要商量好分工、布局。

6. 幼儿制作，教师巡回指导。

（1）引导幼儿相互交流、商量好再分工合作，材料轮流使用，让幼儿懂得相互谦让。

（2）章鱼、海龟以及装饰物使用现成的工具制作，提高效率。

（3）为完成的作品倒上"海水"，布置在展示区。

7. 活动评价

师：我看到水族馆里不仅有各种形状花纹的鱼，还有海龟、海星、章鱼、五彩石，你们把水族馆变得更美了，真棒！我们把漂亮的鱼缸带回班里，种上水培植物，自然角也会更美的。

资料来源：潘娟. 幼儿园教案设计与反思：新教师专业成长之路［M］. 南京：江苏凤凰教育出版社，2016：239-240.

（二）对课程目标的评价

幼儿园课程目标在幼儿园课程方案各要素中有重要的衔接作用。合理的课程目标能够体现课程理念，并将课程内容、组织形式、课程评价组成一个有机的整体。什么才是合理的课程目标呢？我们从以下几个方面进行评价。

1. 适宜性

适宜性是指课程目标符合幼儿园实际和幼儿发展的规律，大多数幼儿在科学、合理的环境中和教育作用下可能达到课程目标预设的水平。[①] 课程目标在制定时需要考虑多方面因素，如儿童发展特点、活动开展可行性、社会文化背景等因素。具体而言，首先课程目标应该高于儿童已有水平，但又不强求高于幼儿可到达水平，即符合儿童最近发展区。其次，目标的要求是符合幼儿园实际和教师操作水平的，是能够顺利实现的。最后，目标要传达的信息是符合当下社会文化背景的，是具有积极导向作用的。

2. 全面性

幼儿园课程目标的全面性是指目标必须实现儿童在身体、认知、情感、社会性等方面的和谐全面的发展。儿童的学习与发展是全面性的，任何一方面的发展都依赖于其他方面的相应发展。无论课程理念如何，课程目标必须着眼于促进儿童身心健康和全面发展。因此，幼儿园课程目标在课程方案中一般表述为三个方面，即情感态度目标、认知能力目标和动作技能目标。

3. 完整性

一个完整的幼儿园课程目标应该包括总目标和分目标，其中分目标又包括课程领域目标、年龄阶段（学年）目标、单元目标、具体活动目标。缺少任何一部分，目标结构都是不完整的。完整的目标结构有利于课程的科学性建构，更有利于评级体系的建立。

4. 连贯性

不同结构的幼儿园课程目标之间应该是相互衔接、有机连接、融会贯通的。通过对幼儿园课程总目标的分解，形成不同课程领域目标，再层层分解为各个年龄阶段目标，最后细化、落实到一个个具体教育活动的目标，这样不同层级的目标之间相互衔接，层层细化，构成一个相互关联的目标网络。[②]

[①] 王春燕，秦元东. 幼儿园课程概论 [M]. 3 版. 北京：高等教育出版社，2019：123.
[②] 虞永平，张辉娟，钱雨，等. 幼儿园课程评价 [M]. 南京：江苏教育出版社，2006：61-62.

（三）对课程内容的评价

课程内容解决教什么、学什么的问题，是实现课程目标的具体载体。课程内容是课程方案的主要部分，我们可以从以下几方面进行评价。

1. 与课程目标一致性

幼儿园课程内容与课程目标相符合的程度直接决定课程方案设计的价值取向能否实现。课程内容与课程目标的一致性，是指幼儿园课程内容应该围绕课程目标展开，课程内容应是课程目标的具体化与延伸。① 唯有课程内容与课程目标保持一致，课程目标才能真正落实到具体活动之中，有效实现幼儿发展的可能性。若课程内容与课程目标脱离，如课程目标通常包括情感、认知、技能三大类，但内容选择过程中偏重甚至仅注重认知方面，将严重影响课程目标的落实，进一步对幼儿发展的可能性产生消极影响。

2. 发展适宜性

发展适宜性要考虑儿童年龄适宜、个体适宜、文化适宜以及容量适宜②等内容。具体来说，首先课程内容的难度应该与目标的适宜性一致，处于幼儿的"最近发展区"之中；其次，课程内容应该既符合幼儿一般发展水平特点，包括年龄特点、兴趣需要等，又要兼顾幼儿个体差异性的发展特点；再次，课程内容必须符合所处的社会文化背景，从幼儿生活中来，反作用于幼儿生活，能够更好地围绕幼儿的兴趣与需要展开，有助于推进幼儿的有效学习；最后，幼儿园课程内容的容量要适宜，不同年龄段的幼儿学习容量有明显不同，既要避免容量过大造成幼儿学习负担过重，也要避免容量不足导致幼儿消极等待、浪费时间等不良状况。

3. 均衡性

《幼儿园教育指导纲要（试行）》强调幼儿园的教育内容应是全面的，把幼儿教育的内容相对划分为健康、语言、社会、科学、艺术等五个领域，要求幼儿园课程应注意各领域内容的相互渗透，要从不同的角度促进幼儿情感、态度、知识、技能等方面的发展。这要求幼儿园课程各个领域之间是均衡的。幼儿园课程内容的丰富均衡，并不是指课程的门类要尽可能多，而是内容要充实有益，组织形式系统有效。尤其在幼儿园追求特色、开发园本特色课程时，课程内容的均衡性尤其值得高度关注，谨防失衡的课程对幼儿发展造成的消极影响。③

---

① 虞永平，张辉娟，钱雨，等. 幼儿园课程评价[M]. 南京：江苏教育出版社，2006：64-65.
② 王春燕，秦元东. 幼儿园课程概论[M]. 3版. 北京：高等教育出版社，2019：125.
③ 王春燕，秦元东. 幼儿园课程概论[M]. 3版. 北京：高等教育出版社，2019：125.

4. 整合性

幼儿经验和发展的各个方面是一个难以分化的有机整体。因此，课程内容不仅要关注纵向整合，更要注重横向整合，强调知识的融合以及与幼儿成长的联系。整合可以从两方面进行评估：其一，课程内容是否紧密结合幼儿的兴趣、需要、经验，贴近幼儿的实际生活。要从生活中发现课程素材，生成课程内容，促进幼儿的有意学习，进一步帮助幼儿将知识能力、个体经验与实际生活有机联系。其二，课程内容各个模块、不同活动之间能否在尊重差异的前提下互相整合起来。例如，生活中幼儿喜欢吃的橘子作为大自然的产物，是长在树上的。秋天成熟，呈橘红色，味道酸酸甜甜的。橘子里面是一瓣一瓣的，橘子瓣的形状和数量又有值得探究的部分。在课程内容中，教师可以安排引导幼儿在摘橘子、观察橘子特征、品尝橘子的过程中根据某一特征将橘子分类或者点数橘子瓣的瓣数。在橘子这个案例中教师利用了科学领域内部知识的自然连接，将自然内容与数学内容有机整合在一起。

（四）对课程评价方案的评价

对课程评价方案的评价可以从以下几方面展开：评价方案的有无、评价导向的正确性、评价主体是否多元化、评价的方法是否科学、评价方案是否具有可操作性，[①] 如案例 5-5 所示。

案例 5-5

幼儿园课程评价方案评价表[②]

评价对象	评价指标/标准	评价信息摘要	评分
课程理念	1. 正确性		1 2 3 4 5
	2. 一致性		1 2 3 4 5
	3. 贯通性		1 2 3 4 5
	4. 清晰性		1 2 3 4 5
课程目标	1. 适宜性		1 2 3 4 5
	2. 全面性		1 2 3 4 5
	3. 完整性		1 2 3 4 5
	4. 连贯性		1 2 3 4 5
	5. 表述合理性		1 2 3 4 5

[①] 王春燕，秦元东. 幼儿园课程概论［M］. 3 版. 北京：高等教育出版社，2019：126-127.
[②] 本表改编自虞永平，张辉娟，钱雨，等. 幼儿园课程评价［M］. 南京：江苏教育出版社，2006：58，72；王春燕，秦元东. 幼儿园课程概论［M］. 3 版. 北京：高等教育出版社，2019：127.

续表

评价对象	评价指标/标准	评价信息摘要	评分
课程内容	1. 与目标一致性		1 2 3 4 5
	2. 发展适宜性		1 2 3 4 5
	3. 均衡性		1 2 3 4 5
	4. 整合性		1 2 3 4 5
课程评价方案	1. 评价方案有无		1 2 3 4 5
	2. 评价导向的正确性		1 2 3 4 5
	3. 评价主体的多元性		1 2 3 4 5
	4. 评价方法的科学性		1 2 3 4 5
	5. 评价方案的可操作性		1 2 3 4 5

二、对课程活动组织过程的评价

课程活动的组织是将课程方案付诸实践的运行过程。在这一静态内容转化为动态活动的过程中，教师不应该仅仅只是忠诚地执行课程计划，更应该根据幼儿的兴趣需要及具体情况做出明智的反应，对课程进行及时的调整及有效的构建。课程活动组织是一个复杂的动态过程，对其的评价通过幼儿园生活活动、幼儿园游戏活动和幼儿园教学活动三种基本组织途径展开。

（一）对生活活动组织过程的评价

幼儿园的生活活动是幼儿园课程的重要组成部分，它贯穿于幼儿园一日生活之中。评价生活活动的组织过程，不仅要关注幼儿在园生活环节如盥洗、进餐、饮水、如厕、睡眠、入园和离园等常规性的活动，也要关注通过生活环节进行教育的其他活动。从操作的角度来看，关于生活活动组织的评价值得关注的有以下几点[①]：

第一，生活常规与管理，包括常规维护、常规实施的弹性、环节的衔接、环境的利用、氛围的营造、常规检查的执行情况、幼儿个别情况的照料（如喂药）、观察与记录行为以及幼儿自理能力的培养情况（如自我管理、自我保护、自我服务、自我保健）。

第二，互动与支持，包括师幼互动（情感支持、言语与肢体回应、互动有效性、幼儿反应、尊重幼儿差异、尊重幼儿意愿、教师配合）、同伴互动（互动的性

[①] 第一点至第三点参考郭念舟. 基于过程性质量的幼儿园生活活动评价标准的研制［D］. 长沙：湖南师范大学，2018：23. 第四点参考王春燕，秦元东. 幼儿园课程概论［M］. 3版. 北京：高等教育出版社，2019：130.

质、互动的机会、教师对互动的支持）以及家园互动（家长的支持、寻求家长配合、对家长科学育儿的指导）。

第三，生活活动的科学照顾，包括疾病预防与安全（卫生消毒、季节病的预防、幼儿卫生习惯培养、安全教育、教师监护、事故处理）以及日常照顾（盥洗、如厕、午睡、进餐的照料）。

第四，生活活动与课程的整合性，包括课程理念及目标的落实，课程活动与生活活动的关联性，生活活动与游戏活动、教学活动是否相互关联、相互转化、相互融合等。

案例 5-6

我想自己叠被子[①]

幼儿午睡结束后，开始起床穿衣服。

教师：小朋友们，起床时间到了，现在请小朋友们穿好自己的袜子，然后从床上下来，坐在自己的小椅子上穿衣服。

幼儿：老师我会叠被，我帮你叠。（诚诚迅速穿好自己的袜子，开始帮老师叠被。）

教师：诚诚不用你叠被，老师自己叠！

幼儿：不要！老师，我帮你叠被！（执拗的诚诚开始撒娇，此时其他穿完袜子的小朋友，开始效仿诚诚的行为。）

教师：诚诚你怎么这么不听话，我说没说不用你叠被！在这帮倒忙，快从床上下来穿衣服！（由于马上有绘画活动，老师见其他小朋友在诚诚的带动下，都不按照要求来做，便大声地批评了诚诚，并震慑了其他小朋友。）

学习活动

请从生活常规与管理、互动与支持、生活活动的科学照顾、生活活动与课程的整合性四个方面评价以下生活活动的组织。

午睡活动结束后，幼儿在教师的指导下坐在椅子上穿衣服。

教师：孩子们要像老师这样把自己的秋裤掖在袜子里，把自己的秋衣掖在秋裤里。听懂了吗？

[①] 张晓茹. 幼儿园一日生活中的教师评价研究［D］. 大连：辽宁师范大学，2016：19. 引用时有改动。

幼儿全体：听懂了，老师！

教师：好，从现在开始你们自己穿衣服！穿好后到老师面前来，让老师给你检查一下。

晨晨：老师我不会！

（教师在给其他幼儿检查）

教师：你等一下晨晨（晨晨是班级内自理能力比较差的幼儿）！

晨晨：老师我不会！老师我不会！老师我不会！

教师：喊什么！你怎么这么笨，教了这么多遍就你不会！

（教师变得生气不耐烦）（晨晨一下午都很失落）

资料来源：张晓茹．幼儿园一日生活中的教师评价研究［D］．大连：辽宁师范大学，2016：25．

在生活管理方面，良好行为习惯的养成以及助人为乐态度的培养是生活教育的重要目标。案例5-6中，教师碍于时间的原因，制止了幼儿的行为，打消了幼儿助人为乐的热情，阻碍了"叠被"这一自理能力的发展。在师幼互动方面，互动的有效性是不高的，教师没有真正理解幼儿，最终只能用大声的批评阻断幼儿的行为，并否定了幼儿的"帮忙行为"，体现出了高度控制性的师幼互动。在日常照顾方面，教师体现出以维持班级纪律为首要目的的课程理念，其行为情有可原，但教师忽略了生活活动中最重要的是对幼儿能力发展进行引导，这是本末倒置的。在生活活动与课程的整合性方面，《幼儿园教育指导纲要（试行）》中明确指出：鼓励幼儿做自己力所能及的事（如收拾玩具、整理被褥、擦桌椅等），使幼儿养成初步的独立意识；给幼儿创造为他人服务的机会和条件，逐渐培养其责任感。很明显，课程理念及目标并没有与案例中的活动产生有机的关联，课程理念与生活互动也没有产生有机的转化和融合。

（二）对游戏活动组织过程的评价

幼儿园游戏活动是在整个教育目标的宏观关照下，在幼儿园中由教师组织开展的，它已成为整个幼儿园教育方案中的基本活动和重要的组织形式。[1] 因此，幼儿园游戏活动评价不仅要考量游戏的自然属性，还要关注游戏的教育性。幼儿园游戏活动有丰富的种类，如角色游戏、建构游戏、精细操作活动、数学游戏、自然/科学游戏、音乐游戏、美术游戏、沙水游戏等。对游戏活动组织过程的评价可以关注以

---

[1] 庞丽娟．中国教育改革30年：学前教育卷［M］．北京：北京师范大学出版社，2009：126．

下几点[①]：

第一，材料和空间。材料与空间是构成游戏活动的必要条件，材料与空间的质量对游戏活动的开展有决定性作用。首先，材料要安全且没有损坏。其次，材料要丰富多样，数量应适宜。材料种类单一，数量太少，无法构成一个较完整的游戏活动，且会引起幼儿之间不必要的矛盾争端。材料种类过多，容易分散幼儿注意力，不利于幼儿对游戏的深入探索，进而不利于幼儿良好游戏品质的培养。空间应该是足够和适宜的。足够宽敞的空间能为幼儿提供操作和合作的可能性，而位置合理适宜能够为游戏的开展提供更好的条件。例如，角色扮演游戏作为需要深度社交的游戏活动，应安排在远离安静操作活动的区域，同时不能太偏僻，要兼顾教师观察的需要。

第二，管理和使用。它包括游戏材料的更新与规划，游戏的时间和机会。游戏材料能否及时更新或轮换；所需要的操作材料是否都收集在一起，按照形态分类，干净整齐，井然有序，维持良好状态。这些都是游戏顺利开展的保证。例如，将游戏材料存放在柜架或容器内，贴上对儿童有意义的标签，便于儿童游戏时寻找材料，游戏后收纳整理材料。对于游戏的时间和机会，要重点评价是否有足够的游戏时间，是否有足够的幼儿自由支配的游戏时间，以及每个游戏中是否都有幼儿能够自由支配的机会。

第三，活动设计与关联性。这是指游戏活动的设计适合幼儿的年龄、心理和文化特征，且与近期开展的课程活动相互关联，两者有机结合，合理渗透。例如，小班建构游戏"汽车"，"汽车"的选材与当月的"交通工具"主题相关联，符合幼儿的身心发展特点，激起幼儿的游戏兴趣。通过合理的游戏安排，适当地延伸主题活动的内容，能够延长幼儿对汽车的兴趣，促进幼儿对汽车的进一步了解。对游戏活动设计与关联性的评价，能够落实幼儿园游戏活动自然属性与教学属性的有效结合。

第四，活动监护与指导。这是指在幼儿进行游戏活动时，教师能够有恰当的、及时的、有效的监管与指导；能够确保幼儿处于安全状态，及时处理游戏中的意外情况，维持游戏活动的秩序，还能通过各种方式给予有效的支持和引导；能够关注幼儿的个别需要，给予个别化的积极互动；等等。教师要注意活动监护与指导的方式方法，避免不合理地介入幼儿游戏干扰幼儿的游戏行动。例如，采用命令的方法，直接指定游戏材料、游戏区域或同伴；使用批评后惩罚的方式造成幼儿情绪消极或紧张；等等。

（三）对教学活动组织过程的评价

教学活动泛指教师发起或主导的教与学的双边活动，是教师通过有目的地与幼

[①] 李克建. 中国托幼机构教育质量评价研究［M］. 北京：北京师范大学出版社，2017：290－322.

儿互动，引导、支持和拓展幼儿学习的过程。① 其涉及的课程领域广泛，组织类型多样，组织过程复杂，评价者在评价时需要考虑以下原则：

第一，幼儿中心原则。幼儿园教学活动应是在尊重幼儿身心发展规律与学习特点的基础上，关注个体差异，选择适合幼儿的内容，通过适合幼儿年龄特点的教学方法，促进每位幼儿全面而富有个性地发展的过程。② 教学活动应一切围绕着幼儿有效的学习展开。教学活动是否以幼儿需要为出发点、以幼儿"最近发展区"为内容，以幼儿兴趣和经验为依据，与幼儿生活体验紧密联系，支持幼儿主动学习等幼儿中心原则，是评价教学活动的核心要素。

第二，要素一致原则。课程方案中要素一致是课程有效实施的先决条件，课程目标、课程内容、课程方法和课程评价在具体实施中要始终保持一致，真正将课程设计方案的目的落到实处，最终带来有质量的教学效果。如案例5-7所示，教学活动中无论是教师教学环节还是幼儿操作环节，都必须落实各要素的一致性问题，只有这样才能获得好的教学效果。

> **案例5-7**
>
> 美术活动"我家的房间"活动组织过程中关于"操作环节"的对比评价③
>
> | 人物 | 青年教师A | 青年教师B | 青年教师C | 教师L |
> | --- | --- | --- | --- | --- |
> | 操作内容 | 在幼儿开始作画后，青年教师A就完全放权给了幼儿。她从头到尾一直在幼儿身边游走，但一语不发，充当的是一个旁观者 | 从幼儿开始动笔到结束，青年教师B一直在幼儿身边来回走动，并反复问同一个问题："你画的是什么？"（一看就知道）幼儿没有片刻安静作画的时间 | 青年教师C与前两位教师都不同，她只要看到幼儿画出了图就会马上表扬："你真棒！""你真聪明！""你画得太好了！" | 当看到幼儿在独立思考时，她便在一旁仔细观察，默不作声。当判断出幼儿作画遇到困难时，她会立刻给以启发。当发现有幼儿乱涂乱画时，她会暂时拿走幼儿的画纸并跟他说："你的画有点脏，画上的客人都不愿到你家做客了。他们都逃走了。"等到该幼儿答应不再乱画时，她就会马上把画纸还给他并对他说："客人们喜欢干净的房间，快把他们请到你们家玩吧！"当看到有幼儿的画面内容不够丰富时，她便伸出手挡住空白的地方问："打开窗户看看，这扇窗户里有东西吗？会有什么呢？" |

---

① 王春燕，秦元东.幼儿园课程概论［M］.3版.北京：高等教育出版社，2019：100.
② 虞永平，张辉娟，钱雨，等.幼儿园课程评价［M］.南京：江苏教育出版社，2006：107.
③ 胡彩萍.美术活动操作和评价环节的有效组织：以美术活动"我家的房间"为例［J］.幼儿教育，2012（Z1）：28-29.引用时有改动。

评价分析	在美术活动中，幼儿作画的时间通常会占很大的比例。许多教师可能会觉得，只要把前面的激发兴趣和讨论环节组织好了，整个活动就算完成了。其实，教师在前面的环节做的只是整体推动工作，后面对幼儿操作环节的指导才是关键，因为每个个体都是不一样的，只有针对每个个体进行适时的指导，才能真正促使幼儿在原有水平上获得发展。就像教师 L 那样，她看到有些幼儿很会画，便放手让他们自由发挥，不做干涉；碰到幼儿反复说"我不会画"，或完全模仿教师的范画，或不断重复以前画过的画面等情况，便作一些适时适宜的引导。那么教师如何在幼儿操作环节有的放矢，因材施教，给予幼儿以有效的指导呢？我觉得可以从以下几个方面来考虑。
	  第一，围绕目标观察。教师心中要有目标，明确幼儿操作环节的指导要点。美术活动"我家的房间"的一个重要目标是："尝试运用图形对观察对象的基本部分进行（比如窗户、门等）归纳，大胆创作图像"。在幼儿作画过程中，教师要围绕目标观察幼儿能否将观察对象的基本部分运用图形进行归纳，用到了哪些图形，幼儿是否大胆创作出了图像以及前面讨论环节的内容、方法是否在作画过程中得到体现和运用。
	  第二，有序提供材料。中班幼儿的自主能力还较弱，如果教师一开始就呈现所有的作画材料，幼儿可能会分不清该先用什么材料，常常会拿起什么就先用什么，作画时缺乏计划性。案例中的教师 L 先提供给幼儿的是记号笔，在引导幼儿将画面内容画得比较丰富后，再提供另一种材料——蜡笔，以引导幼儿涂色。这样既有利于幼儿有序思考，又让幼儿有充分的作画时间。
	  第三，注重能力提升。在整个指导幼儿操作的过程中，教师 L 对于不同的幼儿做出了不同的回应，但都重在引导幼儿积极思考，形成自己的理解，使幼儿创作出自己的图式，从而提升自己的分析归纳能力及绘画技巧。

  第三，有效互动原则。教学活动是教与学的双边活动，幼儿园教学活动的本质就是师幼互动。教学活动中的有效互动主要是指幼儿与教师在认知与社会性方面的实时互动，以及在互动中形成的师幼关系，[①] 主要表现在对教学活动的监护和指导、对幼儿的回应和鼓励、对幼儿之间互动的引导和支持等方面。有效的互动应该以理解儿童为前提进行。教师对儿童的理解是师幼互动的基础，决定着师幼互动的质量，进而决定了幼儿园教育质量。[②] 例如：在用撕的方式完成有关森林动物的美术作品过程中，教师在儿童动手之前明确指示"先画好背景"；在儿童撕了第一个图案时，教师挑选她认为好的作品示范，并明确指出"就是要撕得这么小小的"；在大部分儿童都撕了教师示范的"动物"之后，教师以自问自答的方式明确指示"还可以撕别的动物，如小白兔"；有儿童撕不好时，教师会明确指示"把它画下来再撕"；有儿童请求使用剪刀，把画好的图案剪下来时，教师马上拒绝，并以坚定的口吻指出

  [①] 王双，胡碧颖，范息涛，等. 双因子模型下的幼儿园师幼互动研究［J］. 教师教育研究，2019，31（6）：57.
  [②] 赵南. 超越观察评价，理解儿童：基本理念、路径与目的［J］. 学前教育研究，2017（9）：3-13.

"只能用撕的方式",因为"我们今天就是要学会'撕'这种方式"。① 教师虽然在设计课程教案时是从儿童中心出发的,也考虑了儿童的兴趣和想法,甚至也鼓励儿童做别的创新尝试,但是对儿童的理解是不全面的,主导权、决定权仍然掌握在成人手中。这样的互动并不是真正的有效互动。

三、对课程活动实施效果的评价

幼儿园课程实施对儿童的学习与发展、对教师的专业发展(尤其是课程意识与能力)甚至对家长教育观念与能力所产生的影响作用,都可以体现出幼儿园课程的效果,但最为核心的还是儿童的学习与发展。② 这里仅从儿童的学习与发展这一方面来探讨对课程活动实施效果的评价。

(一)对儿童的学习与发展评价的原则

根据课程活动实施效果的目的,对儿童的学习与发展评价需要强调以下原则。

1. 以促进每一个儿童的学习与发展为目标

对儿童的学习与发展的评价主要是评价者(一般是教师)以促进每一位儿童的发展为目的,首先,强调发展性,通过了解、信息收集、分析、判断等方式对儿童各方面的发展进行全面系统的评价,以判断活动的每一过程是否有效,从而更好地为儿童的学习与发展服务。发展,是评价儿童的学习与发展的核心。其次,关注每个儿童的发展,注重差异性。对个体进行评价,需要尊重并承认儿童之间的不同发展。

2. 以着眼于真实的情境为主要途径

"吹泡泡"的观察记录

传统的测验评价,缺乏与真实生活的联系。评价的结果显得较为片面,缺乏预见的价值。应将儿童的发展与学习放置在真实的、整体的环境中去评价。儿童的发展与学习评价强调真实地记录幼儿的发展,以幼儿生活中发生的真实事件和真实行为作为评价的内容,评价的情境和任务都贴近幼儿的现实生活。整体环境不仅包括儿童个性化的发展与学习环境,还包括评价者的文化、社会、历史背景以及现实生活情景等,避免单纯观察儿童某次的行为结果就做出评价。例如,在案例"'吹泡泡'的观察记录"中,教师对幼儿与平时不一样的表现,应结合平时的教学环境观察理解。

---

① 赵南. 教师理解儿童的内在阻碍:基于一项田野考察的发现与反思[J]. 学前教育研究,2020(2):4.
② 王春燕,秦元东. 幼儿园课程概论[M]. 3版. 北京:高等教育出版社,2019:138.

3. 多元评价者共同参与

呼吁不同的评价主体共同参与、合作交流，可以更加全面地进行价值判断，有助于对儿童发展与学习的事实做出全面的评价。在评价的实施中，通常是教师、专家、相关从业者积极主动地成为评价的主体。在这里，我们也强调幼儿和家长要从课程评价的边缘走向中心，尤其强调儿童自评的重要性，这样有助于评价真实有效地开展，实施评价的最终目的。

（二）儿童学习与发展评价的主要依据

儿童学习与发展的评价有不同的领域划分，可将《3—6 岁儿童学习与发展指南》中的五大领域（健康、语言、社会、科学、艺术）的目标，作为儿童学习与发展评价的主要依据，如表 5-4 所示。

表 5-4 基于《3—6 岁儿童学习与发展指南》的儿童学习与发展评价的主要依据

一级指标	二级指标	三级指标
健康	身心状况	具有健康的体态
		情绪安定愉快
		具有一定的适应能力
	动作发展	具有一定的平衡能力，动作协调、灵活
		具有一定的力量和耐力
		手的动作灵活协调
	生活习惯与生活能力	具有良好的生活与卫生习惯
		具有基本的生活自理能力
		具备基本的安全知识和自我保护能力
语言	倾听与表达	认真听并能听懂常用语言
		愿意讲话并能清楚地表达
		具有文明的语言习惯
	阅读与书写准备	喜欢听故事，看图书
		具有初步的阅读理解能力
		具有书面表达的愿望和初步技能
社会	人际交往	愿意与人交往
		能与同伴友好相处
		具有自尊、自信、自主的表现
		关心、尊重他人
	社会适应	喜欢并适应群体生活
		遵守基本的行为规范
		具有初步的归属感

续表

一级指标	二级指标	三级指标
科学	科学探究	亲近自然，喜欢探究
		具有初步的探究能力
		在探究中认识周围事物和现象
	数学认知	初步感知生活中数学的有用和有趣
		感知和理解数、量及数量关系
		感知形状与空间关系
艺术	感受与欣赏	喜欢自然界与生活中美的事物
		喜欢欣赏多种多样的艺术形式和作品
	表现与创造	喜欢进行艺术活动并大胆表现
		具有初步的艺术表现与创造能力

对于具体课程活动中的儿童学习与发展评价，评价者需要根据实际课程活动情况，进行具体的分析和判断。在课程设计与实施前就设定好评价目标、选择适宜的评价方式，将对儿童学习与发展的评价贯穿于整个课程活动之中。如案例5-8，以儿童的安全知识的学习与能力的发展对幼儿园安全教育课程实施效果进行评价。通过对儿童学习与发展的课程活动前后差异做比较、分析与解释，对课程活动实施效果进行判断，并对课程活动的改进提出建议。

案例5-8
幼儿园安全教育课程实施效果评价及分析[1]

项目	内容
课程设计	根据对幼儿园中班和大班儿童下半学期进行的意外伤害认知调查结果及儿童常见意外伤害情况，幼儿园中班开展烫伤、跌落伤、火灾、急救常识等课程；大班开展关于车祸、切割伤、跌落伤、触电和中毒的危险环境、危险行为识别和急救常识等课程。 课程的教学内容以主题活动形式开展（中班开展的主题活动名称有"冬冬烫伤了""阳台上的安全""别怕，快点跑""特殊号码"；大班有"过马路""我们的幼儿园""我是安全小卫士""特殊号码"）。使用实物、典型案例、照片、图片、动画、VCD、录像等工具和手段，采取主动参与、互动的方式，提高幼儿对意外伤害的发生原因、危险因素、危险行为、预防措施、安全标志及急救常识等的认识水平

---

[1] 张佩斌，陈荣华，朱玉华. 幼儿园安全教育课程设计及实施效果评估[J]. 疾病控制杂志，2007 (3)：243-245.

续表

项目	内容
评价方法	采用"幼儿意外伤害安全教育研究调查表"（共20个项目），在开展教育前、后逐项询问每一位儿童，评估他们对意外伤害的认知情况。针对每一次主题活动，在课堂前后对一个班儿童的知识接受程度和参与程度等进行评估
评价结果	经过安全教育后，中班儿童对烫伤、跌落伤、火灾意外伤害的危险因素认知显著提高，对车祸、中毒意外伤害的危险因素认知也有明显提高；大班儿童对车祸、跌落伤和中毒的危险环境和危险行为识别的认知都有显著提高
评价分析	中班和大班儿童的安全知识有明显提高，课堂上儿童的反应积极，主动参与性强。其中，在"特殊号码"主题活动后，中班儿童对于"当发生意外怎么办"这一问题，其"求救能力"只达到80.0%，主要表现为不能正确描述发生的事情、地点等，而大班儿童表达清楚、反应迅速，这与中班儿童的语言表达和抽象思维能力不足有关；大班儿童在"会安全拔插座"项目课后接受程度只达到57.1%，可能是大班儿童按照要求拔插头有一定难度，该评估项目超出了他们的能力
对课程的反馈	本研究设计的安全教育课程的内容和方法符合幼儿园儿童对意外伤害的认知能力和思维特点，评估效果令人满意，同时说明对幼儿园儿童开展意外伤害的主题活动能被接受，这意味着幼儿园开设安全教育课程迈出了第一步，但评估方法仍需进一步完善

除了以上案例中基于标准化工具的评价，对具体课程活动中的儿童学习与发展，我们还可以通过儿童对具体教育活动的兴趣、参与度，幼儿的作品、操作情况、日常表现等其他方面进行评价。如案例5-9中，评价者就通过幼儿的日常表现看到课程实施对幼儿的影响。

案例 5-9

观察日志 2017 年 9 月 18 日周一升国旗[①]

9月14日，某大班以集体活动的形式学习了《义勇军进行曲》这一首歌。

于是，该大班幼儿在9月18日升国旗时，就有着与其他年级、班级的幼儿十分不同的表现。听到教师说"升国旗，唱国歌"时，该大班幼儿纷纷举起自己的右手，面向国旗敬礼，在国歌响起来的时候，大部分幼儿都跟着唱了起来，而其他班级的大多数幼儿只是站着看向国旗。

---

① 周依萍. 幼儿园大班主题课程实施的现状研究：以J幼儿园某大班为例[D]. 南京：南京师范大学，2018：30. 引用时有改动。

⊙ 学习活动

设计并实施一次基于儿童学习与发展的效果为主要依据的课程评价活动。

⊙ 单元小结

本单元主要讨论了三个问题：

（1）幼儿园课程评价的内涵；

（2）幼儿园课程评价的要素；

（3）对幼儿园实践中的课程活动进行评价。

首先，关于幼儿园课程评价的内涵，本单元以对幼儿园课程的理解为基础，以课程评价的定义为依据，以评价的特性为切入点，把幼儿园课程评价定义为基于一定的评价目的，针对幼儿园课程的特点和要素，通过观察、了解、分析、判断等方法，对幼儿园课程的过程、结果做出价值反馈，使之改进和完善的调控过程。其次，分析了幼儿园课程评价的主体与目的、对象与内容、依据与标准、方法与工具四个维度的要素。幼儿园课程评价的主体有教育行政管理人员、幼儿园教师、家长和幼儿。不同课程评价主体的目的诉求存在差异，在实施中希望求同存异，提高合作性。幼儿园课程评价的对象可以分为对课程活动方案本身的评价、对课程活动组织过程的评价、对课程活动实施效果的评价三个方面。幼儿园课程评价依据不同，幼儿园课程评价的标准就不同，必须充分考虑我国国情、幼儿园学情、地方文化特色等重要因素。幼儿园课程评价的方法主要有量化评价和质性评价两大类。最后，通过案例直观地呈现了幼儿园课程活动的评价。

⊙ 拓展阅读

1. 王春燕，秦元东．幼儿园课程概论［M］．3版．北京：高等教育出版社，2019．（第六章）

2. 朱家雄．幼儿园课程论［M］．北京：中央广播电视大学出版社，2007．（第二章第四节）

3. 王春燕，王秀萍，秦元东．幼儿园课程论［M］．北京：新时代出版社，2009．（第二章第四节）

4. 虞永平，张辉娟，钱雨，等．幼儿园课程评价［M］．南京：江苏教育出版社，2006．

5. 霍力岩．学前教育评价［M］．北京：北京师范大学出版社，2002．

6. 王坚红. 学前教育评价［M］. 北京：人民教育出版社，2010.

⊙ 巩固与练习

一、名词解释

1. 评价　　2. 幼儿园课程评价　　3. 自我评价和他人评价

4. 评价标准　5. 量化评价和质性评价　6. 活动记录和档案袋评价

二、简答题

1. 简述幼儿园课程评价的对象及内容。

2. 哪些要素在幼儿园课程评价标准中不可或缺？

3. 简述幼儿园课程评价中最为常见的档案袋评价法，并举例说明。

三、论述题

1. 试论述幼儿园课程评价的主体及目的。

2. 举例说明，在幼儿园课程评价中，如何综合使用量化评价和质性评价。

四、案例评价

运用所学相关原理，对以下教学活动进行评价。

大班美术活动：哈哈小人

[活动目标]

1. 感受在有折痕的纸上作画的夸张效果，体验其中的乐趣。

2. 通过实践和观察，探究画面造型变化与折纸的关系。

3. 在纸上画出不同夸张效果的小人。

[活动准备]

小筐、小型吸铁石、记号笔、黑板、浅黄色和浅绿色 A4 纸，幼儿能较快地画出单线小人。

[活动过程]

1. 导入，提出任务

师：今天我们要来画一个小人，这个小人有一个特点就是"顶天立地"。请你们说说什么是"顶天立地"？

幼：……

师：没错，就是头顶着天，脚立着地。那就是说这幅画要画得高，画得长。给你们一点时间仔细观察这个小人的模样和大小。

2. 观察"小人"，尝试画出一模一样的小人

（1）出示范画"哈哈小人"，引导幼儿仔细观察小人。

（2）教师收起范画，请幼儿模仿画出相同的小人。教师注意幼儿的握笔姿势和坐姿。

（3）引导幼儿比较作品与范例的差异。

幼儿操作要求：小人要画得顶天立地；画你观察到的小人。

（4）请幼儿修改和范画不同的地方。

3. 通过在教师折过的纸上画"小人"，探究发现画面造型与纸张折叠的关系

（1）请幼儿在折好的纸上画顶天立地的小人。

要求：要画得顶天立地；画你刚刚观察到的小人；不准打开这张纸。

（2）幼儿绘画，观察幼儿选择绘画的位置。

（3）教师展示一部分作品，引导幼儿观察画纸打开后小人的变化（画在折线上的部位都断开了）。

（4）探究小人变化的原因，引导幼儿把断开的部位连起来，观察连线后小人的变化（各部位变得很长，滑稽可笑），引导幼儿发现小人变形的原因。

（5）观察其他作品，说说小人变形的部位。

（6）师生共同小结研究后的结果。（画在折线上的部位在打开后都会变长，所以如果想要小人的哪个部位变形，就要把那个部位画在折线上）。

4. 幼儿再次作画

（1）教师引导幼儿变换小人变形的部位。

（2）幼儿相互欣赏和介绍作品。

五、实践活动

运用学前儿童观察评价系统（COR Advantage）之学习品质子量表，对某幼儿园班级的某位儿童进行观察评价。

第六单元 幼儿园教育活动设计

导 言

在一次幼儿园组织的亲子活动中,幼儿园教师、家长和幼儿一起外出参观农庄,参观时幼儿纷纷被菜叶上的蜗牛所吸引,抓了很多小蜗牛,打算带到幼儿园饲养起来。一位家长向孙老师提议道:"老师在幼儿园里能不能带着孩子们开展一些关于蜗牛的活动呀?"孙老师接受了这个建议,同时也产生了一些困惑:

(1) 教师指导用书中没有关于蜗牛的主题活动,我该如何设计呢?

(2) 是不是安排画蜗牛、唱有关蜗牛的歌曲、认识一下蜗牛就算主题活动了?究竟该如何选择相应的教育内容?

(3) 究竟该如何链接组织教育资源,从而形成既满足幼儿兴趣又具发展意义的主题活动?

(4) 班级环境该如何创设?活动区又该投放哪些材料?

案例中,孙老师具有很好的课程意识,能捕捉和发现儿童在生活中的学习意愿和兴趣,产生为儿童设计生成主题活动的想法。但主题活动的设计是一件相对比较复杂与专业的工作,如果在实践中盲目生成或简单拼凑,则不能最大限度地发挥主题活动的教育价值。现实实践中,许多教师除了经常对如何设计主题活动感到困惑外,在设计领域教学活动、区域活动过程中,也经常存在诸多困惑与误区。本单元,我们将一起思考与探析幼儿园教育活动设计的基本原理。

☆ 学习目标

1. 说明幼儿园不同教育活动的内涵与设计的基本要求。
2. 运用不同教育活动设计的流程与要点尝试进行活动设计。
3. 能初步对实践中幼儿园不同的教育活动案例进行评析。

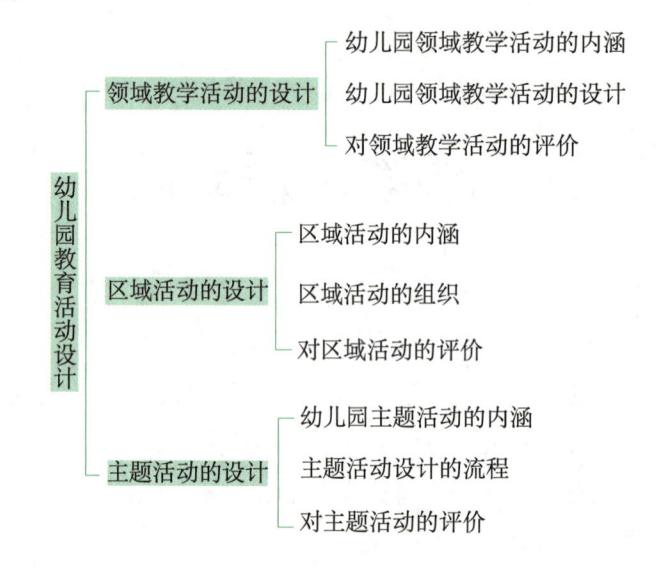

思维导图

```
                                    ┌─ 幼儿园领域教学活动的内涵
                  ┌─ 领域教学活动的设计 ─┼─ 幼儿园领域教学活动的设计
                  │                 └─ 对领域教学活动的评价
                  │
                  │                 ┌─ 区域活动的内涵
幼儿园教育活动设计 ─┼─ 区域活动的设计 ───┼─ 区域活动的组织
                  │                 └─ 对区域活动的评价
                  │
                  │                 ┌─ 幼儿园主题活动的内涵
                  └─ 主题活动的设计 ───┼─ 主题活动设计的流程
                                    └─ 对主题活动的评价
```

第一节 领域教学活动的设计

领域教学活动在我国幼儿园实践中历史悠久,其由学科教学活动发展变化而来,随着儿童观、教育观等的发展变化,其也发生了诸多变化。下面我们将对幼儿园领域教学活动的内涵、设计等方面进行阐释,并对其进行简要评价。

一、幼儿园领域教学活动的内涵

领域教学活动是指教师以领域(如健康、语言、社会等)为单位,有目的、有计划地组织的教学活动。我们可以从以下三个方面进一步理解幼儿园领域教学活动的内涵。

(一)幼儿园领域教学活动强调和幼儿的生活相联系

幼儿园领域教学活动中的"学科"具有前学科性,这决定了它和幼儿的生活之间具有一定的联系,帮助幼儿逐渐形成"前学科"知识体系是幼儿园教学的主要任务。而完成这一任务,一是要借助于幼儿在日常生活中自发形成的比较简单的知识和技能,二是通过"教学"引进能反映某领域客观事物或现象之间关系或联系的中心概念(表象形式的初级概念),以中心概念为纲,整理有关的自发经验,形成知识网络。[①] 因此,幼儿园的领域教学活动必须紧密联系幼儿的生活,强调幼儿对生活中的事物形象直观的感知和直接经验的获得,领域教学活动重在帮助整理和扩展幼儿自发学习所获得的经验,使其系统化,使幼儿达到新的认识水平,形成简单的、初步的概念,最终形成一种系统化的"前学科"知识体系。

---

① 李季湄,冯晓霞.《3—6岁儿童学习与发展指南》解读[M].北京:人民教育出版社,2013:268.

（二）幼儿园领域教学活动具有较强的计划性

领域教学活动较为强调"前学科"知识的学习和知识体系的建构，因此教学的内容和顺序一般是由教师根据幼儿学习和发展的规律及教育教学大纲而精心安排的，具有较强的计划性、系统性。领域知识连贯，前一阶段的学习为下一阶段的学习奠基，既有利于幼儿循序渐进地学习，又有利于幼儿获得相对系统的经验，形成初步的知识体系网，从而有助于幼儿再现已有的知识，使旧知识条理化、精确化，使幼儿达到新的认识程度，并能以此处理、解释、推测新问题和新现象。例如，幼儿在学习认识 10 以内的数时，首先应感知数量、理解数的实际意义，然后才能学习数与数之间的大小关系、基数、序数、数的分解与组成等。

（三）幼儿园领域教学活动强调促进和引领发展

领域教学活动强调对幼儿学习与发展的促进和引领作用。其在强调"前学科"知识学习的同时，也越来越重视幼儿兴趣、习惯、情感、个性等的萌发与培养，为幼儿的终身发展奠定基础。例如，《3—6 岁儿童学习与发展指南》将幼儿园"科学"领域的目标确定为：①亲近自然，喜欢探究；②具有初步的探究能力；③在探究中认识周围事物和现象；④初步感知生活中数学的有用和有趣；⑤感知和理解数、量及数量关系；⑥感知形状与空间关系。以此为目标的领域教学活动，不仅关注知识经验的获取，也强调对幼儿的科学兴趣、态度、方法等方面的培养，同时更指向使幼儿终身受益的科学素养的发展。

> **⊙问题思考**
>
> 收集一个幼儿园领域教学活动案例，利用上面所学的幼儿园领域教学活动三方面的内涵，对所收集的案例进行分析。

二、幼儿园领域教学活动的设计

幼儿园领域教学活动有着比较悠久的历史，随着新的儿童观、课程观、知识观的融入，现在的领域教学活动已不同于传统的学科教学活动，其设计一般包含以下几方面内容。

（一）目标的设置与规划

对于领域教学活动而言，教师要通过学习《幼儿园教育指导纲要（试行）》

《3—6岁儿童学习与发展指南》以及相关课程资源，了解幼儿园课程及各个领域的目标，将领域目标层层分解（学年—学期—月—周—天），落实在一个个具体的教育活动中，使各个活动之间的目标前后联系、环环相扣、层层递进。

> **小贴士**
>
> **领域目标设置的关注点**
>
> 1. 目标设置要关注儿童发展。一方面要适应儿童的现有发展水平，另一方面要指向儿童的最近发展区。
> 2. 目标设置要注意整合性。一方面要考虑儿童的认知、情感、技能等多方面的整合，另一方面要考虑某一领域与其他教育领域的整合。

（二）内容的选择与组织

内容的选择涉及"教什么"的问题，具体地说，教师根据活动目标选择与幼儿生活经验相联系的内容，并在活动的趣味性和游戏性等方面进行加工，以提高幼儿的学习兴趣。通常教师需要在学期初就按照领域的年龄阶段目标预设相关内容，然后结合幼儿的生活经验和兴趣，把这些内容渗透在一日生活中不同类型的活动中。这些从表6-1中可窥见一斑。

表6-1 大班社会领域教育内容和要求分月安排（9月—次年1月）

月份	教学内容和要求
9月	"大带小"活动中，尝试结交新朋友，并主动与弟弟妹妹分享
10月	了解我的祖国，我的家乡，为自己是中国人感到自豪
11月	争当班级管理员，愿意承担某项任务，遇到困难能够坚持，尊重他人的劳动成果
12月	在集体迎新年筹备活动中积极出主意、想办法。活动中能与同伴分工合作，为自己班集体获得的进步感到高兴
次年1月	在冬季运动中，努力自我挑战，做得更好。理解规则的意义，能与同伴协商制定游戏和比赛规则

（三）活动的设计与优化

1. 目标的定位

设计领域教学活动时，活动目标的定位是关键。活动目标既要彰显该领域的独特价值，又要兼顾幼儿整体发展的需求；既要关照到该领域教学活动的核心经验的获得，又要指向使幼儿终身受益的情感、态度、能力的发展。如案例6-1的"活动目标1"指向了语言领域中叙事性讲述核心经验的具体要求，即借助凭借物清晰、完整地讲述事件。而"活动目标2""活动目标3"则指向了儿童在人际交往中要学会换位思考、接纳同伴、主动表达友好等一系列指向终身受益的思维方式、情感和态度的价值取向，既服务于领域核心经验的提升，又指向完整儿童的发展。

案例6-1

大班语言活动"最好的礼物"

活动目标：

1. 尝试借助"视频与图片"等凭借物，较为清晰、完整地讲述事件。

2. 能换位思考感受故事中小刺猬的情绪变化，并尝试用第一人称来叙述事件和心理感受。

3. 体会小动物们对同伴的接纳与关爱，理解"礼物"的真正内涵。

---

2. 情境与材料的设计

幼儿园领域教学活动涉及"前学科"知识体系，是以表象和初级概念为核心的活动。因此，在活动设计中要充分考虑活动情境与活动材料的设计，让幼儿在真实自然的情境中、在问题驱动的情境中、在童趣游戏的情境中获得相关经验。如案例6-2中，领域教学活动的目标"数字的分合"渗透到了教师精心预设的各个教育情境中。"精彩童趣的绘本画面"激发幼儿参与活动的积极性，"弹弹器"的使用可以帮助幼儿进一步感受活动的趣味性，同时隐含着多种特征和开放性的操作方式，也给幼儿的操作增添了不断尝试、反复挑战的游戏性。

中班数学活动"小兔分萝卜"

案例6-2

中班数学活动"小兔分萝卜"[①]

为了让幼儿感知数字的分合概念，教师提供了绘本《小兔分萝卜》的故事情境，并以此引发幼儿感知一个数字的分合概念，如"3根萝卜要分给小红和小

---

① 笔者在幼儿园的听课记录。

绿，应该怎么分……"，并出示3根萝卜的图片，请幼儿主动来分一分。最后，教师以"菜篮摸摸乐"的方式来为小兔分萝卜，将萝卜分成摸到了多少和篮子里还剩多少两部分，让幼儿感受3和4的分合。

3. 适宜组织形式与策略的运用

领域教学活动的组织形式和教学策略的运用需要与每一类领域的核心价值取向相匹配。如社会领域中许多约定俗成的知识和科学领域中的物理知识、数理逻辑知识的性质是不同的。社会性知识可以通过语言传授的方式来教，用接受学习的方式来学；而科学领域的知识则需要幼儿自身与物体、与外部世界直接相互作用，通过活动自主建构。仔细研读《幼儿园教育指导纲要（试行）》和《3—6岁儿童学习与发展指南》，我们可以发现每一个领域都可以提炼出一个核心的价值取向，如健康活动强调生活和运动中的渗透、科学活动强调"探究"、语言活动强调"运用"、社会活动强调"体验"、艺术活动重在"感受与表达"……因此，在设计领域教学活动时，要努力选择与该领域核心价值追求相吻合的教学形式与策略。如案例6-3中，教师在社会活动中避免简单说教，而是借助绘本故事内容使幼儿链接到自己的烦恼，并通过一些直接体验的形式（如听一首比较舒缓愉悦的音乐、讲一个笑话、做一个鬼脸、玩一次游戏等），引导幼儿在体验中获得关注自我情绪的经验和能力。

大班社会活动"成长的烦恼"

> **案例 6-3**
>
> **大班社会活动"成长的烦恼"**[①]
>
> 教师利用PPT，分享绘本《成长的烦恼》，让幼儿更好地代入自我的情感。教师还巧妙地将绘本故事分为两个阶段，分别插入两个环节中。第一段从开始到"我以后也不和小猪玩了"，讲述了小猪的烦恼和小熊的烦恼。幼儿通过对故事前半部分的阅读理解，发现小猪的烦恼，以此展开链接到自己的烦恼。第二段到结束，讲述了小猪解决烦恼的方法，以此展开讨论幼儿的烦恼的解决办法。同时，教师将幼儿所述说的烦恼用简笔画的形式记录，并直接按照幼儿的烦恼进行分类。在分类的基础上，幼儿与有共同烦恼的同伴一起商讨解决烦恼的方法。对于一些现场能解决的烦恼，可以直接体验尝试，如听一首比较舒

---

① 笔者在幼儿园的听课记录。

缓愉悦的音乐、讲一个笑话、做一个鬼脸、玩一次游戏等。而对于一些短期内无法解决的烦恼，则可以尝试为自己制订一份计划，用比较适宜合理的方式解决。

⊙ 学习活动

自定内容，结合所学的幼儿园领域教学活动设计基本步骤的相关内容，尝试设计一个领域教学活动。

三、对领域教学活动的评价

领域教学活动虽然受到诸多批评，但仍是一种重要活动形式。了解领域教学活动的长处和内在局限性，有助于我们更好地运用领域教学活动。

（一）领域教学活动的长处

1. 有助于领域知识技能的学习

幼儿园的"领域"是一种以"表象和初级概念"为基础和核心组织的"前学科"。每个领域教学活动都有其特有的关键概念，领域教学活动将本领域的关键概念作为领域核心，由此展开的课程，能让幼儿较快地学习掌握比较系统的学科知识体系，获得与此领域相关的知识经验以及技能与能力。

2. 可操作性强

相对而言，领域教学活动的计划性较强，即使新手教师也可以在教师指导或用书指导下实施教育、教学活动，比较容易把握教育、教学的进程，比较容易对教育、教学效果进行评价，能在较短时间内获得可客观评量的效果。

3. 历史久远

在我国，自20世纪50年代开始，学科（领域）活动就逐渐在幼儿园教育中占据重要地位，为幼儿园教育工作者所熟悉，其具有广泛的实践基础。

（二）领域教学活动的局限

1. 对幼儿的关注不够

领域教学活动强调按照学科（领域）知识的内在逻辑体系呈现所学内容，较少关注幼儿的兴趣和需要，较少顾及不同幼儿在发展水平、学习方式、已有知识经验等方面的差异，因而对幼儿关注不够。

2. 领域之间联系不足

领域教学活动强调学科（领域）内形成较为系统的"前学科"知识体系，但是往往容易弱化和忽视学科（领域）间的联系与整合。

3. 实施中弹性不够

领域教学活动强调计划性和教师预设，这势必在实施过程中会带来另一方面的负效应，即实施缺乏弹性和灵活性，致使活动无法满足幼儿即时的兴趣与需要，缺乏个性化的支持与推动。

第二节　区域活动的设计

区域活动作为舶来品，自20世纪90年代被介绍到我国，随着《幼儿园教育指导纲要（试行）》《3—6岁儿童学习与发展指南》的颁布与实施，日益受到大家的关注与重视。这里将重点分析区域活动的内涵与设计，并对其进行简要评价。

一、区域活动的内涵

区域活动，也被称为区角活动、活动区活动等，是指基于幼儿的兴趣与需要，结合幼儿园教育目标及正在进行的其他教育活动等，划分一些活动区，如建构区、表演区、益智区等，在其中投放一些材料，制定相应规则，让幼儿自主选择，让幼儿在与材料、同伴互动中进行个性化学习。区域活动是幼儿园课程实施途径的有机组成部分，相对而言其具有以下四个基本特点。

区域活动的定位

（一）自由性

在区域活动中，幼儿拥有许多自由，能根据自己的兴趣和需要，自由选择活动区以及活动区中的材料，并根据自己的想法与材料、同伴进行互动等，除出现不安全隐患或有碍他人进行区域活动等情况外，教师一般不会干预幼儿活动。

（二）自主性

由于区域活动中幼儿得到了充分的自由，其积极性被激发，幼儿会自发地计划、设计或完成自己的想法，对学习活动的过程及结果负责，真正成为区域活动的主人，从内部获得学习活动的乐趣。

（三）个性化

有别于集体教学活动面向集体或群组幼儿，区域活动的设计与组织更偏向于个体的幼儿，它尊重幼儿的兴趣及个别差异，关注幼儿的个性化需求，幼儿可以自由选择活动区、活动方式、活动材料等，能在自己感兴趣的活动中得到个性化发展。

（四）指导的间接性

在区域活动中，教师的位置较为靠后，主要通过创设活动区环境、投放活动材料、制定活动区规则等方式对幼儿区域活动进行间接干预，较少直接干预。

> **小贴士**
>
> 　　主动学习或主动参与式学习应满足五个要素，即材料、操作、选择、儿童语言和思维（即儿童描述他们所做与所理解的）、成人的支持。
> 　　资料来源：爱波斯坦. 学前教育中的主动学习精要：认识高宽课程模式[M]. 霍力岩, 等译. 北京：教育科学出版社, 2011：13.

⊙ 学习活动

　　收集幼儿园某一区域活动的相关资料，从区域活动特点的角度对其进行分析。

二、区域活动的组织

区域活动的特点决定了幼儿是区域活动的主人，而教师主要是作为观察者与支持者，主要是为幼儿活动的顺利有效开展提供各种支持，其中活动区创设是基础，有效指导是保障。

（一）活动区的创设

活动区的创设主要涉及活动区种类的确定、空间的设置、环境的创设、规则的制定等问题。

1. 活动区种类的确定

活动区的种类会随着活动内容的改变而相应调整，在此过程中主要考虑幼儿的兴趣与需要、正在开展的相关教育活动、可以利用的教育资源（如活动材料等）、可以利用的活动空间、班级幼儿的人数等多方面因素。

活动区评估指标

2. 活动区空间的设置

活动区空间设置的根本目的在于，充分挖掘与有效利用幼儿园空间资源，构建既相对独立又内在鼓励互动的活动区空间布局，便于区域活动的开展、拆分、合并与互动，最终促进幼儿区域活动的不断丰富与深化。为此，设置活动区空间时需要注意以下几个方面：

第一，动静分开。各个活动区因内容与容纳人数不同，其氛围、喧哗程度也不尽相同，且每个活动区都有自身的动静要求。因此，为了避免各个活动区之间相互干扰，应采取动静分开的策略。如较为喧哗的表演区不能与安静的图书区相邻，表演区可安放在走廊或午睡室，而图书区则可安置在安静不吵闹、采光度较好的靠窗角落等。

第二，相关邻近。不同活动区之间的相关程度存在差异，设置活动区位置时，为了引发不同活动区之间产生有意义的互动，教师应将相关程度较高且容易引发互动形成新的组合的活动区设置在邻近处。如案例6-4中，建构区与美工区的相关程度较高，设置在邻近位置更易引发幼儿互动，尤其是幼儿在遇到具体问题时，看到相关程度较高的活动区中的材料更易激发自身进行材料组合以解决问题的可能性。

案例6-4

有用的"三角"

大二班的建构区与美工区相邻。诚诚用竹节积木拼了一辆小汽车，但由于缺少一个轮胎，汽车无法像旁边沐沐和答答的车那样开动起来，于是诚诚起身就准备去材料筐里找材料。没等他走开，沐沐的车开过来不小心把诚诚的小汽车撞"飞"了，诚诚马上跑过来说："你怎么撞我的车！"沐沐说："我没看见你的车停在这里！我爸爸说如果你的车坏了要停下来，要在车后面竖三角警示牌，我们家的车之前就这样！"听了沐沐的话，诚诚马上跑到美工区画了个三角并放在了小车后面，还在美工区里找到了黏土，捏了一个小轮胎修好了车。

第三，避免死角。活动区空间设置中，所有活动区应在教师的视线范围内，避免盲区或死角，这一方面能较为有效地保障幼儿在区域活动时的安全，同时也能保证教师能够观察到幼儿从而做出进一步的指导。

第四，封闭与开放结合。每个活动区既是一个相对独立的空间，在一定程度上免于其他活动区的干扰；同时又和其他活动区之间保持程度不同的开放性，便于不同活动区之间互动。这就要求在创设活动区时，做到封闭性和开放性结合。为此，活动区之间可以使用一些通透的隔离物，如矮柜、开放式的栅栏和橱柜等。

第五，空间拓展。活动区空间设置需充分挖掘与有效利用幼儿园各种显在和潜在的空间资源，将活动区的空间从室内拓展至室外，充分利用室外的公共大厅、走廊、过道等空间资源。需要注意的是，室外公共空间因具有开放性与公共性，便于吸引不同班级幼儿的参与进而引发不同幼儿之间的互动，因而更适合设置共享活动区，或称共享区域。"共享区域往往是在班与班之间相邻的空间，或在某一宽敞、特定地点为全园幼儿，或某些班级幼儿设置的活动区域。""共享区域不仅仅是地域的共同拥有，更多的是时间、材料、计划及区域与区域之间的共享。"[1]

第六，灵活性。活动区的空间应随着活动的不断变化而适当调整，可以采用大角落与小角落兼而有之、暂时性和相对固定性活动区相结合等方式。灵活性还要求教师应根据不同活动区中参与人数的变化、活动需要等多种因素及时调整活动区的空间大小。

第七，合理留白。活动区空间设置过程中，教师可以为幼儿合理留白。这为幼儿生成新的活动提供了发生发展的可能。具体地说，教师有意识地为幼儿留出一些未被开发利用的空间，幼儿可根据自己的兴趣和想法从经过材料归类的百宝箱中选取需要的材料对该空间进行创设进而开展活动。

⊙问题思考

收集幼儿园某一班级活动区空间的相关资料，结合上述"活动区空间设置基本原则或要求"，对该班活动区空间设置的合理性进行评价，并尝试提出优化建议。

---

[1] 秦元东，王春燕．幼儿园区域活动新论：一种生态学的视角［M］．北京：北京师范大学出版社，2008：94．

3. 活动区环境的创设

活动区环境创设的核心是投放适宜的材料。材料投放需遵循以下基本原则。

第一，安全性。幼儿自我防护意识与能力较弱，易受环境中危险因素的伤害。因此，安全性是材料投放的首要原则。这就要求教师投放材料时，首先要严格遵循国家相关安全卫生标准，尤其是在目前倡导废物利用的背景下，一定要对废旧材料进行严格消毒并使其符合国家安全卫生标准；其次，符合幼儿人体工程学的要求，如活动区中的桌椅以及放置或存放材料的柜子等的高度应根据幼儿的尺度进行设计。

第二，丰富性与趣味性。材料的种类、色彩等应丰富多样，能激发幼儿探索兴趣，吸引幼儿开展区域活动。例如，美工区中有多种色彩的颜料，有海绵、滚轮、树叶等拓印工具以及彩纸、卡纸、瓦楞纸、宣纸、皱纸等多样的纸张。

第三，计划性与开放性。材料是教师教育意图的一种物化形态，幼儿通过操作材料能获得教师期望的一些发展，如小班教师在益智区放置爸爸、妈妈、爷爷、奶奶的照片，一方面引导幼儿认识性别，另一方面引导幼儿进行排序。

与此同时，我们还应看到，区域活动的特点决定了幼儿在操作材料过程中，除了能达成教师期望的一些目标之外，还应能够激发、达成或生成许多"意料之外"的目标，此即材料的开放性。例如，对于投放的瓶子来说，瓶底可以拓印出漂亮的花纹，瓶身可以绕线、贴纸或涂涂画画，还可在瓶里装上豆子作为乐器，等等。

开放性材料

第四，层次性与系统性。"尊重幼儿的个体差异，促进每个幼儿富有个性的发展"已成为一种共识与趋势。为满足幼儿的个体化差异与需求，在材料投放时也应注意遵循层次性原则。例如，在小班益智区中投放不同颜色的纸球，幼儿可以在鸡蛋底托中对纸球进行 ABAB 或 AABB 的排序，能力强的幼儿可进行 ABCABC 排序等，从简单到复杂，能够满足幼儿的个性化需要。

系统性主要指材料与材料之间能进行较好组合，使幼儿在操作中迸发新的创意。例如，教师先在美工区投放了许多彩色广告宣传纸、线等，幼儿用这些材料制作了漂亮的项链、手链，并用来装饰自己制作的时装；然后，教师在数学区投放了记录表与水彩笔，引导幼儿利用自己制作的"彩色项链"进行比较长短、记录纸圈排列顺序及颜色分类等活动。

第五，稳定性与变化性。稳定性指不同活动区中会有一些较为稳定不变、适合该活动区的材料，如建构区中，大型清水积木一般放置于积木区，而雪花片、插管积木等一般放置于桌面区等。而变化性则是某些材料能随活动内容、幼儿的需要及兴趣等产生变化。

材料的多元文化性

第六，投放者的多元性。区域活动中的材料，应是多元主体共同投放的，应利用家长资源、社区资源等，广泛动员幼儿、家长及社区相关人员广泛参与。在此过程中，幼儿、家长及社区相关人员并不仅仅是材料的提供者，而是要参与到材料选择和投放方法的思考和讨论中来。而教师在这一过程中需要运用自身的专业知识，作为指导者和参与者参与其中，主动地对材料进行判断和筛选。

⊙ 问题思考

观察与记录幼儿园某一活动区（如科学区、"娃娃家"等）中投放的相关材料，并结合上述"活动区材料投放原则"，对该活动区中投放材料的合理性进行评价，并尝试提出优化建议。

4. 活动区规则的制定

活动区是幼儿自由活动的场所，但这种自由是在一定规则之内的自由。活动区规则的制定，可采用多种形式与策略，可粗略划分为三种情况：

第一，教师在前：影响活动正常开展的必要规则。幼儿对将要发生的事缺乏预见能力，因此在安全方面，教师在区域活动开展前就要明确规定相应规则，以推进活动正常开展。如美工区中为避免不当使用剪刀带来的危险，要制定"使用剪刀要注意安全"或"请勿在使用剪刀时走动"等规则。

第二，师幼共定：关于解决活动中"问题"的衍生规则。在区域活动进行过程中，随着幼儿操作及在活动区中的互动，会产生一些幼儿无法自行解决的"问题"，此时，就需要教师通过观察及讨论分享，帮助幼儿通过对活动区规则的修订与改进，共同解决问题。如案例6-5中，老师及时围绕出现的问题引发幼儿讨论，并进行归纳总结，帮助幼儿提炼了"每次玩好要确认，再把翻翻乐送回家"的规则，通过对活动区规则的修订与改进，最终解决问题。这种规则针对棋类区丢失棋子、玩具被损坏等多种情况均较为有效。

案例 6-5

翻翻乐有点"不快乐"

乐乐和元宝今天到益智区玩了动物翻翻乐，可玩翻翻乐时却遇上了一些小问题。乐乐和元宝摆完才发现少了一个杯子，乐乐问老师："老师，这里少了一个杯子，被谁拿了？"老师摇摇头表示不知道，并问："这该怎么办呢？"乐乐和元宝一边商量着，一边翻开了所有的翻翻乐，查看缺少了哪个，最后发现缺少的是蝴蝶。于是，她们拿纸、笔简单地画了个蝴蝶，并请老师帮她们粘贴在纸杯上，翻翻乐又能继续了！结束后，乐乐对元宝说："我们可千万要放好。"在分享时，乐乐分享了找出缺少的杯子并制作翻翻乐的方法。老师和孩子们共同讨论："怎样才能保证翻翻乐不会少呢？"孩子们纷纷发表意见，最终大家讨论得出"每次玩好要确认，再把翻翻乐送回家"的规则。

第三，幼儿在前：活动中争执的个性规则。区域活动中，幼儿主要以个体或小组的形式进行活动，幼儿之间经常发生一些争执，这些争执对于幼儿来说是"挑战"也是"机遇"，教师可以将问题抛给幼儿，让他们自己通过讨论制定与修改相应规则，解决争执。例如：中班美工区新增加了一个漂亮的雪花压花机，活动中，出现了幼儿争抢现象，于是教师适时将问题抛给幼儿自行商量解决，经过讨论，大家最终决定：小朋友之间要互相谦让，一位小朋友在用完之后要交给下一位。

活动区规则制定好之后，除口头提示之外，还可以借助于环境做隐性提示，如符号提示、音乐提示、卡片提示；或者教师以自身作为媒介进行提示，如示范动作提示等。

幼儿园游戏教师指导系统

（二）区域活动的指导

虽然区域活动中幼儿为主体，但教师适时、适度的指导，能促进区域活动顺利开展并不断使其走向更高水平。教师对区域活动的指导一般应遵循"间接指导为主，直接指导为辅"的原则。

1. 指导方式

实践中，教师主要运用材料和自身两种媒介对区域活动进行指导。

（1）借助材料的指导：材料调整技巧。

实践中，教师可以在活动区原有材料基础上采取添加、删减、组合、回归等策略[1]，调整材料的数量、位置以及组合方式，推进材料系统的改善。

第一，添加。添加材料，指"教师在原有材料的基础上增加一部分新材料，使游戏出现新的转机，产生新的含义，引发幼儿新的探索活动的方法"[2]。如当教师发

---

[1] 秦元东. 幼儿园区域活动材料观的转变［J］. 幼儿教育（教育科学版），2008（12）：29-30.
[2] 李建君. 区角，儿童智慧的天地［M］. 上海：上海社会科学院出版社，2005：38.

现"益智区"中幼儿对"动物翻翻乐"的兴趣下降时,便在原有动物与特征匹配的基础上,适时添加了幼儿在日常活动中经常提起的鲨鱼、蝙蝠、袋鼠等动物,并在活动中添加了一份记录表以记录双方胜负,为活动增加了适当的竞技性。此时,幼儿会对活动内容更有兴趣。

第二,删减。删减材料,指"教师在原有材料的基础上减掉一些材料,使游戏出现新的问题情境,从而产生新的游戏的方法"①。删减并不等于撤除,一般是在幼儿的游戏遭遇平淡期或瓶颈期时适当减少某些特定材料,为幼儿营造新的问题情境,进而引发幼儿更高水平的活动。如案例6-6中,教师发现"益智区"中的幼儿对扑克牌排序的兴趣减弱,于是随机拿掉了几张扑克牌打破次序。这在增加了活动难度与挑战的同时,也激发了幼儿的活动兴趣,幼儿开始思考不同方法的排序。

> **案例6-6**
>
> **缺失的扑克牌**
>
> 益智区里沉寂已久的扑克牌排序今天终于迎来了天天小朋友。开始之前,他先整理扑克牌,可理着理着却停了下来,天天问旁边的灏灏:"这是不是缺牌了,我怎么理不好呢?"灏灏说:"那我帮你一起吧!"于是他们一起开始理,最后发现少了好几张牌,这可怎么办?灏灏想了一会儿说:"要不我们可以按照花色间隔牌,没有花色了就暂停!也可以不要一个接着一个排,可以跳着排呀!"天天点点头,开始草花二、方块二……这样排列。

第三,组合。组合材料,指"教师将原有的两组或两组以上的游戏材料组合在一起,形成一个新的游戏,引起幼儿新的活动的方法"②。如美工区中的瓶子在小朋友的装饰下变成了"艺术品",装饰好的瓶子装好豆子被投放到音乐区使用,瓶子又成为漂亮的乐器。在此过程中,美工区和音乐区的活动材料通过组合,使音乐区的幼儿有了可用生活中的常见材料进行演奏的想法,也激发了美工区中幼儿装饰出更多漂亮瓶子的热情。

第四,回归。回归策略,指教师有计划、有目的地将原先投放过的材料"重复"投放到活动区中。当幼儿的知识经验和活动需求发生变化时,教师提供先前幼

---

① 李建君.区角,儿童智慧的天地[M].上海:上海社会科学院出版社,2005:39.
② 李建君.区角,儿童智慧的天地[M].上海:上海社会科学院出版社,2005:40.

儿熟悉且运用过的材料，会使幼儿与"原有"材料之间产生新的互动。如在美工区中，教师投放了牛奶罐、饮料瓶、易拉罐等材料，在"变废为宝"活动中，幼儿在这些废旧品中寻找自己的最爱，创造了自己的奇迹，牛奶罐变成了楼房，饮料瓶变成了各种花瓶，易拉罐变成了小高跷。后来，在"滚动"活动中，幼儿通过探索物体的滚动获得了很多经验，教师将之前幼儿玩过的牛奶罐、饮料瓶、易拉罐等材料，再次呈现在幼儿面前，此时，幼儿对这些材料有了新的玩法，利用这些材料开展了物体滚动小实验。

（2）借助教师自身的指导：多元干预方式。

借助自身指导时，教师会以教育意图为导向，主要采用平行式干预、交叉式干预和垂直式干预等方式[①]。

第一，平行式干预。平行式干预指教师在不直接用语言指导幼儿的情况下，在距离幼儿不远的地方，与幼儿使用相同的材料开展相同的活动，旨在引导幼儿关注并模仿教师的行为，从而引导幼儿了解正确操作的方法或技能。

儿童游戏中教师的四种支持性角色

第二，交叉式干预。交叉式干预指教师以活动合作者的身份参与到活动中，直接与幼儿产生交流与互动，可以是通过幼儿邀请进入活动，也可以是教师自主进入。但在此过程中，一般情况下仍以幼儿为主，教师只是扮演其中一个角色，根据区域活动的需要对幼儿的行为做出语言或动作方面的反馈，同样属于间接指导。

第三，垂直式干预。垂直式干预属于直接指导，指以教师的身份直接对幼儿的行为进行干预与引导，通常教师在观察到幼儿在区域活动中出现激烈争执现象、攻击性行为或严重违反规则的行为时运用。

2. 指导环节

教师在区域活动中的指导一般涉及指导幼儿制订活动计划，辅助幼儿执行、完成和不断丰富与深化计划，引导幼儿做好整理工作，引导幼儿对自己的活动过程进行回顾与评价等基本环节。[②]

（1）制订活动计划。

教师要注意培养幼儿的计划意识，区域活动开始前指导幼儿制订计划。首先，教师可通过提问的方式主动询问幼儿的活动期望，如"你们希望做什么？你们会怎

[①] 王春燕. 生态式幼儿园区域活动中教师的指导策略[J]. 学前教育（幼教版），2006（5）：13-14.
[②] 魏敏，陈峰，冉武红，等. 幼儿园教育活动案例分析[M]. 长春：东北师范大学出版社，2003：186-194.

支持幼儿计划的策略

么做"？帮助幼儿在头脑中逐渐形成一个比较明确的活动意向。其次，教师可引导幼儿通过记录的方式将自己的计划"画"下来，在最终回顾时更为明确地判断幼儿自身的计划是否完成。

在此过程中，教师要重点帮助下面几类幼儿：不知道做什么或不愿表明自己计划的幼儿、每天制订相同计划的幼儿、同时制订多个计划的幼儿、无法实现计划的幼儿。

（2）完成活动操作。

计划完成后，幼儿要在区域活动中完成操作，操作过程是区域活动的核心，也是持续时间最长的环节。在此过程中，教师要观察并指导：①重点帮助不受欢迎的幼儿、犹豫不决的幼儿、在活动区中无所事事的幼儿等实现自己的计划。②支持、丰富和深化幼儿的活动。③处理有安全隐患的事件或激烈冲突等。

（3）整理活动现场。

为了每一次区域活动的顺利开展，教师需指导幼儿整理活动现场。整理环节不仅存在于每次活动的结束，而且存在于每个环节的结束，如当幼儿完成一个计划后，教师可提醒和鼓励幼儿将所使用的材料整理好后再开始新的活动等，将整理意识渗透到每个环节中。

在整理过程中，教师需注意：①提前提醒：全部活动结束前几分钟提醒幼儿，使幼儿赶快完成自己手头的工作并将材料放回原处。②明确信号与任务：活动结束的信号应清晰、明确，为幼儿所了解，可以是语言信号、时间信号或音乐信号等，在幼儿听到信号后，教师需让幼儿明确整理的任务及打扫完后集中等待的地方。③共同参与：整理环节中，教师不应只是旁观者，而是要参与到整理和打扫中，借此机会展开对幼儿活动的讨论，帮助他们进行回顾、总结。④避免消极等待：幼儿整理的速度不尽相同，此时教师需指导整理较快的幼儿寻找其他事情。⑤对妨碍其他幼儿整理和打扫的幼儿提出具体建议。

（4）总结活动经验。

区域活动结束后，教师可通过不同方式引导幼儿对区域活动进行回顾和总结，在此过程中需注意：①多种方式回顾：可以使用照片、视频或现场演示、展示材料和互动讨论等方式回顾和总结。②以始为终回顾：可以结合幼儿制订的计划帮助幼儿回顾。③个性化回顾：由于幼儿个体差异，教师可采用多种方式帮助那些对自己区域活动进行回顾有困难的幼儿，如可以用谈话的方式进行引导、鼓励他与同他一起活动的幼儿一起回顾。对那些不愿意对区域活动进行回顾和总结的幼儿，教师不要过于勉强，但需找机会单独与其谈谈，了解情况。

支持幼儿回顾的策略

三、对区域活动的评价

"活动区仅仅是一种环境,一个场所,或者更形象地说是一个舞台,在这个舞台上演什么戏、如何演、演得怎样,并不取决于舞台本身。导演完全可以根据实际需要灵活地运用它。换句话说,如何利用活动区并不是一个独立的问题,而是与教育者所采用的课程模式密切联系在一起的。在不同的课程模式中,活动区的性质、地位和利用方式可以很不相同。"① 因此,幼儿在这一"舞台"上"表演什么"以及"如何表演",在根本上取决于搭建和利用活动区这一"舞台"的人所持有的观念。因此,很难对抽象的区域活动进行评价,只能对具体的、在一定观念支配下的区域活动进行评价。实践中,教育者切勿生搬硬套,关键是要了解其背后的观念,结合自己对幼儿园教育观念的把握进行调整,大胆创新,力争"搭建"出更好的"舞台",并在这个"舞台"上"导演"出更加精彩的"表演"。

第三节 主题活动的设计

主题活动是目前幼儿园教育活动中的一种重要形式,也有越来越多的教师尝试设计主题活动。这里将重点分析主题活动的内涵与设计,并对其简要评价。

一、幼儿园主题活动的内涵

所谓主题活动是指在或短或长的一段时间内,围绕事先选择的某一主题组织开展的一系列教育活动。主题活动的基本特点是围绕某一主题,打破学科之间的界限,将各学科领域的内容有机联系在一起。

主题活动的目标和内容主要是由设计者预先设计的,无法在真正意义上和每个

---

① 冯晓霞. 幼儿园课程 [M]. 2版. 北京:北京师范大学出版社,2001:274.

幼儿的兴趣一致。因此，主题要尽量来自幼儿的实际生活，尽可能贴近幼儿的生活经验，进而激发幼儿的学习兴趣。当前，很多幼儿园把项目活动设计的理念融入主题活动设计，使主题活动更关注幼儿的经验和兴趣，主题活动的结构也相对更低了。

需说明的是，主题虽然会或多或少地涉及多个学科领域的内容，但具体到某一"主题"，不同学科领域的内容在主题中所占比重并非均等，可能会有所侧重。这是由"主题"自身的特点以及当时可以利用的教育资源，幼儿的兴趣、需要等多种因素决定的。此外，不同学科领域内容之间的联系应是自然的、水到渠成式的、实质性的和内在的、有机的，避免"拼盘"现象。

二、主题活动设计的流程

实践中，受儿童观、教育观、课程观、教育资源等诸多因素的影响，主题活动的具体组织和开展形式虽多种多样，但一般包含以下基本流程。

（一）主题的选择与命名

主题活动中，"主题"是活动开展的核心，它隐含了主题开展的线索和内容构成，也决定了主题的价值取向和展开方向。因此，选择并确定适宜的主题是开展主题活动最为关键的一步。

1. 选择与确定适宜的主题

实践中，主题的选择与确定一般要考虑以下多方面因素。

第一，儿童的兴趣、需要和已有经验。教师在开展任何一个主题前，都需要站在儿童视角去判断：幼儿对此内容感兴趣吗？有进一步去了解和探索的需要吗？是大部分幼儿的兴趣还是个别幼儿的兴趣？对于此主题，大部分幼儿的原有认知和相关经验是什么？要解答这一系列的问题，教师需要通过观察儿童行为、聆听儿童自发的讨论、在非正式活动中进行谈话或解读儿童的绘画作品等多种形式去加以了解，如案例6-7所示。

> **案例6-7**
>
> **我心中的小学**
>
> 大班幼儿在自发地画自己心目中的小学，有的在尖尖的屋顶上画了一个黑屋子，说是专门用来关作业做不出的小学生的；有的画了很多数字和符号，说小学就要开始学习写字、算算术了；还有的在教室里画满鲜花和气球……教师

从幼儿的交流和作品中就能了解到幼儿对即将面对的小学生活充满了好奇，但因缺乏了解，所以有很多想象猜测的成分，其中还不乏一些焦虑和担忧。幼儿这些关于小学的已有经验都可以成为影响主题选择的重要因素与开展的切入点。

第二，主题蕴含的价值、内容。幼儿会对众多话题、事件、现象感兴趣，这就需要教师根据多种因素甄别取舍。其中一种重要因素就是主题是否蕴含了有益于儿童的发展价值，是否蕴含了该年龄段儿童所应获得的核心经验。

例如，在本单元的"导言"中，关于是否将"蜗牛"作为一个主题来开展，教师需要进行理性思考。教师可以从这些角度去挖掘主题蕴含的价值：关于蜗牛的主题可以激发儿童对自然及生物的观察兴趣，帮助儿童了解生物的特征、其生存环境及生活习性等方面的知识，能引发儿童基于观察体验后的艺术表达……更重要的是，关于蜗牛的探究和学习可以通过"直接感知、实际操作、亲身体验"的方式进行。

第三，开展主题所需的教育资源。主题的顺利开展需要一些硬件和软件的支持与保障。教师要进行客观评估，分析目前可以利用的教育资源有哪些，还缺少什么，缺少的部分可以通过何种途径获取和弥补。

例如，教师在预设"恐龙"主题时，如发现自身知识储备不够丰富，就应及时查阅资料、收集资讯加以弥补；又如，教师在预设"影子"主题时，希望幼儿能仔细探究光与影的关系，教师就尝试在班级中提供遮光窗帘、照明灯等硬件设备；再比如，教师在预设"各行各业的人"这一主题时，就需要事先考察幼儿园附近的社区，与社区里的理发店、小超市等场所的工作人员沟通，取得教育中的合作。

第四，该主题与前期主题的关系。我们在选择与确定主题时，要将儿童的学习放在经验的连续过程中，思考主题与主题之间的联系，前期主题中幼儿所获得的知识、经验、技能，能否在此主题中得以运用、拓展和迁移。还需思考还有哪些关键经验没有在前期主题中渗透，需要在此主题中补充，以确保课程的平衡。

例如，教师在预设大班"大中国"主题时，需要思考幼儿在前期中班阶段"我的家乡"主题中，已经拥有了大量的家乡美食、家乡风景的感性经验，这些都为"大中国"主题积累了足够的经验准备。因此，"大中国"这一主题中，教师可以依据幼儿对"舌尖上的中国"这一感兴趣的话题，追随儿童，开展一系列关于中国美食的深度探究。

◎问题思考

搜集幼儿园某一年龄段的一个主题活动，对其主题选择与确定的合理性与适宜性进行思考分析。

2. 确定顺应童心的主题名称

一个贴近儿童的主题名称能唤起儿童的参与热情，同时也能彰显主题的核心价值。主题的命名可以大致划分为以下几类：

以事件命名："我掉牙啦""我做哥哥姐姐""冬天来了""再见了幼儿园"；

以内涵命名："大玩家""特别的我""甜蜜蜜"；

以内容命名："光与影""动物乐园""纸的故事"。

值得强调的是，在以内容命名的过程中，我们可以加入一些形容词来进一步明确主题的方向和目标。例如："多彩的秋天"中的"多彩"，其主题目标定位于"引发幼儿对秋天色彩斑斓的美景感兴趣，激发幼儿亲近大自然的愿望"；"有用的纸盒"中的"有用"强调了"引发幼儿变废为宝的环保意识"；而"好玩的纸盒"中的"好玩"则强调"利用纸盒来进行富有创意的游戏"。

⊙ 思考与实践

收集幼儿园实践中教师组织开展的一些主题活动的名称，对主题活动名称进行评析，并尝试为其中一些主题活动重新命名。

（二）确定主题活动目标

主题活动目标的确定需综合考虑"幼儿园总目标、主题潜在适宜价值、本班幼儿具体情况"等多种因素。主题活动目标应涵盖多种学习内容，使各学习内容在统一的目标指引下相互关联。此外，主题活动目标的确定还要着眼于促进幼儿终身可持续发展的基本素质以及终身受益的品质。

1. 分析主题潜在适宜价值

主题活动的价值是多元的，我们需挖掘分析主题中蕴含的教育价值和适宜于儿童发展的潜在价值。在此过程中，教师可从不同年龄阶段儿童的学习与发展情况、《3—6岁儿童学习与发展指南》《幼儿园教育实施指导纲要（试行）》中的相关目标等方面进行挖掘与筛选，如案例6-8所示。

> **案例 6-8**
>
> **小班主题活动"甜蜜蜜"**
>
> 主题活动开始前，教师分析其可能的潜在发展价值：甜蜜蜜的糖果、甜蜜蜜的蛋糕等食物对低龄幼儿很有吸引力，小朋友最喜欢的甜食，也是促进小班幼儿发展的教育资源之一。在品尝甜味食品过程中，幼儿可尝试用多种感官参与探究各种各样的甜食，促进自身感知觉的发展和对食物的探索。随着主题的深入，幼儿可在探究甜食时，尝试分享，逐渐意识到甜蜜的感觉不只存在于味觉的体验中，还可以在彼此的"送甜蜜"活动中，通过神态、动作、语言等形式感受情感的"甜蜜"。幼儿体验、理解到人与人之间的关爱也是甜蜜、美好的。教师在帮助幼儿建立安全感与归属感的同时，还使幼儿愿意亲近老师和伙伴，喜欢上幼儿园。

2. 形成具体主题活动目标

主题活动目标具有一般性与综合性，需涵盖幼儿发展的多个层面。因此，从筛选与确定适宜儿童的价值转化为确定具体的主题活动目标，教师需要综合考虑主题的领域价值取向与该领域的教育总目标，并关注幼儿的可持续发展与全面发展，如案例 6-9 所示。

> **案例 6-9**
>
> **大班主题活动"我掉牙了"**[①]
>
> 主题目标：
>
> 1. 了解牙齿的外形特征，并与名称、功能建立联系，提升观察、分类与概括能力。
>
> 2. 学习用正确的态度面对换牙事件，学习保护牙齿的正确方法，提高保护牙齿的意识。
>
> 3. 尝试依据实验结果推理蛀牙形成的原因，萌发"眼见为实"的科学态度。

---

① 浙江省《幼儿园课程指导》编写委员会. 早期阅读：教师资料手册：下册 [M]. 北京：新时代出版社，2011：154.

> 4. 乐意用自己喜爱的方式表达在活动中所获得的牙齿相关经验，提高协作与创作能力。

我们可以看到，"我掉牙了"是侧重于科学探究的主题活动，教师期待通过主题活动帮助幼儿获得科学知识（牙齿外形特征）、科学方法（实验）、科学态度（眼见为实——客观）等方面的经验，同时该活动还包含健康（保护牙齿）、艺术（表达经验）、社会（同伴协作）等多领域的发展指向。

（三）设计主题活动内容

主题活动内容设计过程中，教师需要解决的一个关键问题是如何使主题活动不同内容之间形成内在有机联系而非简单拼盘。为此，教师需合理规划主题的基本走向，明确主题发展的基本脉络以及主线；并在此基础上，确定主题活动的基本内容。

1. 规划主题的基本走向

规划主题基本走向的关键问题是通过分析与梳理，明晰主题发展的基本脉络，进而找到与确定贯穿主题活动内容的主线。在规划主题基本走向时，教师可以通过绘制"主题脉络图"的形式，如图 6-1 所示，将主题线索及推进的脉络用图表的形式呈现出来，以便一目了然地了解主题中各相关经验的组织串联关系，清晰了解主题要达成的目标、推进的方向以及有待深入展开的内容。

主题脉络图没有固定形式，需根据主题的不同特点确定，一般包括以下内容：一是主题由哪些板块（单元）组成，二是这些单元之间的相互关系如何（递进、并列、交叉），三是这些单元主要解决什么问题（促进儿童哪些方面的发展）。

从图 6-1 中，我们可以清晰地看到主题开展的脉络呈现递进关系："萌发情感—探究深入—表达表现"，脉络图还展现出主题是由哪些具体板块组合而成：家乡的美食、家乡的美景以及家乡的变化。这些关键词凝练出主题的核心经验，如同主题行进过程中的路线图和行程单，既明确了主题行进的方向又指明了需重点关注的内容。

2. 确定主题的基本内容

在绘制了主题脉络图，规划了主题基本走向的基础上，教师还需对主题走向中的主要板块进行细化，进而确定主题的基本内容。

第一，统整现有教育资源。教师选择、参考、分析多种课程资源（如审定课程

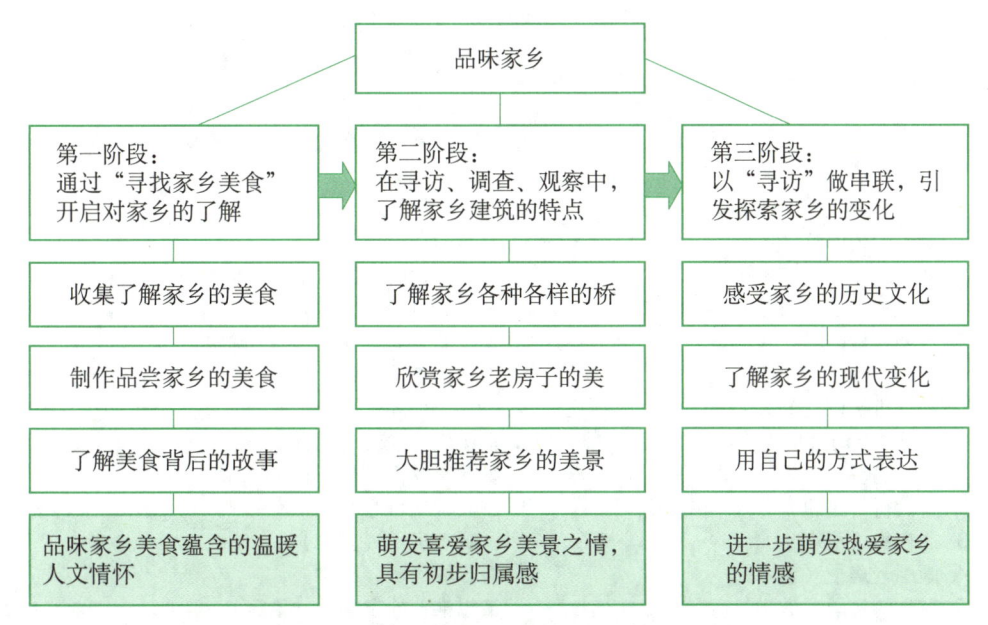

```
                        品味家乡
         ┌────────────────┼────────────────┐
    第一阶段：          第二阶段：         第三阶段：
  通过"寻找家乡美食"   在寻访、调查、观察中，  以"寻访"做串联，引
   开启对家乡的了解     了解家乡建筑的特点    发探索家乡的变化
```

收集了解家乡的美食	了解家乡各种各样的桥	感受家乡的历史文化
制作品尝家乡的美食	欣赏家乡老房子的美	了解家乡的现代变化
了解美食背后的故事	大胆推荐家乡的美景	用自己的方式表达
品味家乡美食蕴含的温暖人文情怀	萌发喜爱家乡美景之情，具有初步归属感	进一步萌发热爱家乡的情感

图 6-1　中班主题"品味家乡"的主题脉络图

资源、本园之前开发的相关课程资源）中教学活动与主题脉络图中的关键词之间的联系，考虑领域、幼儿认知特点等，对主题基本内容进行规划。

第二，预设园本化的生成空间。主题实施并非一成不变，教师在确定主题基本内容时，需在充分了解幼儿需求基础上预设可能的生成空间，包括可能的生长点以及可能涉及的教育活动。

第三，充分考虑活动的整合性。由于幼儿园课程的整合性，教师不必过于强调活动内容的领域特征，而是需要特别关注学习内容与儿童经验、学习情境以及其他内容之间的相互联系与整合。

经过以上三个步骤，教师就可以初步确定主题的基本内容，如中班"品味家乡"主题内容就是在已有相关课程资源基础上，教师经过调整、优化后形成的。从表 6-2 中可以看到，梳理后的教学活动的数量超过原有课程资源中教学活动的数量，这样设计主要是基于以下考虑：增加较多的是一些综合性活动，如社会实践等，这些活动可以在一日生活中的各个环节中完成，也可以在双休日等时间通过家园协作完成。在教师班本化执行主题过程中，教师可以根据幼儿的兴趣和需要对活动进行适度删减。这些活动安排设计仅仅是对主题前期框架的预设，在具体实施过程中，还需要根据幼儿的实际情况及时进行再调整。

表 6-2　中班主题"品味家乡"的教学内容选择与调整

原教材脉络安排	梳理后的脉络预设
第一周：尝尝家乡的美味 1. 家乡的招牌菜（语言） 2. 好吃的点心（艺术） 3. 美食串烧歌（语言） 4. 各种各样的茶叶（科学） 5. 美食拼拼乐（健康） 第二周：逛逛家乡的美景 1. 家乡的桥（科学） 2. 过大桥（健康） 3. 静夜思（语言） 4. 画画老房子（艺术） 5. 对称的房子（数学） 6. 我是小导游（社会） 第三周：找找家乡的变化 1. 寻访百年老店（社会） 2. 家乡的宝贝（社会） 3. 城市地标在哪里（社会） 4. 小记者大发现（语言） 5. 家乡美（艺术） 6. 登高看家乡（健康）	主题开启： 1. 亲子调查"家乡大发现" 2. 谈话：我的家乡 第一周：尝尝家乡的美味 1. 家乡的招牌菜（社会） 2. 家乡美食故事会（语言） 3. 好吃的点心（艺术） 4. 家乡的青豆茶（科学）（调整） 5. 美食拼拼乐（健康） 第二周：逛逛家乡的美景 1. 走访周边的桥（社会实践） 2. 统计家乡桥之最（科学） 3. 过大桥（健康） 4. 画画老房子（艺术） 5. 对称的房子（数学） 6. 最想推荐的家乡景（语言） 7. 制作家乡景点明信片（艺术） 8. 我是小导游（社会） 第三周：找找家乡的变化 1. 小记者大发现（语言） 2. 说说家乡的变化（语言） 3. 家乡的宝贝（社会） 4. 城市地标在哪里（社会） 5. 家乡美（艺术） 6. 登高看家乡（健康） 主题结束：家乡汇 （说家乡、唱家乡、展家乡）

（四）规划环境、家长工作、区域活动等教育资源

主题活动的顺利与有效开展有赖于环境、材料、家园合作等多方面因素整合形成教育合力。因此，教师设计主题活动时需同时考虑相关的环境创设、活动区材料投放、家长合作及社区资源利用等多方面问题，如案例 6-10 所示。

案例 6-10

大班主题"我很特别"[①] 中相关教育资源的规划

家长工作：家长与孩子一同整理孩子的成长照片，回顾孩子的成长历程；与

---

① "完整儿童"课程编委会. 幼儿园完整儿童活动课程：大班上册［M］. 上海：华东师范大学出版社，2018：42-43.

孩子一起聊聊孩子出生时的趣事，赞美与欣赏孩子的优点，增强孩子对自我的认识；让孩子做一些力所能及的家务事。

活动区材料：在图书区提供《我很特别》等自我认知绘本，让幼儿在阅读中建立良好的自我评价；在前书写区投放各种记录材料帮助幼儿记录采访他人以及自我评价内容；在美工区开辟"我的名字"创意表达区，为幼儿提供不同的表现材料如彩笔、水彩等，提供不同的名字卡片，鼓励幼儿创意改编与添画；在探索区开展"特别的指纹"拓印与观察，利用宽胶带、印泥、橡皮泥等拓印指纹，并用放大镜等让幼儿观察指纹的不同。

环境创设：在主题墙上布置"我很特别"的栏目，鼓励幼儿收集自己很"特别"的照片，展示"我"的与众不同；鼓励幼儿通过拓印指纹、绘画、签名等形式设计"我的名片"，并展示于主题墙上。

（五）设计具体活动

主题活动的具体活动除了包括大家所熟悉的教学活动（集体或分组形式）之外，还包括游戏活动、生活活动、实践活动、节庆活动等。不同活动类型的设计要素会有所不同，其中教学活动在设计时一般包含活动名称、活动目标、活动准备、活动过程、活动建议等内容，如大班主题"我很特别"中的"活动一 我的名字"（见案例6-11）。游戏活动、生活活动、实践活动、节庆活动等有的可能是低结构活动，有的可能是高结构活动。作为高结构活动时，设计要素可参照教学活动；作为低结构活动时，设计要素可包含活动名称、活动目标、活动准备、活动建议等，其中活动准备根据需要原则进行取舍，当然要素名称也可根据活动类型的不同而有所调整。不论何种类型的活动，教师均应注意运用符合儿童年龄特点和学习方式的活动形式和教育策略，帮助儿童在乐于参与、开放自主、富有童趣的活动中展开学习。

案例6-11

活动一　我的名字[1]

活动目标：

1. 了解自己名字的由来，知道名字蕴含了长辈的期望。

---

[1] "完整儿童"课程编委会.幼儿园完整儿童活动课程：大班上册［M］.上海：华东师范大学出版社，2018：49.

2. 尝试根据名字的字形或意义进行联想和绘画。

活动准备：

1. 请幼儿在活动前向家长了解自己名字的来历或寓意，并请家长写下相关内容，幼儿将其带到幼儿园。

2. 老师用自己的名字绘制名字画，或者收集一些名字画作品。

3. 《美术》材料包①"我的名字"或《美工》A①"我的名字"。

活动过程：

1. 有趣的名字画。欣赏有趣的名字画。

教师：说说这些画里面有什么？它们像什么？

2. 名字里的祝福。请幼儿介绍自己名字的寓义。

小结：每个人都有自己的名字，名字会伴随我们一生。当我们还在妈妈肚子里的时候，大人们就花了很多心思为我们取一个好名字，希望我们今后幸福、快乐。所以名字蕴含着长辈对孩子的祝福、期望和深深的爱。

3. 画一画我的名字。请幼儿选择画纸，将自己的名字写在纸上，并装饰名字。

提示：允许幼儿选取名字里的一个字或小名进行创作，写名字时提醒幼儿注意留出装饰的空间。装饰名字时可以借助笔画进行创意变形，也可以在名字上添画物品，或者用轻泥、毛线等材料加以装饰，可以画自己喜欢的事物，也可以表现名字所蕴含的故事，等等。

4. 名字画展览。请幼儿将自己的名字画张贴在展示区，并在自己的名字画旁边贴上自己的姓名以及爸爸妈妈写好的每位幼儿名字的来历或寓意，还可请幼儿找找同伴作品中的名字。

活动建议：

1. 活动前请幼儿向爸爸妈妈了解自己名字的来历及寓义。例如：自己的名字是谁取的，名字代表了什么意义，蕴含着家人的什么期望……

2. 展示区：将幼儿作品投放于展示区，鼓励幼儿向同伴和家长展示并介绍自己的作品，在介绍的过程中再次体会名字中蕴含的长辈对自己的深深的爱。

3. 放映厅：组织幼儿观看视频"我的名字"，进一步尝试丰富自己的名字画。

> ⊙ 问题思考
>
> 1. 收集一个幼儿园主题活动案例，从主题的选择与命名、主题活动目标的确定、主题活动的设计等方面，对该主题进行评析，并提出改善建议。
>
> 2. 以小组为单位，自选某一内容（如春天、端午节等）和自定某一年龄段，尝试设计一个主题活动。

三、对主题活动的评价

主题活动作为目前幼儿园中广泛采用的一种形式，在实践中受到多种理念的影响，其也在不断发生着变化。了解和认识主题活动的价值和局限，可以不断完善主题活动，使其对儿童的学习与发展更富有价值和意义。

（一）主题活动的价值

1. 重视各学科、领域之间的横向联系

对幼儿来说，学习应当是有关联和有意义的，应当是以前经验的延续，并对以后的生活具有价值。主题活动相比领域教学活动而言，更注重学科领域之间的横向联系，力求使不同学科领域围绕主题有机联系在一起，并希望用这种整体性知识影响幼儿，使幼儿建构起完整的内部知识结构。

2. 能促进幼儿主动学习

主题活动为幼儿提供的一系列活动，更强调幼儿的直接经验、亲身体验，能使幼儿通过主动参与，在与材料和他人交互作用中获得经验。

3. 能体现个别差异，关注生活经验和学习

在主题活动实施过程中，教师预先编制的主题实施计划是可以根据幼儿的学习状况做出调整的。虽然调整的范围相对较小，但只有关注到幼儿生活经验和学习需要的主题活动，才能更好地处理好幼儿生成的学习任务和教师预定的教学任务之间的关系，体现对儿童个别差异的尊重与支持。

4. 能使发展与认知同步

主题活动不只是关注幼儿认知的发展，而是充分考虑儿童多方面的发展，使幼儿在认知、情感和身体各个方面的发展相互支持、相互促进，从而综合性地在活动

中获取经验和知识。[1]

(二) 主题活动的局限

1. 容易忽略经验之间的纵向联系

主题活动比较重视各学科领域之间的横向联系，力求使这些不同学科领域知识能围绕主题有机联系在一起，形成一个整体，并希望用这种整体性知识影响儿童，使儿童最终能够建构起完整的内部知识结构。但同时，主题活动往往容易忽略同一学科领域知识、经验之间的纵向联系，不太利于儿童自然地形成完整的内部知识结构。此外，一些和幼儿日常经验联系甚少，但对其发展有重大影响的学科领域知识技能有可能因无法纳入主题活动而较少被涉及。

2. 教育活动的不确定性和可变性增加，可操作性降低

主题活动的目标达成不完全依赖于某一个具体活动，而是在主题中的各种因素综合作用下对儿童施加影响，因此具有不确定性和可变性，教师需要灵活调控和兼顾多种教育因素，这给教师在操作层面带来一定的难度和制约性。

3. 对教师要求较高

主题活动更强调活动中对儿童兴趣和需要的支持，鼓励教师因地制宜、灵活弹性地实施主题活动，要求教师准确回应幼儿生成的活动，从而满足他们的兴趣和需要，对教师观察儿童、分析儿童、解析教育素材、整合教育资源等一系列能力的要求较高。

> **案例剖析**
>
> **中班主题活动"小鬼显身手"**[2]
>
> 主题目标：
> 1. 了解不同职业的特点，懂得尊重和感谢各行各业的劳动者。
> 2. 积累成长为"社会人"的经验，体验人与人之间的生活关系。
>
> 主题内容：
> 主题内容构成中主要选取了"糕点师""消防员""快递员""建筑师"四种职业。这四种职业是根据幼儿的生活圈和经验基础由近及远慢慢扩展开来的，

---

[1] 朱家雄. 幼儿园教育活动设计与实施[M]. 北京：高等教育出版社，2008：212.
[2] 此案例摘录于杭州市西湖区主题研修活动调整优化后设计的主题"小鬼显身手"。

每一种职业又可看作由若干个活动组合而成的小单元,它们相互呼应、逐步深入,共同实现幼儿经验的累加与建构。

主题脉络:

在串联四种职业过程中隐含着一条情感线索:产生好奇—感性认识—情感表达—引发向往。具体活动见表6-3。

表6-3 "小鬼显身手"主题活动名称

序号	活动名称	序号	活动名称
1	百人糕	9	谢谢你带给我的礼物
2	物品由来大搜索	10	快递员送货忙
3	点心屋	11	我是建筑师
4	我来做糕点师傅	12	加油干
5	爸爸妈妈的工作	13	我做你猜大考验
6	勤劳人和懒惰人	14	小象的心愿
7	勇敢的消防员	15	我长大以后
8	身边的劳动者		

主题剖析:

1. 主题考虑了儿童的经验和兴趣需要

儿童原有经验:中班处于社会性萌芽阶段,幼儿对周围人群的关注度逐渐增强,开始关注除家庭以外的社会人群,并产生模仿了解的兴趣。主题中所选取的四种职业并非教师、医生、警察等幼儿太过熟悉的职业,一定的距离感能激发幼儿更强的好奇心,利于幼儿探究、感受和表现。

现时兴趣需要:糕点师的操作性、建筑师的创造性、快递员的责任心以及幼儿对消防员勇敢品质的崇拜等契合幼儿的学习兴趣点。幼儿乐于去模仿、体验并由此产生职业向往。

潜在发展价值:从糕点师的操作体验入手,让幼儿感知劳动的快乐,在了解"消防员""快递员""建筑师"职业特点的过程中向幼儿分别渗透使幼儿未来成长终身受益的相关品质,如行动迅速、有责任心、有创造力等。在主题推进过程中逐渐丰富幼儿的感性了解,激发幼儿关注成人劳动,萌发服务他人的意愿,产生成长向往。

2. 主题内容考虑了儿童经验建构的规律和学习方式

通过对主题活动的脉络梳理,确定以集体教学展开的活动共有15个,其余活动在生活活动、游戏活动、家园互动中渗透补充。每一个活动虽是独立的,是单位时间内的教学活动，但它们同时也是主题教育背景下的教育活动，每个活动都发挥出作为主题教育活动的价值与功能，它们互相关联、有机组合，凸显这个主题独有的教育价值。通过确定这15个活动在主题中所承载的价值和各自的目标定位，这15个活动可分为以下五类：

（1）丰富主题经验。基于幼儿的原有经验，从四种职业入手，通过教学活动丰富幼儿相关的主题经验。这主要由"我来做糕点师傅""勇敢的消防员""快递员送货忙""我是建筑师"四个活动来体现，这四个活动分别是四个小单元的引发活动，开启了幼儿对四种职业的关注和了解。

（2）推动主题深入。在主题活动过程中，这些教学活动担负着推动主题深入的任务，起到起承转合的作用，推动幼儿主题经验的螺旋式上升。这主要由"百人糕""爸爸妈妈的工作""我做你猜大考验""小象的心愿"四个活动来体现。"百人糕"是整个主题的开启，目的是引发幼儿对每一件物品背后众多劳动者的关注。"爸爸妈妈的工作"是"我来做糕点师傅"小单元结束后，引出后续三个并列小单元的转折活动，即由爸爸妈妈职业引发，转向对众多职业的了解，实现面的扩展。"我做你猜大考验"则是一个总结性活动，在主题总结阶段起到对各种职业特点、经验、情感的总体梳理和表现的作用。"小象的心愿"则引导幼儿从外在模仿感知职业特点转向产生内在为他人服务的愿望，是主题的情感拓展。

（3）抒发情感表达。通过教育活动，提供给幼儿表现与表达的机会，满足幼儿情感抒发与表达的需要，推动幼儿认知经验的重组，丰富幼儿的情感体验。这主要由两个音乐活动"勤劳人和懒惰人""加油干"和一个美术活动"我长大以后"来体现，给予幼儿表达热爱劳动的机会，使其产生成长和向往的情感愿望。

（4）衔接主题情境。一些具有学科序列的活动，虽不直接服务于主题经验的构建，但依然可以结合主题情境开展，使主题经验与学科认知经验同步构建。数学活动"点心屋""我来做糕点师傅"和健康活动"快递员送货忙"就以情境将主题与学科紧密串联。

（5）生成价值挖掘。对于还有待充分展开和体验的教育价值点，教师可以结合幼儿的发展需要进行弹性的活动创生，使主题更具有教育价值。"谢谢你带给我的礼物"就是在分析了教材主题后根据幼儿的发展需要生成的一个教学活动。

⊙ 单元小结

本单元主要讨论了三个问题：

（1）领域教学活动的设计；

（2）区域活动的设计；

（3）主题活动的设计。

领域教学活动是教师以领域（如健康、语言、社会等）为单位，有目的、有计划地组织的教学活动，其具有三方面的独特内涵：一是强调和幼儿的生活相联系，二是具有较强的计划性，三是强调促进和引领发展。领域教学活动的设计主要涉及目标的设置与规划、内容的选择与组织、活动的设计与优化三方面。

区域活动，也被称为区角活动、活动区活动等，是基于幼儿的兴趣与需要，结合幼儿园教育目标及正在进行的其他教育活动等，划分一些活动区，如建构区、表演区、益智区等，在其中投放一些材料，制定相应规则，让幼儿自主选择，让幼儿在与材料、同伴互动中进行个性化学习。区域活动具有自由性、自主性、个性化和指导的间接性等特点。区域活动的设计主要涉及活动区的创设和区域活动的指导两方面内容。

主题活动是指在或短或长的一段时间内，围绕事先选择的某一主题组织开展的一系列教育活动。主题活动的基本特点是围绕某一主题，打破学科之间的界限，将各学科领域的内容有机联系在一起。主题活动设计主要涉及主题的选择与命名，确定主题活动目标，设计主题活动内容，规划环境、家长工作、区域活动等教育资源，设计具体活动等五方面内容。

⊙ 拓展阅读

1. 陈晓芳. 幼儿园教育活动设计策略及案例评析［M］. 北京：北京师范大学出版社，2007.（第一章）

2. 李建君. 区角，儿童智慧的天地［M］. 上海：上海社会科学院出版社，2005.（实践论坛）

3. 秦元东，王春燕. 幼儿园区域活动新论：一种生态学的视角［M］. 北京：北京师范大学出版社，2008.

4. 秦元东. 如何有效实施幼儿园主题性区域活动［M］. 北京：中国轻工业出版社，2013.

5. 王春燕，王秀萍，秦元东. 幼儿园课程论［M］. 北京：新时代出版社，2009.（第四章）

6. 王春燕. 幼儿园课程概论［M］. 2版. 北京：高等教育出版社，2014.（第七章）

7. 俞春晓. 幼儿园集体教学活动设计方法与实例［M］. 北京：中国轻工业出版社，2012.

8. 朱家雄. 幼儿园课程论［M］. 北京：中央广播电视大学出版社，2007.（第三章）

9. 朱家雄. 幼儿园教育活动设计与实施［M］. 北京：高等教育出版社，2008.（第三章、第四章）

⊙ **巩固与练习**

一、名词解释

1. 领域教学活动　2. 区域活动　3. 主题活动

二、简答题

1. 简述幼儿园领域教学活动的基本特点。

2. 简述幼儿园区域活动的基本特点。

3. 简述幼儿园活动区空间设置的注意事项。

4. 简述幼儿园主题选择与确定的影响因素。

三、论述题

1. 结合实践分析幼儿园活动区中材料投放的基本原则。

2. 结合实践分析幼儿园主题活动设计的基本流程。

四、分析题

1. 搜集一个幼儿园领域教学活动的案例，对其设计进行评析，并尝试进行优化。

2. 以个人或小组为单位，收集或设计一个主题活动方案，对其设计进行评析，并提出完善建议。

3. 以个人或小组为单位，对附近幼儿园区域活动的开展情况进行实地调查，分析其得失，并提出一些改进建议。

第七单元 经典幼儿园课程理论与方案

导 言

随着当前幼儿园课程改革的不断推进，园本课程的开发与建设成为大家关注的话题，很多幼儿园也尝试编写与完善自己幼儿园的课程实施方案。我们在很多幼儿园课程方案文本中多次看到教师们会借鉴一些经典课程方案的理念与理论，但园长、教师们对相关的课程理论与方案可能不是很理解或理解得不到位，因而出现了诸多的问题。

在此，我们特别想说的是党的二十大报告在"推进文化自信自强，铸就社会主义文化新辉煌"篇章中提出"全面建设社会主义现代化国家，必须坚持中国特色社会主义文化发展道路，增强文化自信……增强实现中华民族伟大复兴的精神力量。"所以这一单元我们也特别呈现了具有中国特色的两个经典幼儿园课程理论与方案，即陈鹤琴先生的"五指活动"课程方案及张雪门先生的"幼稚园行为课程"方案。

本单元我们将一起走进国内与国外的五种经典课程理论与方案，领略与理解这些方案背后的教育哲学理念，理解其对儿童、对学习、对教育的观点，理解不同课程方案的课程目标、课程内容组织及课程实施的不同，尤其是特定课程价值观的精髓，从而为幼儿园课程设计及方案编制提供借鉴。

学习目标

1. 描述五种经典幼儿园课程方案的理论基础和基本内容。

2. 能用自己的话说出每一种课程方案的基本要素，即课程目标、课程内容与组织、课程实施等相关内容。

3. 能运用相关的课程方案与理论，对当前幼儿园课程实践中的问题进行分析与反思。

思维导图

经典幼儿园课程理论与方案
- 陈鹤琴的"五指活动"课程
  - 理论基础——"活教育"理论
  - 课程目标——做人、身体、智力、情绪
  - 课程内容——儿童健康活动、儿童社会活动、儿童科学活动、儿童艺术活动、儿童语文活动
  - 课程组织——时令、自然环境、家庭与社会生活
  - 课程实施——整个教学法
  - 课程评价——《幼稚生应有的习惯和技能表》
- 张雪门的行为课程
  - 理论基础——传统文化、进步主义
  - 课程目标——儿童本位到儿童需要与社会需要的统一
  - 课程内容——儿童自发的活动、儿童与自然界接触而生的活动、儿童与人事界接触而生的活动、人类聪明所产生的经验而合于儿童的需要者
  - 课程组织——活动
  - 课程实施——引起动机、决定目的、计划、实行、评价
  - 课程评价——儿童评价和导师评价
- 蒙台梭利课程
  - 理论基础——蒙台梭利的儿童观、教育观
  - 课程目标——身心合一的人
  - 课程内容——日常生活教育、感官教育、语言教育、数学教育内容等
  - 课程实施——有准备的环境、教师
  - 课程评价
- 高宽课程
  - 高宽课程的理论基础
  - 课程目标——促进儿童主动学习
  - 课程内容——以关键发展性指标为指引
  - 课程组织与实施——创设支持性学习环境、科学组织一日常规、做"有准备的教师"
  - 课程评价——儿童观察评价系统、项目质量评估量表
- 瑞吉欧幼儿教育学校课程
  - 理论基础——杜威和克伯屈的理论、皮亚杰与维果斯基的认知发展理论
  - 基本观点——儿童观、教育观、教师观、环境观
  - 课程目标——促进儿童的权利和潜能的发展、促进儿童发展关系、自主、创造力和学习权利的实现
  - 课程组织与实施——项目活动

第一节 陈鹤琴的"五指活动"课程

陈鹤琴（1892—1982），浙江上虞人，中国现代著名教育家和儿童教育专家。1914年从清华学堂毕业后赴美国留学。1917年获霍普金斯大学文学学士学位。1918年获美国哥伦比亚大学师范学院教育硕士学位。1923年创办南京鼓楼幼稚园。1940年创办江西省立实验幼稚师范学校。1945年创立上海市立幼稚师范学校（后改名为上海市立女子师范学校）。在长期的教育实践中，陈鹤琴提出了"活教育"理论。"五指活动"是"活教育"理论的组成部分，是陈鹤琴创造性提出的中国儿童教育新方案。

一、"五指活动"课程的理论基础——"活教育"理论

1946年，陈鹤琴在《活教育——中国新教育的幼苗》一文中总结概括了他所提出的"活教育"理论。"'活教育'的目标是在做人，做中国人，做现代中国人……为了完成这个目标，在活教育方法上，我对教师和教法方面的期望是做中教，做中学，做中求进步……因此，我提出大自然、大社会都是活教材这一主张。"可以看出，"活教育"理论是一个以"做人、做中国人、做现代中国人"为目的，以"做中教、做中学、做中求进步"为课程，以"大自然、大社会都是活教材"为方法的完整体系。

活教育——
中国新教育的幼苗

二、"五指活动"课程的目标

在陈鹤琴看来，课程是实现教育目的的工具，所以谈教育，首先要解释教育目的。陈鹤琴认为中国的教育应当和外国的教育有区别，有自己的特性。"做人、做中国人、做现代中国人"就是中国教育唯一的特点，是不同于他国的教育目的。"做现代中国人"至少应具备这样一些条件：第一要有强壮的身体；第二要有创造

能力；第三要有合作的精神；第四要有为社会服务的热情；第五要心胸开阔和目光远大。有时陈鹤琴也把"活教育"的目的表述为"做人，做中国人，做世界人"。做世界人的条件是"爱国家，爱人类，爱真理"。

幼稚园的课程怎样实现"做人、做中国人、做现代中国人"的"活教育"目的呢？陈鹤琴强调"用适应目前生活需要的方法，去达到将来生活中必会出现的事情，这是制定课程的第一条原则"①。所以，陈鹤琴既认同"课程的目的最重要的是帮助儿童目前生活，至于将来生活的帮助还在其次"②的主张，同时也强调"五指活动的目的是在培养儿童的理想生活。"③

"用适应目前生活需要的方法，去达到将来生活中必会出现的事情"的要求转化为幼稚园课程的目标，就是对四个问题的回答：

做怎样的人——合作的精神；同情心；服务的精神。

应该有怎样的身体——健康的体格；卫生习惯；技能（运动技能）。

应该怎样开发儿童的智力——有研究的态度；有充分的知识；有表意的能力。

怎样培养情绪——欣赏；快乐；打消惧怕。

三、"五指活动"课程的内容

松鼠这么大

什么样的课程内容能够满足"用适应目前生活需要的方法，去达到将来生活中必会出现的事情"这一要求呢？陈鹤琴提出了"大自然、大社会都是活教材"这一活教育理论的基本命题之一。所谓"大自然、大社会都是活教材"就是指把大自然、大社会作为知识的主要源泉。把大自然、大社会当作活教材并不是要摒弃一切书本，而是不把书本作为唯一材料。书本只是第二位的学习材料。

怎样从大自然、大社会中选择学习经验呢？"凡是儿童能够学又应当学的，都应当教他。"④ 具体来讲包括三个方面：

第一，凡儿童能够学的东西就有可能作为幼稚园的教材；

第二，凡教材须以儿童的经验为根据；

第三，凡能使儿童适应社会的，就可取为教材。

依据上述标准，幼稚园课程的内容包括：

（1）儿童健康活动，包括游戏、早操、户外活动、整洁与健康检查、午睡、餐

---

① 北京市教育科学研究所. 陈鹤琴全集：第二卷 [M]. 南京：江苏教育出版社，1989：41.
② 北京市教育科学研究所. 陈鹤琴全集：第二卷 [M]. 南京：江苏教育出版社，1989：40.
③ 北京市教育科学研究所. 陈鹤琴全集：第二卷 [M]. 南京：江苏教育出版社，1989：41.
④ 北京市教育科学研究所. 陈鹤琴全集：第二卷 [M]. 南京：江苏教育出版社，1989：113.

点、静息等。

（2）儿童社会活动，包括升旗、早会、社会研究、再会的活动等。

（3）儿童科学活动，包括自然研究、种植、饲养、填气候图等。

（4）儿童艺术活动，包括唱歌、律动、表演、布置、工作、记日记图、玩乐器等。

（5）儿童语文活动，包括故事、读法、歌谣、谜语、看图画书等。

这五种活动犹如人的五指，所以陈鹤琴称之为"五指活动"。"五指活动"具有如下含义：

"五指活动"的五指，是生长在儿童的手掌上的，换句话说，就是一切的活动要在儿童的生活上、智力上、身体上互相联系，连续发展。

"五指活动"的目的是丰富儿童的经验，培养儿童的理想生活。

"五指活动"包含了各种课程，和儿童生活打成一片，这些课程也可以说是儿童的生活课程。

"五指活动"具有整体性。五种活动正像一只手的五个指头，各个指头相互联结构成一个整体。五个中缺少一个就会破坏这个活动的目标。"我们用五指活动来昭示幼稚园课程的整个性和联贯性"[1]。

总之，依据儿童心身的发展，在儿童生活中结成一个教育的网，有组织、有系统地合理编织在儿童的生活上，这就是"五指活动"。

四、"五指活动"课程的组织

关于课程的组织，陈鹤琴主张"要有目标，又要合于生活"[2]。

所谓"有目标"是指每学期有一个总设计，每星期又有一个预定的课程表。陈鹤琴强调，预先拟定的课程并不是固定不变的，"倘使临时发生一种很有兴趣的事情，那不妨改变已经拟定的功课，以做适时的工作来满足儿童的需要"[3]，甚至整个课程都可以重编。

课程的组织怎样合于生活呢？陈鹤琴提出课程组织的三个来源：时令、自然环境和家庭与社会生活。三者在实际中是合成为一个整体的。

一年中幼稚园教学单元大纲（节选）

陈鹤琴讨论了课程组织的三种方法：圆周法，是指虽然单元相同，研究事物相同，但取材内容随儿童年龄而不同；直进法，是指把儿童生活中的事物根据事物性

---

[1] 北京市教育科学研究所.陈鹤琴全集：第二卷[M].南京：江苏教育出版社，1989：115.
[2] 北京市教育科学研究所.陈鹤琴全集：第二卷[M].南京：江苏教育出版社，1989：44.
[3] 北京市教育科学研究所.陈鹤琴全集：第二卷[M].南京：江苏教育出版社，1989：116.

质和内容的深浅而分布到不同年龄班；混合法是指前两者的混合运用。

五、"五指活动"课程的实施

陈鹤琴指出："因为儿童的生活是整个的，所以教材也必定要整个的，互相连接的，不能四分五裂的。我们不能把幼稚园里的课程像大学的课程那样独立，什么音乐是音乐、故事是故事的，相互间不发生影响。我们应当把幼稚园的课程打成一片，成为有系统的组织。"[①] 这个系统的组织就是"整个教学法"。

"整个教学法就是把儿童所应该学的东西整个地、有系统地去教儿童学。这种教学法是把各科功课打成一片，所学的功课是无规定时间学的，所用的教材是以故事或社会或自然为中心的，或是做出发点的；但是所用的故事或关于社会自然的材料，总以儿童的生活、儿童的心理为根据的；这种教材最好一个教师教，一个教师不能教，二三个教师也可，不过时间稍难支配罢了。"[②]

陈鹤琴以"龟兔赛跑"为例说明整个教学法：

（1）先以实验引起儿童的兴趣：教师需预备一只乌龟、一只或两只兔子。

（2）研究龟兔的生理特点……（自然常识）

（3）讲故事《龟兔赛跑》，若儿童有别的龟兔故事尽管可以先讲。

（4）剪贴：把甲图中的龟、兔着色后剪贴到乙图中对应的名称下。

（5）拼图：教儿童把拼图内的甲部着色后剪下拼成乙部的兔子一样。

（6）描画：一种方法是用铅笔依照轮廓在轮廓图下的纸上描画兔子，另一种方法是把轮廓图放在一张纸上，然后用蜡笔在轮廓上涂鸦。

（7）排列：把图排列起来成一个故事。

（8）着色：年幼儿童给图着色，初步学习画图。

（9）穿线板：一种手工。

（10）表演：儿童可以把这个故事表演一下。

（11）画图：可以叫儿童把这个故事画出来。

（12）课文：课文是绘图的，就是把上面印的故事一节一节地画成图，使儿童读起来更加有兴趣。

后来，陈鹤琴把整个教学法发展成为单元教学法。

[①] 北京市教育科学研究所. 陈鹤琴全集：第二卷［M］. 南京：江苏教育出版社，1989：224.
[②] 北京市教育科学研究所. 陈鹤琴全集：第二卷［M］. 南京：江苏教育出版社，1989：225.

> **小贴士**
>
> 单元教学法（unit teaching method），将教材、活动等划分为完整单元进行教学的一种教学法。每个单元均有规定的学习目标和内容，时间长短因学习内容和学生个人情况而异。其目的在于改变偏重零碎知识和记忆文字符号的教学，强调学生手脑并用获得完整的知识和经验。单元教学法以完形心理学、差异心理学为其心理学依据，重视整个学习情境中的各部分关系，以及对学生个别差异的适应。
>
> 资料来源：顾明远. 教育大辞典[M]. 上海：上海教育出版社，1998.

六、"五指活动"课程中的评价

陈鹤琴认为"标准是实施优良教育的根据"[1]，所以"幼稚园应当有种种标准，可以随时考查儿童的成绩"[2]。"考查品行，应当有品行的标准；甄别习惯，应当有习惯标准；检验技能，应当有技能标准；测验知识，应当有知识标准。"[3] 为此，陈鹤琴与张宗麟等人一起拟定了《幼稚生应有的习惯和技能表》。《幼稚生应有的习惯和技能表》分为卫生习惯、做人的习惯（甲）个人的、做人的习惯（乙）社会性的、生活的技能、游戏运动的技能、表达思想的技能、日用的常识共七个方面，每个方面包括若干条，总计185条标准。

根据这些标准所得的成绩，"就可以施以相当的教育：成绩好的，可以格外鼓励他上进；成绩坏的，设法补救"[4]。

怎样运用《幼稚生应有的习惯和技能表》呢？图7-1和表7-1就是陈鹤琴为鼓励儿童养成习惯而制的。

陈鹤琴教学法与蒙台梭利教学法的比较

表7-1的用法：表中"贴图处"用来贴习惯图，教师要儿童养成什么习惯，就画什么图。如果某习惯已经养成，教师就在某习惯项下小空格内画"√"，对于未养成的习惯画"×"。到了一学期，教师把已经养成和未养成的习惯分别总结后报告家长。

向陈鹤琴先生学习

陈鹤琴的"五指活动"课程方案是吸收进步主义教育思想、立足中国幼儿园课程实际的本土化探索，开创了中国化、科学化的幼儿园课程改革

---

[1] 北京市教育科学研究所. 陈鹤琴全集：第二卷[M]. 南京：江苏教育出版社，1989：124.
[2] 北京市教育科学研究所. 陈鹤琴全集：第二卷[M]. 南京：江苏教育出版社，1989：124.
[3] 北京市教育科学研究所. 陈鹤琴全集：第二卷[M]. 南京：江苏教育出版社，1989：124.
[4] 北京市教育科学研究所. 陈鹤琴全集：第二卷[M]. 南京：江苏教育出版社，1989：124.

运动，对我国当前的幼儿园课程改革依然具有借鉴和指导意义。

图7-1 鼓励儿童习惯绘图

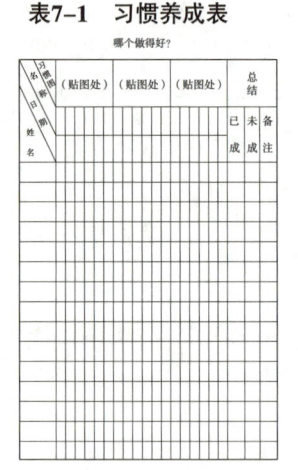

表7-1 习惯养成表

第二节 张雪门的行为课程

张雪门（1891—1973），浙江鄞县人，我国现代著名的幼儿教育家。先后主持北平孔德幼师、北平香山慈幼院幼稚师范、北平香山慈幼院桂林分院广西幼师。抗战胜利后主持台北幼院工作，直到逝世。

准确理解"行为"

张雪门先生认为，幼稚园课程"首先应注意的是实际行为，凡扫地、抹桌、熬糖、炒米花以及养鸡、种玉蜀黍和各种小花，能够实在行动的，都应让他们实际去行动"①。这种课程和一般的课程一样，包括工作、游戏、音乐、故事等材料；所不同的是，它"完全根据于生活；它从生活而来，从生活而开展，也从生活而结束"②。张雪门称之为"行为课程"。"生

---

① 戴自俺. 张雪门幼儿教育文集：上下卷 [M]. 北京：北京少年儿童出版社，1994：1089.
② 戴自俺. 张雪门幼儿教育文集：上下卷 [M]. 北京：北京少年儿童出版社，1994：1088.

活就是教育，五六岁的孩子们在幼稚园生活的实践，就是行为课程。"①

一、行为课程的理论基础

张雪门先生深受中国传统文化的浸染，其中王阳明"知是行之始，行是知之成"的观点对他的行为课程有直接的影响，可以说是他建构行为课程的理论基石。所以张雪门先生才讲："从行动中获得的认识，才是真实的知识；从行动中所发生的困难，才是真实的问题；从行动中所获得的胜利，才是真实的制驭环境的能力。"②

张雪门先生的"行为课程"也深受进步主义教育思想的影响。其行为课程强调儿童的直接经验，强调儿童与环境的相互作用，把课程的本质看作直接经验的总和。其行为课程实施的动机、目的、计划、实行和评价等深受杜威（Dewey）和其学生克伯屈（Kilpatrick）的影响。

二、行为课程的目标

在教育目的上，起初张雪门坚持儿童本位论。"究竟教育的目的，是为儿童心身的发展，还是为完成将来生活的准备，是注重个人的发展，还是注重社会的效率？"③ 他的回答是"应完全以儿童为本位"④。"儿童因心身与环境交互反应的结果而生长，在这种生长历程中所获得的是经验。"⑤ 在张雪门看来，课程就是经验，"是人生的经验，用最经济的手段，按有组织的调制，凭各种的方法，以引起儿童的反应和活动。"⑥ 所以，幼稚园课程的目的就在于"联络孩子们的旧观念，以引起其新观念，更谋其旧经验的打破，新经验的建设。"⑦ 具体而言，幼稚园课程指向三个目标："（一）满足儿童心身的需求；（二）养成'扩充经验的方法'与习惯；（三）使之有系统的组织。"⑧

后来，张雪门认识到不能离开社会而空谈儿童的身心发展，"相信将来社会和现实儿童是应有联系的，教育便是联系的过程"⑨。因此，在教育目的上，张雪门谋

---

① 戴自俺．张雪门幼儿教育文集：上下卷 [M]．北京：北京少年儿童出版社，1994：1088．
② 戴自俺．张雪门幼儿教育文集：上下卷 [M]．北京：北京少年儿童出版社，1994：1089．
③ 戴自俺．张雪门幼儿教育文集：上下卷 [M]．北京：北京少年儿童出版社，1994：333．
④ 戴自俺．张雪门幼儿教育文集：上下卷 [M]．北京：北京少年儿童出版社，1994：337．
⑤ 戴自俺．张雪门幼儿教育文集：上下卷 [M]．北京：北京少年儿童出版社，1994：120．
⑥ 戴自俺．张雪门幼儿教育文集：上下卷 [M]．北京：北京少年儿童出版社，1994：126．
⑦ 戴自俺．张雪门幼儿教育文集：上下卷 [M]．北京：北京少年儿童出版社，1994：25．
⑧ 戴自俺．张雪门幼儿教育文集：上下卷 [M]．北京：北京少年儿童出版社，1994：126．
⑨ 戴自俺．张雪门幼儿教育文集：上下卷 [M]．北京：北京少年儿童出版社，1994：65．

求社会需要与儿童需要的统一，主张根据社会的需要改造儿童的生活。基于这种教育目的，他认为课程是人类生活有价值的经验，提出要把社会的需要组织在课程里面，同时又合于儿童的需要。根据当时的国情，张雪门提出课程目标要"第一，须铲除我民族的劣根性；第二，须唤起我民族的自信心；第三，须培养我民族'劳动'与'客观'的习惯和兴趣；第四，须锻炼我民族为求全国之自由平等而向帝国主义作努力奋斗的决心与实力"[1]。

三、行为课程的内容

儿童的经验从三个方面获得，所以课程内容有三个来源："（一）儿童自发的诸般活动（如攀爬、呼吸等）；（二）儿童的自然环境（如花、鸟、雪、月等）；（三）儿童的社会环境（如工厂、市场等）。"[2] 相应地，幼稚园课程内容的范围包括："（一）儿童自发的诸般活动；（二）儿童与自然界接触而生的活动；（三）儿童与人事界接触而生的活动；（四）人类聪明所产生的经验，而合于儿童的需要者。"[3]

如何从上述内容中选择"适应儿童生长的有价值的材料"呢？选择的标准是：①应合于儿童的需要；②应顾到社会生活的意义；③应在儿童自己的环境里搜集材料；④应顾到社会生活的重要；⑤上面所述还没有道及的一切冲动习惯态度。

同时，还应贯彻三个原则：①感官宜多种联络；②动作宜反复；③更宜注意于感情和智能方面。

依据上述标准和原则，张雪门从上述四个方面内容选择若干主题编写成课程大纲并配有课程说明和"课程的单元"表。大纲包括"九月、十月和十一月的课程""十二月、一月和二月的课程""三月、四月和五月的课程""六月、七月和八月的课程"。下面是张雪门为"三月、四月和五月的课程"选择的主题和其中的关于"春分"的课程说明以及编制的"课程的单元"表。

"三月、四月和五月的课程"课程大纲如图7-2所示[4]。

课程中关于"春分"的课程说明：

"时令到了春分，昼夜平均。孩子们已过了秋分、冬至，已知道考查太阳出没的时间。一过春分，白天又要比黑夜长。天气渐暖，中午时候皮衣穿不住了。我们

---

[1] 戴自俺. 张雪门幼儿教育文集：上下卷[M]. 北京：北京少年儿童出版社，1994：179.
[2] 戴自俺. 张雪门幼儿教育文集：上下卷[M]. 北京：北京少年儿童出版社，1994：182.
[3] 戴自俺. 张雪门幼儿教育文集：上下卷[M]. 北京：北京少年儿童出版社，1994：342.
[4] 戴自俺. 张雪门幼儿教育文集：上下卷[M]. 北京：北京少年儿童出版社，1994：147.

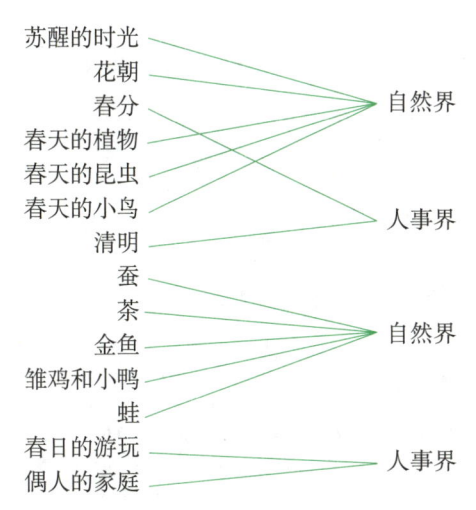

```
苏醒的时光
  花朝
  春分
春天的植物                自然界
春天的昆虫
春天的小鸟
  清明                   人事界
   蚕
   茶
  金鱼                   自然界
雏鸡和小鸭
   蛙
春日的游玩
偶人的家庭                人事界
```

图 7-2　张雪门编制的"三月、四月和五月的课程"课程大纲

更可以用鲜艳的颜色,作'春分'二个大字,来替代'惊蛰'。从这时起,更当参照本地的日历,用红的颜色来表示'日出到了日没'的时刻,同时再用蓝色来表示'日没到了日出'的时刻;这张图是圆的,将圆面积分作二十四等分以代表二十四小时,圆周外注明上课、休息、用膳、放学、就寝等时刻。以后每到一个节气更换一张图表,每更换一次都可以见到白昼和黑夜时间长短的差异;这差异还可以从较长的孩子考查太阳出没的时表来互相对证。功课表从这时起又更动了,一直到了秋分还可以恢复原状。"

课程的单元如表 7-2 所示。

表 7-2　张雪门编制的"三月、四月、五月的课程"课程的单元

目次	设计的大中心	分设计	分设计中的设计
Ⅰ	苏醒的时光	冰化水;风移向;阳光;春雨;惊蛰	
Ⅱ	花朝	替百花做生日;选每月的花代表	
Ⅲ	春分	定逐日休作时间表;换功课时间表	
Ⅳ	春天动植物的改变	春天的植物	移树;接木;种草;花籽;收菜籽;培植野花;秋麦;豆稻
		春天的昆虫	养虫子、蝶、蜜蜂;做蝴蝶标本;割蜜;调制玫瑰酱
		春天的小鸟	候鸟(雁、燕);养鸽子;看护受伤或失巢的小鸟

续表

目次	设计的大中心	分设计	分设计中的设计
Ⅴ	清明	制青团；扫墓；植毕业纪念林	
Ⅵ	蚕	养蚕；参观缫丝厂；参观织机厂	
Ⅶ	茶	沙床的设计；开茶话会	
Ⅷ	金鱼	养金鱼子；养小鱼虫	
Ⅸ	鸡雏和小鸭	孵小鸡；掘池；养小鸭	
Ⅹ	蛙		
Ⅺ	春日的游玩	游览公园；沙床的设计；制鲜花饼	
Ⅻ	偶人的家庭	收藏冬衣；预备夏衣；搭凉棚；换窗户；挂帘子；养莴萝等阴凉植物	

四、行为课程的组织

张雪门先生指出，"教师应前一二星期，考察那时候的节期，或自然界人事界应有的事情，预定几项做中心，然后依这中心，计划各种作业和材料。这种中心，既属应时，比较容易引起儿童学习的动机；且范围又广，临时的增减也很自由。每种作业，都和大中心联络，且每种又自成段落，儿童因随时换新，不至于厌倦，注意力也易于集中了。"[①]

按照每个的中心再来收集和这些中心有关系的文学上、游戏上、音乐上、工作上的材料，编成预定的教材。教材应该采用何种组织呢？张雪门强调"儿童的生活是整个的"，所以，学科式的课程不适合儿童生活需要。张雪门区分了幼稚园科目的两种组织：一种是按科目的性质分的；一种是按活动的意义分的。上一种所定的科目为积木、游戏、折纸、组织、识字、识数、社会、自然、名人故事、唱歌等。下一种所定的科目为检查清洁、作业、茶点、静息、欣赏、音乐、听讲故事等。因为儿童的行为是整个的，所以在课程表上，不采用第一种的科目分法。张雪门借用第一种科目的名称，综合第二种科目形式和所设计的课程内容，拟表于下，如表7-3所示。

---

① 戴自俺.张雪门幼儿教育文集：上下卷[M].北京：北京少年儿童出版社，1994：343.

表7-3 张雪门所拟课程表

科目	教材要目	班次 低年级（三岁半至四岁半）（小班）	高年级（四岁半至六足岁）（大班）
工作	积木	恩物中第三、第四、第五、第六放大的积木；海尔氏大积木（不要角形的木块）	海尔氏全副大积木。杂用积木、木条、木块
	恩物	第二种副恩物（木珠）；第十种恩物（木钉与插枝）；沙土、泥土	第二种副恩物（木珠）、第七种恩物（木钉与插枝）、第七种恩物（排板）、第八种恩物（木筷）、第九种恩物（铜环）
	图书	蜡笔画（涂鸦）	彩画（绘形）
	纸工	剪纸、贴纸、剪画片、贴画片、做纸篮请帖等	编纸、折纸、制造王冠书本等
	家庭工作	拭桌、预备餐点、洗碗碟	整理家具、洗围裙、熨围裙；做饼糕、煮茶、熬糖
	其他		漆工、木工、刷花、编织、缝纫
音乐	欣赏	听音（如听教师唱歌弹琴的声音）；辨音（如分别各种乐器的音色等）；模拟音（如模仿猫叫、牛叫等）	欣赏音乐的程度较高，范围亦较大。听音（如听留声机、啼鸟及工人呐喊声）；辨音（如分别音乐之情绪——庄严、喜怒、悲壮等）；模拟音（如模拟歌声及其他一切有节奏的韵律）
	律动	身体的（如走步、跳步、拍掌、摇手等）	身体的，如土风舞、滑稽舞等；乐器的，如用各种乐器以合琴的节拍
	歌唱	偏于有音无义的歌。表情唱歌（用手指表情的）	歌词的内容渐重，如催眠歌、叙诗歌、职业歌、四季歌等。表演歌，如全身动作的游戏
游戏		感觉游戏；浅近的节奏游戏；猜测游戏（用暗示为多，如听琴寻物；感官的亦可采用，如瞎子捉人）	表演游戏；跳舞游戏；猜测游戏（以感官为多，亦偶然有用思考的，如小孩子不见了）；矫正游戏，如模仿操等；有限制的竞争游戏
故事和儿歌	儿歌	儿歌，如"羊羊羊""小耗子"等	民歌，如拉大锯等；故事诗；滑稽歌；游戏歌；谜语

续表

科目	教材要目	班次 低年级（三岁半至四岁半）（小班）	高年级（四岁半至六足岁）（大班）
故事和儿歌	故事	动物故事，如"三只熊""三只山羊"等； 小妖故事，如"皮鞋匠"等； 神仙故事，如"睡美人"等； 无意义的故事，如"大拇指"； 浅近的科学故事	佳儿故事； 伟人故事； 巨人故事； 笑话、寓言； 神话、传说； 科学故事； 远地人及原始人的故事
	言语	自由或特殊有组织团体中的问答； 看画片并说出画中的东西名称	自由或特殊有组织团体中说话； 自选故事； 说画中故事
	文字	日常应用无组织的文字	模仿小学生上课； 阅读图画故事
	美术数学	发表欲望的行为。 从日常活动中计数	注重意匠及美观； 从游戏或其他活动中认数习数
社会	家庭	住宅的分配——卧室、食堂、厨房、书室等。 家庭的组织——父亲、母亲、子女、亲朋等。 家庭的生活——烹饪、缝纫、洗晒、陈设、整洁卫生等	
	邻近地方	市场的内容；公园的风景； 消防队、图书馆等组织及其活动； 戏院、电影场等组织及其活动； 邮政局、火车站、电车及各店铺	
	令及节纪念日	新年、清明、中秋等	
	各种职业	衣的来源：棉花店、纺织厂、裁缝店； 食的来源：农田、菜圃、果园、鱼塘、宰牲公司、市场、店铺、小贩； 交通：牲口、火车、洋车、小船、汽船、飞机； 农业：耕田、种田、水车、播种、收获、耘草、各种农具	
	团体活动	游艺会、开学式、休业式、欢迎会、旅行。 参加小学部的动作	
自然	动物生活	养画眉、八哥、鸽子、小白鼠。 池内按时豢养蝌蚪、金鱼等。 在短时间里观察狗、猫、羊、兔、鸡、蚕、蝴蝶等生活	
	植物	室内养羊齿科及一切球茎植物；院中栽花及蔬菜； 做玫瑰花饼、藤萝饼、熬桂花糖	
	旅行	采拾野花或蛹到学校里来培养； 从树林里拾红叶、美丽的石子及干果加以整理； 预备野餐时候，帮助拾薪生火	

续表

科目	教材要目	班次	
		低年级（三岁半至四岁半）（小班）	高年级（四岁半至六足岁）（大班）
社会	自然现象	雨中玩水、在太阳下做影子的游戏、晒偶人的衣服；溜冰、做雪人雪球、观窗上冰花；在风前放纸鸢吹胰子泡	
	家庭	室内煮茶；做冰激凌、山楂糕、爆米花；用安全的方法贮藏果实；烫平偶人衣服被单、洗偶人家具；其他的自发游戏，如量水、称东西、装电话、染各色的布与纸	

五、行为课程的实施

张雪门指出，在课程实施以前需要有四种准备：技术的练习、知识的补充、工作次序的分析、教便物（即活动所需的材料、工具等）。

做好准备之后如何实行呢？"课程如何实行只须看人类是如何生长的"①。张雪门把自然生长的原则应用到课程的实行上。"我们根据自然生长原则的人，到幼稚园实际去服务，更不能不采用做、学、教合一的方法。"② 张雪门借鉴蒙台梭利（Montessori）"自动、自由"的原则和克伯屈的设计教学法，结合单元教学的形式，以幼稚园手工为例阐述了课程实行的五个环节③：

（1）引起动机。"动机本来由于儿童自发的活动"，但教师也可以设法引起。引起动机的方法有四种：利用天然的变化；利用设备的变换；利用实际的问题；利用谈话或故事。

（2）决定目的。教师可以帮助但不是代理儿童决定目的。

（3）计划。目的已定，第三步就要计划。教师需要考虑：儿童一人独自完成还是和别人合作？应用什么材料？

（4）实行。"儿童计划已定，一人一队，或二三人一队，拿到了工具和材料，预备做第四步实行的工作。"教师应注意：时时提醒儿童所定的目的；时时鼓励儿童对成功的兴趣；设法扩充儿童作业的范围；设法引起儿童对于技能的注意。

---

① 戴自俺. 张雪门幼儿教育文集：上下卷 [M]. 北京：北京少年儿童出版社，1994：370.
② 戴自俺. 张雪门幼儿教育文集：上下卷 [M]. 北京：北京少年儿童出版社，1994：376.
③ 戴自俺. 张雪门幼儿教育文集：上下卷 [M]. 北京：北京少年儿童出版社，1994：94–109.

（5）评价。张雪门认为这一步的重要性不弱于前面的四步。如果没有这一步，儿童就得不到深切的经验。在这一步，教师应注意：鼓励儿童自己解释；不要过于注重技术；指出儿童的优点加以奖励；使用善意的建设性的批评。

在课程实行中，根据自动教学的原则，教师从头到尾，永远是一个指导的人。指导的工作包括计划的指导、知识的指导、技能的指导、兴趣的指导、习惯的指导、态度的指导。

对课程实施的记录是必要的。这样既便于后来的考查，也可以满足借鉴的需求。对每日的工作有五种记录：逐天设计教学的经过；处置习惯备忘录；各种设计终了时经验的估计；逐天应备的工具及材料；儿童每天生活摘记。

张雪门强调，预定的课程不是绝对的不能变动。"教师随时注意实际上偶发事项，随时变化，随时活用，以适应儿童的需要，以满足儿童的兴趣，实在比死板板地照着所定的大纲去教授好得多了。"[①]

六、行为课程中的评价

张雪门指出，实施完成后尚有一步进展的工作。这步进展，一方面是对于幼稚生的，一方面是对于导师的。

对于幼稚生方面有评价和"耐味"（指持久的兴趣）。在儿童结束工作或游戏之后，导师要指明他们在课程中动作的好与劣，并对原因加以客观具体地说明。儿童的动作完了以后，导师不但须给以评价，而且更要给他"耐味"，这样才能使儿童对于动作有继续不断的趣味。使幼儿保持"耐味"的方法有种种，通常有吟味、表演、推敲三种。

对于导师的要求：当儿童完成了一种动作之后，导师应采用记日记的方式把教学的经过具体地记下来，并分析判断其教育价值。

幼稚园行为课程是张雪门一生实践与智慧的结晶，其兼顾社会需求与儿童个体发展，重视生活在儿童课程中的教育价值，强调行动在儿童发展中的积极导向价值，反映出"生活即教育""行为即课程"的基本思想，对我国当前的基础教育课程改革有重要的借鉴与启发价值。

宁波市第一幼儿园新行为课程框架

---

① 戴自俺.张雪门幼儿教育文集：上下卷[M].北京：北京少年儿童出版社，1994：130-131.

第三节　蒙台梭利课程

蒙台梭利教育是意大利著名教育家玛丽亚·蒙台梭利（Maria Montessori）所创立的一套完整的教育理念和教学方法，其对世界各国学前教育的发展产生了深远的影响。蒙台梭利将自己的教育理念在"儿童之家"发挥得淋漓尽致，她的教学方法从智力训练、感觉训练到运动训练，从尊重自由到建立意志，从平民教育到贵族教育，为西方工业化社会的持续发展，提供了几代优秀的人才基础。蒙台梭利因所取得的巨大成就而得到全世界的瞩目。蒙台梭利教育经过百余年的发展与传播，经久不衰，至今仍然闪烁着智慧的光芒。

一、蒙台梭利课程的理论基础

蒙台梭利接受了卢梭（Rousseau）、裴斯泰洛奇（Pestalozzi）、福禄贝尔（Froeble）的自然教育和自由教育的观点，同时依据自己多年以来对幼儿的实地观察和实验研究以及对生物学、遗传学、生理学、心理学和生命哲学的理论进行阐述和发挥，所形成的这些观点根植于蒙台梭利本人的观念之中，成为蒙台梭利课程的理论基础。

（一）蒙台梭利教育的儿童观

蒙台梭利认为教育是在协助生命的开展。她认为幼儿是学习的主体，成人的过度干预是幼儿感到厌烦和被动的根源。因此幼儿不断地向成人发出信息——"让我自己来"。面对幼儿的迫切需求，蒙台梭利倡导所有的教育工作者不要在幼儿成长路上横加阻挠，要以幼儿的人格为基础，为幼儿提供一个可以"自由创造自己的环境"。

1. 儿童发展有"吸收性心智"

蒙台梭利认为幼儿与成人的区别在于幼儿具有"吸收性心智"，它是幼儿自我发展的一种特殊能力。"吸收性心智"是一种创造性的活动，蒙台梭利称它为"贺尔美"（horme）。"贺尔美"是指生命存在的力量，是幼儿天生具有的推向自己持续进步的动力。幼儿在发展过程中用这种力量来建构自己的生命力。虽然幼儿出生后生理上也有所发展，但是心理的发展为零，所以幼儿要依靠吸收性心智来建构自己。

幼儿通过吸收性心智将周围环境中的整体印象完整地吸收，我们可以把这个特质比喻成照相机，当我们按下照相机的快门时，照相机就把周围的事物全部记录下来。但幼儿的吸收性心智对周围环境是没有区辨能力的，它就像海绵，如果不小心将牛奶打翻在地上，用海绵去吸牛奶，这时海绵吸的不仅仅是牛奶，还包括地上的灰尘。因此，幼儿在吸收周围一切事物的时候是没有选择性的，他的心智就如同海绵，只会全盘吸收。

2. 儿童发展有敏感期

敏感期

蒙台梭利认为敏感期跟生长的现象密切相关联，并在不同阶段表现出一种特殊的敏感性。它是生物体在其早期处于个体发育过程中获得的。蒙台梭利在与幼儿的接触中发现：幼儿有段时间特别喜欢进行某种工作或经常做某种行为，但是一段时间后该行为消失，同时另外一种行为又出现，于是蒙台梭利开始寻找答案，终于被《生命科学》杂志中一篇关于蝴蝶演变史的文章吸引，她觉得蝴蝶的演变与幼儿的发展非常相像，于是她借用了文章中的"敏感期"这一词，把它用在了幼儿的身上。

敏感期是一种内在的动机，它可以协助幼儿进入环境中某个特定面的学习。它与吸收性心智是一体两面的，两者缺一不可。如果把幼儿的吸收性心智想象成灯泡，幼儿可以看到这个世界，并把这个世界吸收进来，使其成为日后学习的重要基础，那么敏感期就像激光光束，射到某个点上，也就是把所有意志力集中到这个点上。在蒙台梭利看来，人的敏感期只存在于 0～6 岁，其中动作、秩序与感官接收的敏感期只存在于幼儿 0～4.5 岁。0～6 岁是幼儿语言发展的敏感期，它是所有敏感期中持续时间最长的，从幼儿出生后就开始。

3. 儿童发展有阶段性

蒙台梭利认为幼儿的发展具有阶段性，每个阶段的学习都以前一个阶段为基础，而且环环相扣。蒙台梭利将四大发展阶段按照年龄划分为：0～6 岁精神创造阶段，6～12 岁文化习得阶段，12～18 岁社会人产生阶段，以及 18～24 岁在社会中找到自己定位的阶段。虽然四个阶段有明显的年龄界定，但是我们不要把年龄当作规定标尺来使用。因为在观察中发现，有些幼儿在 6 岁前就已进入第二个发展阶段。因此，我们在实践中要有弹性,要了解每个阶段转变的特质,因为每个阶段我们都能看到不一样的孩子,每个阶段都为下一个阶段做准备,为下一个阶段打下基础。

幼儿在每个阶段都会面临众多挑战,这些挑战包括社会性、情感、独立等。因此,身为教师就要了解幼儿内在激发的动力,并提供一把好的钥匙来协助幼儿发展。幼儿发展的每一个阶段都有目标,这些目标可以当作对幼儿学习的检验,但同时也是幼儿准备好往下一个阶段发展的重点。在幼儿发展的四个阶段当中,我们把 0~3 岁、6~9 岁、12~15 岁、18~21 岁这几个阶段称为建构的阶段,3~6 岁、9~12 岁、15~18 岁、21~24 岁这几个阶段称为实体化的阶段,也就是幼儿将之前建构的知识进行运用的阶段。

(二)蒙台梭利教育的本质

玛丽亚·蒙台梭利通过自己的观察发现幼儿会不断地重复那些引起他们兴趣的活动。因此成人不能够单纯地只给幼儿物品,更应该根据幼儿的心理需要和倾向对提供的物品有所衡量,判断这些物品是否能够激发幼儿的学习兴趣,在蒙台梭利看来,幼儿具有"潜在的生命力"。这种潜在的生命力正是幼儿身心发展的原动力,不是填鸭灌输能够改变的。蒙台梭利教育倡导要充分尊重幼儿,一切设置都要以幼儿为中心,以幼儿的步调为其提供一个既进行保护,又提供养料的"有准备的环境"。

儿童的工作

蒙台梭利将幼儿的学习称之为"工作"。"工作"是蒙台梭利教育的一个基本概念。幼儿的"工作"与成人的"工作"截然不同。幼儿的"工作"就是活动,是幼儿在有准备的环境中自主自在的活动,是满足幼儿需要的活动。幼儿通过"工作"来自我实现与自我发展。

1. 注重幼儿个性化教育

蒙台梭利教育把幼儿看成一个独立的个体,因此蒙台梭利教学模式以幼儿的个别化学习为主,小团体活动为辅。在蒙台梭利教育中,教师通过观察了解不同年龄段不同幼儿的兴趣和需求,并为他们制订适合自身发展水平的学习计划,创设适合他们操作的教具。这些教具是幼儿自我学习的材料,幼儿通过对教具动手操作获得自己对工作掌握情况的直观感受。幼儿在第一时间感知自己的学习情况,对自己进行各方面评估。幼儿通过操作教具不断地完善自己,获得成长。通过操作这些教具,幼儿的专注力、主动性、坚持性、秩序感、自信心等都获得提高,幼儿不断成长为具有健全人格的人。

2. 遵循幼儿发展的轨迹

幼儿的发展是一个循序渐进的过程。因此，教师为幼儿示范的工作要遵循工作内容、工作方法等顺序安排，由易到难、由简到繁的原则，使幼儿能够系统地掌握所学内容。一方面，教师要善于发现幼儿的敏感期。当出现敏感期时，幼儿会受到环境某一方面的吸引，幼儿所有的注意力都会集中在这一方面，而且会保持长时间兴趣。另一方面，教师要尊重幼儿的发展阶段，无论幼儿处于哪个发展阶段，教师都要协助幼儿更好地预备自己，获得更好的发展。

3. 激发幼儿主动学习

蒙台梭利教育非常重视幼儿学习的主动性。幼儿与教具互动的过程中，教师会最先关注幼儿是如何选择这些教具的。幼儿是自己选择，还是在教师的引导下选择。如果幼儿能够合理地安排自己的学习任务，主动选择教具，说明幼儿具备较强的主动性，反之则相反。在激发幼儿主动学习的过程中，一方面，教师要了解幼儿的兴趣点，创设幼儿喜欢的教具。蒙台梭利教学的工作材料本身十分精致、美观且富有特点，对幼儿能够产生很大的吸引力，因此幼儿愿意主动去探索这些材料。另一方面，教师需要跟进对幼儿的指导，为幼儿示范的操作需要呈现阶梯性递进，以不断满足幼儿的好奇心，激发幼儿主动学习的欲望。蒙台梭利教学工作重在调动幼儿学习的积极性，使幼儿能够主动学习。

支持儿童的重复练习

4. 支持幼儿重复练习

> **小贴士**
>
> 蒙台梭利教育核心内涵如下：
> 1. 强调幼儿学习的主体地位；
> 2. 强调幼儿发展的阶段性；
> 3. 强调敏感期与吸收性心智在幼儿发展中所起的作用；
> 4. 强调幼儿发展是在"工作"中实现的。
>
> 资料来源：
> 1. 蒙台梭利. 童年的秘密 [M]. 李芷怡，译. 北京：北京理工大学出版社，2015：10-14，21-23，31，50，116，190-191.
> 2. 蒙台梭利. 有吸引力的心灵 [M]. 李芷怡，译. 北京：北京理工大学出版社，2015：3.

幼儿的学习离不开实践。只有通过亲身体验、实际操作，才能收获经验技巧，发现解决问题的方法。对于幼儿来说，操作需要不断的重复，在重复过程中，幼儿变得越来越专注，动作也会越来越有秩序。幼儿通过重复能够不断地获得经验的积累，从而完备自己达到自我教育。因此，为了让幼儿能够熟练掌握所学知识，便于幼儿能够顺利地学习新知识，教师会鼓励幼儿重复练习。重复练习可让幼儿逐步巩固所学的知识，使知识得到真正的内化。

二、蒙台梭利课程的目标

蒙台梭利认为，教育有两方面的目的：其一，生物的目的，即帮助幼儿自然发展。教育就是要协助幼儿开发自己的内在潜能。其二，社会的目的，即建立理想的和平社会。她认为和平是通过教育创造新人，并通过新人创建社会，从这个意义上说创建和平的社会是蒙台梭利所追求的终极目标。蒙台梭利将两者结合起来，为的就是创造一个社会新人。因此教育就是为实现这两方面目的的长期连续的不断追求。

蒙台梭利课程是具有完整性教育的课程，涵盖日常生活、感官、语言、数学和文化教育，有些蒙台梭利学校会将文化教育融入各区域当中，也有些蒙台梭利学校会将文化教育作为独立的一个区。蒙台梭利课程的最终目标就是激发幼儿的巨大潜能，使幼儿的生命发展走向独立。通过具体的练习如生活基本能力练习、五官感觉练习、智能练习等形式，形成健全人格的基础。蒙台梭利教室是一个小社会雏形，幼儿在其中学会尊重别人、接受别人，学习如何分享自己的知识技巧，学会如何领导别人，成为一个身心合一的人。"自由"与"纪律"合一，"个性"与"群体"兼顾，其启发幼儿使他们有能力解决困难，适应新的环境，达到自我构建和心智发展的目的。

三、蒙台梭利课程的内容

蒙台梭利教育的内容围绕日常生活、感官、语言和数学教育这四个领域开展。每个领域之间既是独立的，又相互关联。日常生活领域是幼儿进入蒙氏工作室中所接触的第一个区，因此它是幼儿进行其他区域工作的前提和基础。感官领域和数学领域之间有着密切的联系，数学工作学习必须建立在感官经验获得的基础之上。语言领域的涵盖面最广，在其他区的学习中都会涉及。同时，每个区的工作又会根据自己区的特质进行细分，从而促进幼儿获得最完美的发展。

（一）日常生活教育的内容

日常生活的工作与幼儿的生活息息相关，它帮助幼儿学习必要的生活技巧，形成独立的人格。日常生活领域工作包括：前置预备动作、人的照顾、环境的照顾、优雅和礼仪、动作控制以及艺术美工的工作。

（1）前置预备动作：引导幼儿进入一个较复杂的日常生活工作之前所要做的工作。例如：穿珠子、套娃等。

（2）人的照顾：引导幼儿学习基本的生活技能。例如：穿脱鞋袜和衣物、扣纽扣、梳头、洗手、切香蕉等。

（3）环境的照顾：引导幼儿学会照顾周围的环境。这里的环境照顾可分为两类，一类是用不到水的清洁，如扫地、擦桌子、打蜡等；另一类是要用水的清洁，如清洗桌子、洗碗、洗布等。

（4）优雅和礼仪：引导幼儿用正确的方式与别人互动，促进幼儿的社会性发展。例如：请求帮助、打招呼、处理冲突、取放物品等。

（5）动作控制：引导幼儿学会控制自己的身体肌肉，促进幼儿大肢体发展。例如：走线、线上游戏、静默游戏等。

（6）艺术美工：引导幼儿感受美，尝试用多种方式表现美。例如：对折剪、编织、水粉画等。

洗桌子

案例 7-1

日常生活工作：洗桌子

"洗桌子"是日常生活区的经典工作，属于环境照顾的范畴。这份工作不仅锻炼了幼儿的手眼协调性，而且还能帮助幼儿建立方向感和秩序感。

教具（见图 7-3）：

1. 围裙、防水地垫。
2. 碗或是脸盆、小水桶、水壶，以及肥皂和肥皂小碟子。
3. 海绵、刷子、擦干的布、擦手的毛巾。

图 7-3 "洗桌子"教具

目的：

1. 促进幼儿小肢体动作的协调发展。

2. 促进幼儿身体的平衡。

3. 引导幼儿借由活动操作的顺序建立起秩序感。

年龄：

4 岁。

示范：

1. 教师带领幼儿到教具柜上取教具，随后把教具放到桌面上，把小椅子从桌下搬出放在桌子的左侧，椅面朝向右侧，再将教具放到椅面上。

2. 教师将托盘里的地垫打开放在桌子下面，把两块毛巾分别从水桶里拿出来挂到椅背上，拿出小水桶里的水壶放在工作桌上，接着把小水桶放到桌子下面的地垫上。随后，教师请幼儿取水，要求水量大约是到壶口下方四分之一处。

3. 教师示范洗桌子的过程：

打湿桌子：将浸湿的海绵轻轻挤干后，从桌子的左上角开始按照从上到下、从左到右的顺序把整个桌面打湿。

刷桌面：将沾上肥皂的刷子用打圈的方式在桌面上按照从上到下、从左到右的顺序刷桌面。

海绵擦桌面：将海绵浸湿后完全挤干，从桌子的左上角开始按照从上到下、从左到右的顺序把整个桌面上的肥皂泡吸干净，每擦一排都必须转动手腕防止肥皂水落到地面，直到整张桌面都擦干为止。

布擦桌面：将干净的布对折后卷成蛋卷的形状，按照从上到下、从左到右的顺序刷桌面，最后按照顺时针方向擦桌子的边缘。

4. 教师清洁完桌面后，对幼儿说："现在你可以自己独立进行了。"孩子工作开始的时候，教师退场并进行观察。

5. 最后当孩子快要完成时，教师回来示范最后整理的部分：把小盆从托盘里拿出来放到桌子上，拿出擦桌子的布，先把小盆里面擦干，然后把小盆外面擦干；检查托盘和地面，是否有水珠并擦干。

兴趣点：

1. 呈现在桌面上的肥皂泡。

2. 每一种动作模式之间的转换。

3. 教师在检查桌面的时候，如还有一些没有洗干净的地方，需要提醒孩子。

4. 引导幼儿将弄湿后的围裙进行晾晒。

> **小贴士**
>
> 日常区是幼儿进入蒙氏学习的第一个区。日常区的学习，能够帮助幼儿建立方向感与秩序感。因此，教师在给幼儿示范时一定要掌握动作分析要领，非常清楚地让幼儿看到教师每一步的操作。

（二）感官教育的内容

感官领域的工作可以提升幼儿利用感官进行分类概括的能力、抽象思维能力、记忆能力（短期记忆与长期记忆）。根据五大感觉器官，感官区的工作包括：视觉感官、味觉感官、嗅觉感官、听觉感官、触觉感官等。

（1）视觉感官：引导幼儿用眼睛来感受物体的形状、颜色、面积。例如：粉红塔、棕色梯、红棒、色板、几何图橱等。

（2）味觉感官：引导幼儿通过嘴来品尝食物的味道。例如：味觉瓶、品尝生活中的食物等。

（3）嗅觉感官：引导幼儿通过鼻子来闻周围事物的味道。例如：嗅觉瓶、闻大自然中的物体的气味等。

（4）听觉感官：引导幼儿通过用耳朵听来感知周围的声音。例如：声音筒、音感钟等。

（5）触觉感官：引导幼儿通过用手的碰触来感知物体的质感、温度、重量。例如：粗细板、触觉板、布盒、温觉板等。

建构三角形

案例 7-2

感官工作：三角形盒

"三角形盒"是感官区的经典工作，属于混合感官的范畴。幼儿借助教具来操作体验三角形的多种建构方法，为几何学习奠定基础。

教具：

1. 一个木制三角形盒。

2. 一个灰色大正三角形，没有任何黑线。

3. 两个绿色不等腰直角三角形，各为灰色三角形的三分之一大，各在股上有一条黑线。

4. 三个黄色等腰钝角三角形，各为灰色三角形的三分之一，在两个等边上各有一条黑线。

5. 四个红色正三角形，各为红色三角形的四分之一。

目的：

1. 为幼儿学习几何学做预备，显现各种直线几何图形都是由三角形建构起来的。

2. 协助幼儿了解一个正三角形可以分解为其他类型的三角形。

年龄：

4 岁。

示范：

1. 教师邀请一位幼儿到工作柜边，告诉幼儿将要进行示范三角形盒的工作，让他把教具拿到桌子上。

2. 从盒中拿出所有三角形，随机放在桌子的右边，把盒子放在工作毯的右上角。灰色的三角形放在工作毯的左上方。

3. 先拿起一块绿色的三角形放在幼儿面前，再让他拿一个与之相同的三角形，让幼儿把三角形的黑线放在一起，问是什么三角形。

4. 教师拿一个灰色的三角形，把它盖在幼儿拼的三角形上面，完全重合，让幼儿意识到它们都是等边三角形。

5. 教师拿一个黄色的三角形放在幼儿的面前，让幼儿用同样的方法把黄色的拼好，教师再拿红色的让幼儿操作。

6. 把拼好后的三角形随机放在桌子的右边。让幼儿进行工作，教师退场观察。

7. 在幼儿探索完成后，教师协助幼儿把教具收好。

错误控制：

1. 用灰色三角形进行比对。

2. 用三角形上的黑线配对。

后续活动：

引导幼儿探索如果把三角形反过来会形成什么形状。

备注：

1. 教师在给 4 岁幼儿进行示范时，要很快让幼儿与教师一起进行工作。4 岁幼儿对于模式很敏感也很感兴趣。

2. 在与 4 岁幼儿工作时，只需给他一个小小的建议，教师就可以退场观察，让幼儿自己去探索。

> **小贴士**
>
> 感官工作除了能促进幼儿感知觉的发展，还有一个非常重要的目的就是帮助幼儿获得抽象能力的建构。因此，教师向幼儿进行感官工作示范时，可遵循"极端值的介绍（最大的、最小的、最深的、最浅的、最轻的、最重的、最长的、最短的等）—配对—排序—语言的介绍"四个步骤。

（三）语言教育的内容

蒙台梭利教育中语言工作是非常重要的。它促进了幼儿发音器官的精致化，帮助幼儿学会建立环境分类的机制，并且帮助幼儿掌握阅读的技巧，提升阅读的能力。语言区的工作包括口语活动、书写活动、阅读活动三部分。

（1）口语活动：口说语言，引导幼儿运用多种方式锻炼口语表达能力，如说真实故事、墙上的画、问题游戏、诗以及语言、分类图片等；单词扩充，引导幼儿运用多种口语活动丰富其词汇，如口语命名活动、与感官相关的语言等。

（2）书写活动：引导幼儿了解字的结构，掌握书写的一般规律。例如：声音物品盒、金属嵌图板、书写历程的发展等。

（3）阅读活动：引导幼儿掌握阅读的技巧，理解并感受文本带来的情绪。例如：了解各种词性（名词、动词、形容词、副词等）、三段式语言卡片、阅读小书、句子分析等。

三段式
语言卡片

案例 7-3

"丰富词汇"：三段式语言卡片

"丰富词汇"又名"词汇扩充"，是语言区的经典工作。这份工作属于口说语言范畴，重在引导幼儿学习新的词汇，促进幼儿听说能力的发展。

教具（见图 7-4）：

印有不同水果的卡片 8 张。

目的：

1. 认识新的词汇。
2. 增强幼儿听与说的能力。
3. 建立环境分类的机制。

图7-4 三段式语言卡片（部分）

年龄：

3岁及以上。

示范：

1. 教师邀请一名幼儿，一起工作。

2. 介绍教具名称以及所在位置。

教师："今天，我们要做三段式语言卡片的工作。我们要认识这些水果。"

3. 正确示范：

（1）教师分别拿出"柿子""菠萝""葡萄"，请幼儿念一念它们的名字。

（2）教师给出不同的指令，请幼儿根据指令做动作。

例如，教师说："请你把柿子放在我的手上""请你把菠萝放在这儿""请你把葡萄放在自己手上"。

（3）教师请幼儿说出水果的名称。

4. 整理环节：

（1）教师将幼儿已经认识的卡片放回盒子里。

（2）教师对幼儿说："这里还有很多卡片，你还想认识吗？"如果幼儿表示愿意，教师可以引导幼儿继续认识几组；如果幼儿表示不愿意，就请幼儿将工作放回教具柜。

错误控制：

以幼儿的逻辑为准。

后续活动：

1. 组织幼儿进行小团体活动。

2. 根据孩子的能力，引导他们认识文字符号。

> **小贴士**
>
> 三段式教学法是一种互动性非常强的教学法。在幼儿语言学习的过程中，它是教师用得最多的一种方法。它可以帮助幼儿快速、轻松地学习新词汇。三段式教学法分三个阶段。第一个阶段：命名，告知幼儿这是什么。第二个阶段：重复，通过重复让幼儿产生记忆。第三个阶段：确认，让幼儿说出物体名称，这也是检查幼儿是否认识的关键步骤。

（四）数学教育的内容

数学工作是蒙台梭利教育的一大特色。通过数学工作的学习，幼儿理解数量的概念及它们之间的关系，同时体会到数学与人类生活息息相关。数学区的工作主要包括数的介绍、数的运算、连续数数、记忆数学等。

（1）1~10 的数字：引导幼儿认识 1~10 的量及相对应的符号，对集合、奇偶数有一定的了解。例如：数棒与数卡、纺锤棒箱、数字与筹码等。

（2）十进制系统：引导幼儿了解位数以及位数之间的关系，能够进行退位和进位。例如：金色串珠、数卡、金色串珠四则运算、邮票游戏等。

（3）连续数数：引导幼儿用多种方法数数，能够理解平方、立方的概念。例如：千串珠链、百串珠链、加法蛇、减法蛇等。

（4）记忆工作：引导幼儿记忆 18 以内的数的关键组合，能够借助教具进行加、减、乘、除的运算。例如：加法长条板、减法长条板、乘法板、除法板等。

（5）通往抽象的道路：引导幼儿重新"造访"加、减、乘、除四则运算，了解分数的概念，将对四位数的认识扩展到六位数。例如：小算珠立架、百万箱、分数嵌板等。

纺锤棒箱

> **案例 7-4**
>
> **数学工作：纺锤棒箱**
>
> "纺锤棒箱"是数学区的经典工作。这份工作属于数学学习中"序数"的范畴，引导幼儿通过操作掌握 10 以内数字的排列顺序。
>
> 教具（见图 7-5）：

1. 两个木制的盒子（或者是一个大盒子），分为十个等分格，背板上面以黑色写有0~9数字。

2. 装纺锤棒的盒子，其中有45根纺锤棒。

图7-5 纺锤棒箱教具

目的：

1. 引导幼儿认识0~9之间数与量的对应关系。

2. 介绍"0"的概念，"0"代表什么都没有。

3. 强化0~9的自然顺序概念（已印在盒子上）。

年龄：

5岁。

预备：

1. 幼儿已有数字砂纸板的工作经验。

2. 认识1~10的数字。

示范：

1. 教师邀请幼儿将纺锤棒箱放到桌面上，将装有绳子的盒子放在桌子右上角。

2. 教师指着棒锤棒箱上的数字和幼儿一起复习"1~9"（忽略0），教师说："我们把纺锤棒放进这些分格里。"

3. 教师先指着分格里的"1"说"1"，然后一只手将"1"的纺锤棒数一数再用另一只手将其放进格子里。

4. 接着教师用同样的方法将其余的数字——对应放进格子里。

5. 教师示范到数字"4"后，请幼儿自己尝试进行。

6. 幼儿全部放好后，教师介入说："已经全部放好了，你知道'0'这里为什么是空的吗？因为'0'表示什么也没有。"

7. 教师示范收工作，按照从"9~1"的顺序将纺锤棒一根一根地放回盒子里。示范完一组请幼儿自己收。

错误控制：

纺锤棒多了或者少了。

> **小贴士**
>
> 蒙氏数学是将抽象的数学概念、高深的数学思维融入具体形象的教具中，幼儿通过操作蒙氏数学教具来获得学习。不但如此，教师在引导幼儿数学学习的过程中也需要遵循一定的模式，这样有助于幼儿循序渐进地掌握所学的知识。教师在示范时所遵循的模式为：介绍量—介绍符号—介绍符号与量—自我练习—自我验证。

四、蒙台梭利课程的实施

蒙台梭利课程的实施主要由两个要素构成：有准备的环境和教师。

（一）有准备的环境

为孩子创造良好的教育环境

蒙台梭利认为，幼儿的内在潜能是在环境的刺激、帮助下发展起来的，是幼儿个体与环境相互作用的结果。因此，我们需要为幼儿提供一个"有准备的环境"。这个环境是一个符合幼儿需要的真实环境，是实现幼儿身心发展所必须的环境。

⊙ **问题思考**

如果给你一间教室，让你创设一个"有准备的环境"，你会如何创设？请尝试设计一张教室布局图。

根据"儿童之家"的实践经验，蒙台梭利对"有准备的环境"提出以下标准：

1. 尊重成长

幼儿与成人在生理及心理方面存在着巨大差异，成人在 1 小时内的认知和感觉与幼儿所经验的截然不同。幼儿是以其特有的步调进行运动的，获得很多成人无法想象的能力。因此，教室的环境创设要尊重幼儿的成长步调和内在需求，为幼儿预备一个适合其尺寸的生活和工作环境。

2. 安全第一

教室中教具柜及桌椅的角全部采用"圆角"设计，以确保幼儿自由出入时的安全。室内饮用开水要求是30℃的恒温开水，以确保幼儿时时刻刻的饮水安全。教具柜均为镂空的通透柜子，其高度不超过幼儿的身高。这样一方面方便幼儿取、放工作；另一方面，方便教师观察幼儿，以便及时给予幼儿协助和指导。

> **⊙问题思考**
>
> 蒙台梭利提倡环境"安全第一"，但是为什么在蒙台梭利教室里，我们仍可以看到很多"危险"的工作，如"刺绣""切香蕉""削黄瓜""缝纽扣"，幼儿在做这些工作的时候会使用到真实的水果刀、刨刀、针等。这似乎是一件自相矛盾的事。对此你怎么看？你认为蒙台梭利环境中的"安全第一"到底指的是什么？

3. 简洁温馨

教室环境的颜色以清新的白色调及原木色为主，白色墙体，原木色教具柜、地毯架、桌、椅、板凳、床、地板等，整个教室看起来非常温馨、和谐。墙壁上少有装饰品，只是用简单的几幅图画来增添教室的活泼与生气。天花板上整洁，避免给幼儿视觉造成干扰。室内随处可见散发着生命气息的绿色植物、鲜花，古色古香的泡茶区让人流连忘返，轻盈透亮的窗帘投射出柔和的光。这一切都为幼儿营造了"家"一般的温馨环境。

4. 天然真实

教室必须是一个真实的环境，每一样物品是真实可用的，幼儿唯有经常与真实的物品接触才能呈现真实的本性，从而拥有适应实际生活的能力。此外，大多教具必须由木材和玻璃制作而成（蒙台梭利在设计教具时规定"不能使用塑料进行教具制作"），因为塑料在审美方面很难与天然材料相比拟，并且触感不如木制教具好。当然，在教室中，摆放着各式各样的真实材料，如玻璃杯、玻璃碗、烤箱、榨汁机等，它们都是生活中常见的真实物品，这些真实物品一方面给幼儿熟悉、亲切、温暖的感觉，另一方面提升幼儿参与操作的兴趣。

5. 美的感受

美感对幼儿非常有吸引力，幼儿最初的活动兴趣都是因美而引起的，所以投放在教室的材料在颜色、光泽、形状上都须具有美的感觉,环境力求达到颜色、亮度和比例的完美统一。整个环境是为吸引幼儿而创设的,如晶莹光亮的桌子告诉幼儿:"请小心使用我!"手柄上漆有小碎花的扫帚在说:"别让我闲着!"放着小刷子和小肥皂的洗脸盆在说:"把你的小手放进来!"……它们都在邀请幼儿去使用它们,如同大自然怒放的花朵,用鲜艳的色彩和独特的香味召唤着生灵。

6. 有所限制

教室中太多物品会分散幼儿注意力,让幼儿不知该选择何种教材或从事何种活动,导致幼儿不能将精神集中在对象物上。为避免幼儿做不必要的活动而精神疲惫、散漫,教具及活动须有所限制。同时,教具更换无须过勤,防止幼儿浮躁。教室中的每种教具只有一个,如果一个或一组幼儿正在操作此教具,这组教具就不再是其他幼儿选择的范围内了。此外,在材料使用上也是受限制的,因为幼儿在工作的过程中已经学会了等待和分享。

7. 有秩序感

从幼儿出生到四岁半是秩序发展的敏感期,2岁左右时最强。在此期间,幼儿会以秩序感为中心运用智慧,进行区分类、比较的操作,将周围的事物加以归整化,如果没有秩序,幼儿会没有方向感和安全感。所以秩序必须存在于预备好的环境中的每一部分。教室环境的布置需要井井有条、清晰明了,四大区域的区域分割也是按照顺时针的方向排列的,既互相独立,又互相联系。每一种教具在教具柜上都有固定的位置,便于幼儿操作完毕后整理归位。

秩序

蒙台梭利教育环境除讲究整洁,在教具摆放上也体现出了较强的秩序感。其借助值日生,引导幼儿对班级环境进行整理,从而体现了幼儿与环境间的有意互动。

案例 7-5

值日生的每日整理

值日生对工作室进行每日的整理。值日生在整理教具时,根据教具操作的难易程度进行层级式摆放,规范每层教具摆放的数量。根据教具大小,每层教具柜一般摆放 3~4 份教具。如倒水的工作,值日生在摆放时会按照不同倒水工作的难易程度从简单到复杂的摆放。再如值日生在整理彩色铅笔时,也

会按照红、橙、黄、绿、青、蓝、紫、黑、白的顺序，并且每种颜色铅笔摆放的数量都相同。教师无须花大量时间教会值日生该如何整理，因为工作室的环境已经告诉了幼儿该如何归纳。

蒙台梭利教育环境本身带有很强的秩序感。幼儿在与环境的互动中，一方面利用环境中的隐性教育支持，促进秩序感的发展；另一方面参与班级环境整理的过程，培养了责任意识。

（二）教师

在蒙台梭利教室中，成人不应该过多地干涉幼儿的工作，但这并不意味着教师就可以无所事事。相反，教师不但要兼顾环境的创设，还要对幼儿进行观察，给予幼儿示范。

> ⊙ 问题思考
>
> 在蒙台梭利教室中，你认为教师为幼儿投放教具的依据是什么？请你尝试设计一份日常生活工作。

教师作为环境的创设者、保护者和管理者，应该注意幼儿的环境。教师要布置好环境，使得所有的教具都按照规律依次摆放。同时，教师要注意自己的仪容，保持整齐清洁、沉稳而又端庄的仪态。

教师作为一名观察者，必须以科学家的精神，运用科学的方法观察研究幼儿。教师对幼儿的观察必须从幼儿的实际情况出发，采取实事求是的态度，客观真实地反映幼儿的行为表现。教师对幼儿的观察需要客观全面，这也是教师了解幼儿及制定下一步教育策略的基础。从记录的客观性来看，教师需要真实记录幼儿当下的行为表现。在记录时要反对偏见，更不能加入自己对幼儿行为的主观臆断。

蒙台梭利教师的条件

教师作为示范者，要在幼儿自由选择、使用教具操作前向幼儿示范正确的操作方法。教师在操作的时候动作要优雅和流畅，手的任何部位不能挡住幼儿视线，所有的示范必须完整清楚地展现操作的步骤，并且教师在示范时尽量少使用口语。示范结束后教师不能马上离去，需要退场观察，以对幼儿的学习情况有客观的了解。当教师看到幼儿的错误操作时，也不能直接告知，要学会等待。

观察是蒙台梭利教师了解幼儿最重要的手段。因此，作为一名蒙台梭利教师必须具备非常强的观察能力。表7-4是某位蒙台梭利教师的观察记录表，从中我们可以感受到教师在观察方面所具备的专业性。

> **案例7-6**
>
> ### 蒙台梭利教师的观察记录
>
> 观察记录表分三部分：第一部分是对幼儿工作过程的详细记录，从描述中看出教师对幼儿做的每一个动作都记录得非常清楚。例如："只见伊伊将海绵放入水盆中，用一只手挤掉海绵里多余的水分""她站在桌子的右侧方，从离自己较近的右上角开始从上而下地打湿桌子"等。可见教师对幼儿的观察非常细致，将幼儿的手部动作，或是站立的方位都观察得清清楚楚。第二部分是对幼儿工作状态的分析，结合片段记录。例如："打湿桌面、刷桌子的过程中有时从左边，有时从上面，没按照一定顺序""椅子无移至桌子的左边，一直处桌子正中间，造成打湿桌面、刷桌子无法在原地完成"等。教师分析出幼儿在某些环节缺少秩序感，故而在最后的策略调整部分，提出具有针对性的策略来提升幼儿的秩序感。
>
> **表7-4　观察记录表**
>
> | 片段记录 | 伊伊来日常区选择了洗桌子的工作。首先，她将工作用具摆放在椅子上。一切准备就绪后，只见伊伊将海绵放入水盆中，用一只手挤掉海绵里多余的水分，开始打湿桌子。她站在桌子的右侧方，从离自己较近的右上角开始从上而下地打湿桌子。最后，伊伊用画圈的方式将桌面全部打湿。
伊伊开始给桌面打肥皂。她右手取刷子，先在水盆里蘸点水，接着，用刷子轻轻地在肥皂上来回刷了八次。她用蘸好肥皂的刷子，从桌面右下角开始，用打圈的方式从左至右给桌面打肥皂。接着，她来到桌子正上方，开始从左到右给桌面打上肥皂，右手累了换左手，反复如此，直到桌面全部打上肥皂。最后她将刷子放回碟子里。
伊伊用海绵把桌面上的泡沫擦拭干净，先擦拭离自己较近桌面上的泡沫，接着擦拭较远的。当海绵吸满泡沫后，将其放回水盆里清洗干净，随后继续擦拭，一直坚持到桌面上没有肥皂泡沫。伊伊对桌子边缘也进行了擦拭。最后，将海绵放回碟子后，伊伊将水盆里的脏水倒入水桶里，右手拎着水桶，将水桶里的水倒入厕所。 |
> |---|---|
>
> **教师分析**
>
> 虽然伊伊是一名中班年龄段的幼儿，但她能够保持18分钟不间断工作，而且整个工作状态非常投入，未受到其他幼儿的影响，可见她的专注力非常强。工作条理清晰，先做什么，再做什么，从一开始的有序取水、将桌面打湿、刷桌子再到用海绵擦拭泡沫，每个步骤都井然秩序，说明她有较强的秩序感。
>
> 关注幼儿工作的细节。取好托盘，将托盘放置桌子右上角，导致椅子无法移至桌子左边，造成打湿桌面、刷桌子无法在原地完成。因此伊伊在操作中出现多个工作的中心点。在打湿桌面、刷桌子的过程中有时从左边，有时从上面，没有按照一定的顺序。同时缺少了用毛巾将桌面擦干的环节。

续表

调整策略
1. 建议后期老师重新示范毛巾的使用，帮助幼儿优化操作细节。
2. 打湿桌面、刷桌子，引导其自上而下，从左而右，建立更好的逻辑思维。
3. 在伊伊操作的时候，引导其将椅子移至桌子的左边，增加便利。

蒙台梭利教师的观察能力不是一朝一夕练就的，而是需要通过长年累月对幼儿不间断的观察才能具备这样的能力。观察是蒙台梭利教育的中心，在观察可以融合教师的日常工作态度和实践之前，每一位蒙台梭利教师都必须努力并认真对待。

⊙ **问题思考**

蒙台梭利教师是一名观察者也是一名指导者，更是环境的创设者。请你用思维导图呈现教师作为观察者、指导者与环境创设者三者之间的关系。

五、蒙台梭利课程的评价

（一）蒙台梭利课程的优势

蒙台梭利课程是蒙台梭利教育在不断实践与探索中逐渐形成的，与传统教育相比，它充分体现了蒙台梭利所倡导"以幼儿为本"的教育理念。混龄教育是蒙台梭利教育中独具特色的教学组织形式，这种教学组织形式为幼儿创设了一个紧密且丰富的同伴相处环境，有利于幼儿社会性的发展。蒙台梭利课程的引入丰富了学前教育的内容。与传统学前教育内容相比，蒙台梭利教学内容十分丰富，它涵盖日常生活、感官、语言、数学等多个领域。幼儿通过对这些领域的学习，使自己的内在潜力得到挖掘，不仅获得了知识，更获得了方法和经验。幼儿的学习离不开教师，在课程实施过程中，蒙台梭利教师更像是一名观察者、指导者，为幼儿个别化学习提供完备的环境和可操作的材料，在尊重幼儿个性化发展的道路上培养了幼儿健全的人格。

蒙氏教育本土化的应对策略

（二）蒙台梭利课程的局限性

蒙台梭利课程虽然有其自身独特的教育价值和意义，其中不乏能为我国的儿童教育所吸收和采纳的部分，但同时，我们也应辩证地看待蒙台梭利课程中存在的局限性。例如，蒙台梭利教育中对儿童的感觉训练是孤立的，其割裂了儿童认识的整体性与完整性，忽视了各个感官之间的内在联系；教具操作的程序、方法和规则是固定的，不利于幼儿创造性的发展；强调每个儿童根据自己的需要选择教具、材料，在独立操作期间不主张与同伴进行交流，造成幼儿缺乏与同伴协商和合作的机会。

第四节 高宽课程

高宽课程诞生于20世纪60年代的美国，经历了半个多世纪的建构、解构、重构等发展，其已经成为当今世界学前教育领域中具有举足轻重影响力的经典幼儿园课程模式，广受赞誉。高宽课程的发展与成功不是偶然的，离不开高宽课程方案开发者的不断攀登与超越以及教育改革大潮的积极推动。[①] 下面我们将进入高宽课程内容的学习，让我们走近高宽课程模式的理论与实践，共同领略它的魅力。

一、高宽课程的内涵与理论基础

（一）高宽课程的内涵

高宽课程（High/Scope Curriculum），在我国亦译为"高瞻课程""海伊斯科普课程"等。高宽课程是由美国著名的儿童心理学家戴维·韦卡特（David Weikart）及其同事在1961年创建的，并被广泛地应用于"开端教育计划"和儿童早期教育项目中，现已成为当今世界学前教育领域优秀的幼儿园课程模式之一。

从词源分析，"高"即高度热情（high aspirations），"宽"即宽广兴趣（abroad

---

① 霍力岩，孙蔷蔷，敖晓会. 高宽课程［M］. 上海：华东师范大学出版社，2017：243.

scope of interest），此种解释较为契合高宽课程的课程内涵，即以公立幼儿园儿童为主要对象，以帮助儿童学会主动学习为基本价值取向，以系列关键经验为主要学习内容，以计划、行动和反思的活动教学为基本组织形式，旨在让儿童对周围的自然与社会具有高度热情和广泛兴趣的一种幼儿园课程模式。

（二）高宽课程的理论基础

高宽课程是一个"建构主义"模型，主张儿童在个人经历和社会互动的基础上积极建构自我对于世界的理解，而不是被动地接受成年人灌输的知识和技能。[①] 这种观点并不是在真空环境中随意形成的，而是扎实地汲取了皮亚杰（Piaget）、维果斯基、杜威等心理学家和教育思想家的理论，并在学前教育实践中不断完善和进步的。

高宽课程以皮亚杰的认知发展理论为基础明确课程发展的方向。皮亚杰认为，儿童凭借自己已有的知识和经验在与周围环境互动的过程中，逐步建构起新的个人关于外部世界的知识和体验，从而使自身认知结构得到进一步发展。因此，高宽课程将儿童视作一个有能力的学习个体，关注儿童的真实参与和体验，重视儿童与周围环境的积极互动。维果斯基的许多观点也被高宽课程所吸收，为其课程发展奠定了基础。维果斯基认为，儿童在与文化和社会交往互动中习得认知结构，主要方式是通过倾听环境中的语言获得认知的发展。在互动的过程中，成人和伙伴的作用是不可忽视的，他们通常起到中介辅助的作用。[②] 同时，维果斯基提出的"最近发展区"理论、"脚手架"概念都为高宽课程中成人的角色定位，以及如何支持、延伸儿童的主动学习提供理论借鉴。此外，当今认知发展心理学研究、脑神经科学以及有效的教育实践等最新研究成果也不断为高宽课程注入新力量。

审视高宽课程背后广泛的理论基础，我们会发现相关理论并没有成为课程模式中随意拼凑出的处方，而是成为课程发展中澄清理念、反思问题的哲学指南。正如高宽课程的设计师所说："我们强烈希望我们的课程不会被大家认为是一种狭隘的皮亚杰课程，相反我们更愿意把皮亚杰理论看作是我们的一个理论框架，这种框架说明我们的教育应该强调儿童和成人的问题解决能力与决策能力。"[③] 高宽课程给予我们的启示可能在于当下幼儿园轰轰烈烈地开展课程园本化和园本课程建设中，幼儿园应该如何思考与选择相应的课程理论，将课程理论放在一个什么样的位置，这

[①] 爱泼斯坦. 学前教育中的主动学习精要：认识高宽课程模式［M］. 霍力岩，等译. 北京：教育科学出版社，2011：4.

[②] 闫颖. 美国学前高瞻课程模式研究［D］. 哈尔滨：哈尔滨师范大学，2013：13.

[③] 霍力岩，孙蔷蔷，敖晓会. 高宽课程［M］. 上海：华东师范大学出版社，2017：12.

些都是不能回避和逃避的问题。

（三）高宽课程的发展基石：学习轮

高宽课程利用了自制的"学习轮"对高宽课程方案内容进行了具体形象的说明。在"学习轮"（见图7-6）中，我们能清晰地看到高宽课程的轮廓，它也帮助我们整体性地把握高宽课程的内涵。高宽课程以主动学习为课程发展基石，围绕关键发展性指标制订教育计划，以学习环境、每日活动常规、师幼关系和评价为四个要素，发展儿童的主动性，推动儿童的主动学习和发展。不难发现，高宽课程将主动学习置于"学习轮"的中心，也正彰显其精髓理念：主动学习是儿童潜力全面发展的基础，并且只有在提供发展适宜性学习机会的环境中，主动学习才是最有效的。

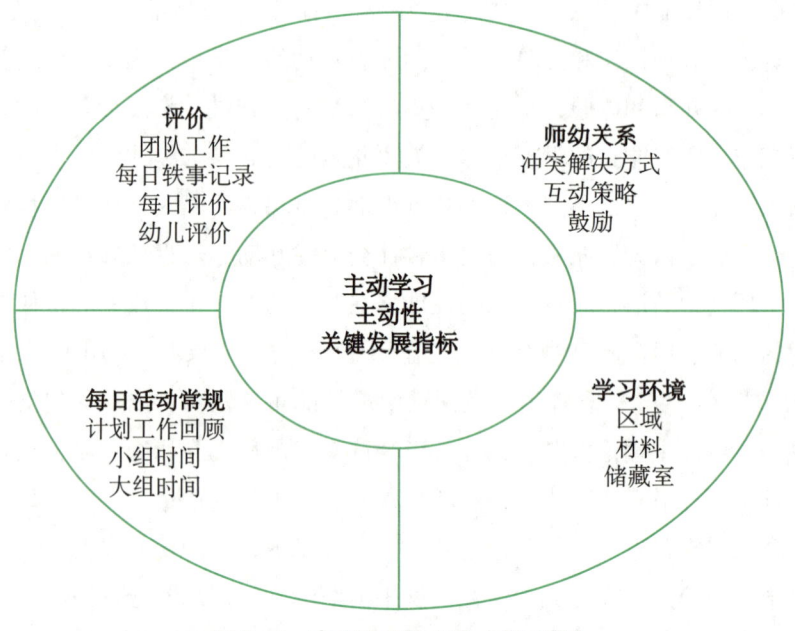

图7-6 高宽课程的主动"学习轮"

二、高宽课程的目标

早期高宽课程最主要的目标在于有效地促进儿童认知能力的发展，其课程目标是反映儿童认知能力的5类49条关键经验，即主动学习的关键经验、语言运用的关键经验、经验和表征的关键经验、发展逻辑推理的关键经验（分类、排序、数概念）、理解时间和空间的关键经验（空间因子、时间）。到了1995年，高宽课程以"主动学习"为其教学设计的核心，主动学习不再只是一个手段，更多的，它是一个目标了。① 因此，后期高宽课程的理念是主动学习，核心目标是促进儿童主动学习。其致力于培养儿童广泛的技能，包括解决问题、人际关系，以及日新月异的社会中实现成功生活所必需的沟通技能，促进儿童自我意识、社会责任感、独立意识的发展和有目的地设计生活，把儿童培养成自立、守法的公民。②

在以主动学习为基石而建立的高宽课程中，主动学习被定义为"幼儿通过直接操作物体，在与成人、同伴、观点以及事件的互动中，建构新的理解的学习过程"。③ 高宽课程将主动学习的实践归纳为"五要素"。

1. 材料

提供充足的、丰富的、适宜儿童不同发展需要的材料。材料能够吸引儿童的多元感官参与，而且具备开放性，儿童能够运用多种方式自由选择与操作。

2. 操作

儿童摆弄、探究、组合和转化材料并形成自我的观点。通过直接用手操作或者与这些资源互动，发现知识。

3. 选择

儿童选择材料、玩伴，改变或形成自我的想法，并根据自我的兴趣和需要计划活动。

4. 儿童的语言和思维

儿童描述他们所做和所理解的，表达自我想法以及与同伴相互交流。儿童的语言既可以锻炼儿童制订计划、反思与分享的意识，同时也能帮助成人了解儿童的所做所想，以提供更适宜的支持策略。

5. 成人的支持

成人支持儿童当前的思维水平并挑战它们，使其进入新的发展阶段。以这种方式，成人帮助幼儿获取知识，发展创造性地解决问题的技能。案例"儿童主动参与式学习五要素的运用"是一个发生在高宽课程教室中的案例，来自教师的观察记录，介绍如何运用主动参与式学习"五要素"帮助儿童学习书写。

在案例中，我们可以发现高宽课程提出的学习"五要素"蕴含其中。在高宽教室中分布着各种不同的书写材料，引发了儿童艾琳书写的兴趣与欲望。艾琳以各种

案例 儿童主动参与式学习五要素的运用

---

① 王春燕. 幼儿园课程概论［M］. 北京：高等教育出版社，2007：225.
② 莫里森. 学前教育：从蒙台梭利到瑞吉欧［M］. 祝莉丽，周佳，高波，译. 北京：中国人民大学出版社，2014：149－150.
③ 爱泼斯坦. 学前教育中的主动学习精要：认识高宽课程模式［M］. 霍力岩，等译. 北京：教育科学出版社，2011：13.

方式自由地选择和使用书写材料，尝试像成人一样进行书写活动。当儿童操作活动时，教师自然地与其互动交流正在做的事情，让儿童感受到自己的活动是有价值的、有意义的，同时也拓展儿童的词汇量。同时，案例中的教师基于艾琳的现有水平，提供其所需要的帮助，帮助艾琳学习书写。

> ⊙ 问题思考
>
> 观察一个幼儿学习的情境，回顾主动学习的"五要素"，请你分析所观察的情境中存在哪些主动学习的要素？

三、高宽课程的内容

高宽课程的内容不是明确规定的系统的学科知识，而是围绕教师和幼儿发起的学习活动所构建的 5 个课程内容领域：学习方式；语言、读写能力和交流；社会性和情感发展；身体发展和身心健康；艺术和科学。在这 5 大领域中包含了高宽课程的 58 条关键发展性指标。2010 年，高宽课程对此进行重新修订，将内容领域拓展至 8 大领域。原先"艺术和科学"领域所辖的"数学"领域、"创造性艺术"领域、"科学和技术"领域、"社会学习"领域 4 个子领域均被作为单独领域呈现。58 条关键发展性指标数量保持不变，但是在内容上进行修订调整。例如，在身体发展和健康领域，对关键发展性指标进行了重新分类，关注在早期儿童发展阶段的健康行为意识形成的重要性等。

关键发展性指标的"关键"指的是指标内容涉及儿童应该掌握的重要经验；"发展性"表达了学习是循序渐进的进程；"指标"意味着我们需要证据来支持儿童的发展。[①] 关键发展性指标旨在帮助成人了解幼儿发展，进而为幼儿创设学习环境，提供发展适宜性的学习活动，并通过积极的师幼互动和评价，促进幼儿的主动学习和发展。[②]

（高宽课程八大领域五十八条关键发展性指标）

四、高宽课程的组织与实施

课程实施是整个教育过程的核心，即将课程内容转化为儿童自身的知识或经验的过程。在学前教育中，往往更多通过环境等途径为儿童提供教学。因此，下面将

---

① 霍力岩，孙蔷蔷，敖晓会. 高宽课程 [M]. 上海：华东师范大学出版社，2017：61.
② 霍力岩，孙蔷蔷. 高宽课程模式的形成动因和基本理念 [J]. 福建教育，2017（16）：23-24.

从环境创设、一日常规、师幼互动三个方面来明确高宽课程实施的特点。

（一）创设支持性学习环境

1. 将学习空间分成不同的兴趣区域

高宽课程往往以"兴趣区""学习中心"或"活动区"为中介开展，高宽课程教室中有积木区、"娃娃家"、艺术区、玩具区、读写区、沙水区、运动和音乐区、数学和科学区、电脑区、户外区等，各区域用简单易懂的标签（可以使用词语、图片或实物）显示。区域的数目没有硬性的规定，会根据地区或者季节的不同改变，各个区域用低矮的分界物来区分。区域的位置取决于课程方案的材料以及每一区域的使用方式。最重要的是，要保证充足的空间让儿童游戏。

2. 赋予环境对儿童有吸引力的元素

儿童一天的大部分时间都是在幼儿园度过的，因此他们应该在这种环境中过得愉快舒适。高宽课程的教室环境具备如下特征：增加环境的柔和性（投放靠垫、枕头等柔软物）；采用悦目的色彩和图案（避免视觉爆炸，多采用明亮的色彩和清淡优美的色调）；提供天然的建筑材料和自然光线（石头、木头等）；营造安静舒适感（创设独处私密空间）等。

3. 活动材料多样并且充足

高宽课程教室中的材料主要包括：专门为学前儿童制作的材料（如玩具、拼图或攀爬设备），以及一些日常生活中的物品，如电话机、锤子、衣服等；来自家庭的物品（可回收的纸张、容器等）；天然的材料（贝壳、树枝、落叶、石块等）。充足的材料能让每个儿童都可以操作材料来执行自己的计划而不必花长时间等待；能让儿童在材料方面有很多选择以实现自己的目的；也有助于最大限度减少儿童之间的冲突；可以通过多样化的材料来提供广泛的游戏经验。此外，高宽课程在材料选择上遵循普遍的、可供参考的指导原则，并未规定具体使用的材料。

> **小贴士**
>
> **高宽课程教室里的材料清单举例：艺术区材料**
>
> 用于混合和绘画的材料。手指画用液体淀粉、皂片、水彩、画架、塑料挤瓶、颜料罐子、不同大小的画笔、松饼罐、颜料盘、海绵、纸巾、工作服、牙刷、网板。
>
> 用来连接和分开东西的材料。剪刀、纱线、鞋带、细线、橡皮圈、回形针、透明胶带、白胶水、浆糊、打孔机、订书机。

> 制作二维作品的材料。铅笔、彩色铅笔、蜡笔、粉笔和黑板、记号笔、印台和印花、杂志和目录册、不同颜色和质地的大小纸张、报纸、铝箔纸、蜡纸、棉纸、棉花球、纸屑、鞋盒子、壁纸样品纸板。
>
> 制作三维作品的材料。黏土、橡皮泥及相应配件、纽扣、吸管、鸡蛋盒、冰激凌盒、空线轴、晾衣架、小木块、金属饰品、纸筒、纸袋、羽毛、泡沫塑料片。

案例 高宽课程中教师存储材料的方式

4. 存储方式有利于完成"发现—使用—归还"

高宽课程教室的学习环境有序，材料有组织地摆放在学习中心，儿童可以清楚地看到并独立获取这些材料。正如案例"高宽课程中教师存储材料方式"所示，教师使用以下的方式进行材料的管理和标识，帮助儿童找到所需的材料并在用完后放回原处：①将相似的材料放在一起；②使用透明的并可以抓握的容器；③用儿童能够理解的标志来标记容器。

（二）科学组织一日常规

高宽课程的实施通过一日常规活动来完成，倘若高宽课程的学习环境是对空间进行组织，那么，一日常规活动正是对时间进行组织。一日常规主要由"计划—工作—回顾"三个环节及一些其他活动环节构成，这为儿童做出选择、遵循兴趣提供一个主动学习的框架设计。其中，"计划—工作—回顾"三部曲循环被认为是高宽课程的发动机，确保儿童的主动学习能够得以成功实施。

1. 计划时间（10~15分钟）

计划就是儿童表达意愿做出决定的过程，包括选择材料、行动和合作伙伴，找出问题，提出解决措施，等等。儿童自己决定在工作时间干什么，他们把自己的计划告诉教师，教师则帮助他们思考和充实他们的计划，记录儿童的计划，并帮助他们开始执行计划。基于年龄和交流能力，儿童常通过绘画、手势或者语言来表达他们的计划。值得一提的是，计划不同于简单的选择，因为计划包含儿童关于想做什么以及将怎样做的具体思考。计划比选择更具有目的性和意向性。

2. 工作时间（45~60分钟）

工作是儿童实施计划的阶段，那些完成了第一个计划的儿童可以重新开始另一个计划。儿童可以按照原有计划活动，也可以调整计划。教师在儿童中间走动，指导和支持他们，并帮助他们充实工作内容。教师注重观察儿童是如何搜集信息、如何开展活动、如何与同伴进行互动、如何解决问题的，如有可能可在适当的机会介入幼儿的活动，支持儿童进一步的探索或学习。

3. 整理和回顾时间 （10~15分钟）

儿童把他们未完成的作品收起来，并把他们在工作时间用过的材料分类、整理和放回原处。在整理收拾完毕后，儿童和教师在一起，共同回忆和表征他们在工作时间的活动，重温儿童在工作中所遇到的问题。但是，回顾不同于回忆，它不只简单谈论他们计划了什么以及他们是如何做的，同时也要思考自己学到了什么。这为儿童反思自身行动并汲取与环境材料和人互动的经验教训提供了机会。

除了"计划—工作—回顾"三个环节的活动外，高宽课程中还有一些其他的活动时间，包括小组活动、户外活动、团体活动时间及过渡环节时间。

4. 小组活动时间 （15~20分钟）

小组活动主要由教师引发，根据儿童的兴趣或儿童的关键发展性指标、未开发的材料、当地传统等设计活动。一般一位教师和6~10个儿童一组。儿童运用教师提供的材料来进行活动，在这些活动中，教师可根据特定的关键发展性指标来观察和评价儿童。如一个小组活动可能给每个儿童一团泥，让他们一边操作一边观察所产生的变化，或给每个儿童一些盒子和积木，让他们探索物体的不同排列方式。

5. 户外活动时间 （30~40分钟）

儿童和教师共同参与富有生气的和运动量大的体育活动，如跑、跳、投掷、攀爬、滚等活动。还可在户外进行艺术工作、假装游戏。教师加入儿童的户外活动中，并鼓励儿童讲述他们正在从事的活动。

6. 团体活动时间 （10~15分钟）

全体儿童和教师共同参加一个活动的时间，主要由教师计划和发起，儿童也有很多选择。这些活动主要有唱歌、自编动作表演歌曲、演奏乐器、做律动、玩游戏，有时还讨论即将到来的一个特殊事件。一天当中有几次这样的团体活动时间，具体开展取决于当天的计划。

7. 过渡环节时间 （时间可变）

高宽课程也将过渡环节视为独立的活动并给予足够的重视。过渡环节发生在两个活动之间，包括到达和离开，以及一日常规活动各环节之间的空隙。除了涉及活动的变化，还包括位置的转移、材料的变化、穿着的变化、照顾者的变化或者玩伴的改变。有些儿童可以轻松地对待过渡环节，有的则会感到压力，如刚入园的儿童，但一旦体验到了一日活动带来的舒适感和内部控制时，过渡环节就不会再产生压力。

以上几个环节之间的顺序并不是固定不变的，教师可以根据自己的时间和程序表的情况，把这些环节安排成一日生活时间表。只要这几个环节都包含在内，具体如何安排并不重要，但计划时间、工作时间、整理和回顾时间先后顺序不能变，而且工作时间应该是时间最长的一个环节。

下面是实施高宽课程幼儿园的一日生活常规安排时间表（见表7-5、表7-6）。[①]

表7-5　半日制幼儿园一日生活时间表

8：30—8：50 计划时间
8：50—9：45 工作时间
9：45—10：00 整理和打扫时间
10：00—10：30 回忆、点心和小组活动时间
10：30—10：50 户外活动时间
10：50—11：10 团体活动时间
11：10—11：20 离园

表7-6　全日制幼儿园一日生活时间表

上午
7：30—8：30 教师和儿童一起制订计划，并进行一个短时间的操作活动
8：30—9：00 早餐和刷牙
9：00—9：20 计划时间
9：20—10：30 工作时间和整理打扫
10：30—10：50 回忆时间
10：50—11：20 户外活动时间
11：20—11：45 团体活动时间和午饭准备
11：45—12：30 午餐
下午
12：30—1：30 午睡，儿童午睡或躺下来安静地看书
1：30—2：15 小组活动和点心时间
2：15—4：00 有的儿童离园，教师和留下的儿童制订计划，在活动区活动一直到离园

高宽课程的一日常规既为儿童和教师提供所需的连贯性和对行为的可预测性，也提供了足够的灵活性和活动弹性。在活动实施的过程中，儿童不感到过于仓促或缓慢。更重要的是，儿童能感受到一日常规活动是属于他们的，能按照自我的节奏进行活动。同时，一日常规中每个环节具有自己的内容、速度，也为教师提供了观察和计划的框架，使教师能在每个环节中观察并了解儿童的需要和兴趣，提供儿童适宜性的支持。

---

① 霍曼. 活动中的幼儿：幼儿认知发展课程［M］. 郝和平，周欣，译. 北京：人民教育出版社，1995.

(三) 做"有准备的教师"

"有准备"是指有目的、有计划，即在行动之前必须拟订一个行动计划。"有准备"是高宽课程中教师的关键素养，表明教师时刻都在为幼儿的主动学习准备着，其核心是教师如何与幼儿互动。20世纪80年代之后，高宽课程吸收了社会生态学的观点，开始重视成人与儿童之间的积极互动。教师的工作主要包括提供材料、划分活动区、建立一日常规、倾听儿童的声音、记录儿童的发展。

高宽课程要求教师与儿童分享控制权，要营造一个支持儿童主动学习的氛围，创设一个儿童自由探索、心理宽松、安全的环境，创设支持性的学习氛围，基本要素为：

1. 教师和儿童分享控制

分享控制意味着教师和儿童可以轮流担任领导者和被领导者、讲话者和倾听者等。其策略如应儿童的要求参与他们的活动、向儿童学习、有意识地给儿童支配权。

2. 把注意力放在儿童的优点上

以儿童能做什么和他们的兴趣为出发点，真正激发他们的学习动机。一般采用如下策略：密切关注儿童的兴趣；从儿童的角度看问题；与儿童的父母和其他员工分享儿童的兴趣；围绕儿童的优势和兴趣制订计划。

3. 和儿童建立真实的关系

真实意味着教师和儿童的关系是真诚的。所以，教师要与儿童分享自我的兴趣；专心地回应儿童的兴趣；给每个儿童具体的反馈；诚实地提出和回答问题；限制问题的数量（提问数量过多容易让儿童感到是在被盘问）。

4. 支持儿童的游戏

高宽课程秉持这样的一种理念：游戏是儿童的工作。为此，教师要观察、理解儿童的游戏；要充满热情地加入儿童的游戏中，进一步了解儿童的想法和需要。

5. 运用鼓励而不是赞扬

教师通过鼓励儿童，认可儿童的努力和成绩。教师要参与儿童的游戏；鼓励儿童描述他们的努力、想法和成果；重述儿童的话（重述儿童的话可以让儿童知道成人真的在听他们说话，并认可他们的活动和努力）。

6. 采用冲突解决"六步法"解决冲突

高宽课程中经常运用六个步骤来解决人际交往问题：平静地走向儿童，停止一切伤害性的行为；认同儿童的感受；搜集信息；重述问题；询问儿童解决问题的办法,并一起选出一个办法;需要时给予后续支持。

五、高宽课程的评价

持续评估是教育过程中不可分割的一部分,为此,高宽课程提供两种综合性的评估工具和材料以便开展对儿童和项目的评估,主要包括学前儿童观察评价系统(Child Observation Record,COR)与项目质量评估量表(Program Quality Assessment,PQA)。[1]

高宽课程对儿童发展的评估采用学前儿童观察评价系统,指通过基于对儿童有效的综合观察以评估儿童发展,主要用轶事记录和儿童作品分析的方法,搜集和记录儿童成长的证据。教师是经过几周或几个月对儿童全方位的行为观察后得出对儿童真实能力的评估结果,而非使用某阶段测验的简单方式。COR 作为一个观察性的评价工具,其观察内容包括 9 个条目和 36 个观察项目,以"语言、读写和交流"中的"阅读"为例(见表 7-7),每个观察项目下面包含 8 个发展水平,每个水平描述了从简单(水平 0)到复杂(水平 7)的不同行为。通过客观、全面、连续地记录儿童的日常生活,真实且清晰地呈现出儿童发展的趋势脉络,同时完整保留儿童发展变化的所有过程性特点。除此之外,高宽课程还编制了项目质量评估量表,评估内容涵盖项目质量所有方面,用于培训、监督、管理以及研究和评估。

表 7-7 高宽课程中 COR 中的阅读评估

	水平 0	水平 1	水平 2	水平 3	水平 4	水平 5	水平 6	水平 7
阅读	幼儿注视书中的一幅图片	幼儿指着图片或照片中熟悉的物品	幼儿通过描述其所看到的物品来"读"图	幼儿理解一个常用符号的含义	幼儿读出两个或更多单词	幼儿读出三个或更多印刷形式的单词	幼儿在阅读一行文字时通过字母发音、图片线索、语言规则和词汇重新读出新单词	幼儿通过拆分单词的音节来读出双音节单词

综上所述,高宽课程强调通过儿童的主动学习主动建构自我的经验与认识,经过 40 多年的实践和研究证明,这确实是一套优质有效的学前教育课程。高宽课程与其他课程方案相比具有显著的特点。

(一)着重儿童兴趣与经验的守护

高宽课程的目标制定与内容选择立足于儿童认知发展所必需的"关键发展性指

---

[1] 霍力岩,孙蔷蔷. 高宽课程模式的实施与评价[J]. 福建教育,2017(20):27.

标",强调的是儿童在与环境相互作用中直接获得的、对儿童持续学习与发展具有"关键"作用的经验。这些经验在儿童成长中具有重要价值,既能展现儿童发展的连续性,也成为教师观察、了解与支持儿童学习与发展的线索和证据。[①]

(二)重视师幼之间的互动

在高宽课程中,设计学习经验的责任由教师和儿童共同承担。从活动类型来看,既有儿童自主进行的学习中心活动,又有成人组织的小组活动和团体活动,这就既保证了儿童主动学习的自主性,又平衡了他们学习经验的获得,同时较好地处理了在教育过程中师生相互作用的关系。

(三)注重课程的实际操作性

高宽课程的每一部分既有原则性的指导,又有大量供教师选择的具体应对的建议,而且还提供很多实例予以说明。例如,在教室物质环境的准备和布置方面,高宽课程不仅提出了积木区、"娃娃家"区、美工区等几个区域设置的指导原则,而且还就每个区域能发展哪些关键经验,安排在教室的什么空间位置,要投放什么材料清单等问题,都提出具体的要求与建议,便于教师理解与具体操作。

当然,不可否认的是,高宽课程也对教师的专业素质和技能的要求较高,特别是教师对儿童发展心理规律与特点的掌握,以及观察与评价儿童的技能技巧,这些都使该课程方案直接应用于儿童教育领域受到一定程度的限制。

高宽课程为我国建构具有中国特色的幼儿园课程模式提供启示和借鉴。

第一,教育理念。融会主动学习的内在精神与践行要点。作为幼儿教师要更新教育理念,促进儿童的主动学习,关注儿童关键经验以及良好学习品质的提升;要充分挖掘课程资源,创设支持儿童主动学习的环境,更新活动材料,丰富活动形式。

第二,活动组织。实现儿童发起活动与教师发起活动的动态平衡。尊重儿童基于自身兴趣和经验发起的活动,处理好一日活动中不同活动组织形式的性质、功能与比例,优化班级一日活动的结构。进行"计划—工作—回顾"三部曲在班级一日活动中的本土尝试与探索。

第三,课程评价。探索建构与课程相互配套的有效真实的评价体系。评价在儿童发展中扮演着较为重要的角色,尝试探索建立与课程相应的评价体系,兼顾评价主体的多元化、评价指标的全面化、评价过程的情境化、评价目的的多样化。

如果教师切实能按照高宽课程的理论结合具体的实践进行有意义的探索和尝试,

---

① 霍力岩,高宏钰. 关键经验:基本内涵与主要特征[J]. 幼儿教育,2015(31):17-18.

并在行动的过程中不断进行反思、调整和改进,一定可以帮助儿童走向既高又宽的地方,帮助儿童体验到自由成长和主动学习带来的魅力以及高、宽处的无限风景。而在此过程中,教师想必也会体验到同样的魅力并领略到无限的风景。

第五节 瑞吉欧幼儿教育学校课程

一、瑞吉欧幼儿教育学校课程的理论基础

瑞吉欧幼儿教育学校创始于第二次世界大战以后,由创始人马拉古奇(Malaguzzi)等带领民众创立。经过近70多年的不断发展,已经形成了以充分尊重儿童的人格,充分包容儿童的想法,充分支持儿童的活动为价值追求的瑞吉欧幼儿教育学校课程,为世界各地的幼儿教育提供了一个优秀的教育典范。

瑞吉欧幼儿教育深受美国进步主义教育运动的影响,充分汲取和发展了杜威和克伯屈的理论,尊重儿童,鼓励和支持儿童的探索活动;在对知识和儿童学习的认知方面,瑞吉欧幼儿教育批判地继承了皮亚杰与维果斯基的认知发展理论,充分认可环境、互动与社会合作对儿童知识建构的重要作用。在不断的教育实践中,这些优秀的理论和价值观已经发展融入瑞吉欧幼儿教育学校独特的理论基础与实践体系中,共同推动瑞吉欧幼儿教育的发展与进步。

世界各地对瑞吉欧的关注

二、瑞吉欧幼儿教育学校课程的基本观点

瑞吉欧幼儿教育实践中最为基本的是他们对儿童、对教育的看法,这些观点成为瑞吉欧幼儿教育学校课程的基点。[1] 除此之外,瑞吉欧幼儿教育在教师、环境等

---

[1] 虞永平,王春燕. 学前教育学 [M]. 北京:高等教育出版社,2012:190.

方面也有自身独特的见解与经验,以下将从儿童观、教育观、教师观、环境观等四个方面介绍瑞吉欧幼儿教育学校课程的基本观点。

(一) 儿童观

瑞吉欧的儿童是主导自己成长发展的主角。在这里他们拥有充分的权利,得到充分的信任,也可以获得充分的支持。

在瑞吉欧,儿童是拥有充分的生存和发展权利的人,他们有权利发表自己的看法,像成人一样,是拥有独特权利的个体;儿童是主动的学习者,他们有强烈的好奇心和求知欲,有自己的经验和知识,拥有自己独特的学习方式,渴望探索与认识未知的世界;儿童具有巨大的潜能,他们富有好奇心、创造性,具有可塑性,他们是在与外部世界的相互作用中主动地建构自己的知识经验,主动寻求对这个复杂世界的理解;儿童都是天生的艺术家,他们能够广泛运用各种不同的象征语言和媒介来表达自己对世界的认识。[1] 在这里,成人充分认可与尊重儿童的权利和地位,也会为儿童的探索与表达提供尽可能的支持。

(二) 教育观[2]

在权利和义务方面,瑞吉欧幼儿教育学校认为教育是所有人的权利,是社区的义务;在价值取向方面,瑞吉欧幼儿教育学校不仅把教育看作知识传递的手段和途径,更重视教育中个人与集体成长的实现、民主与和平思想的发展;在教育方法论方面,瑞吉欧幼儿教育学校认为教育以倾听、对话和参与的方式开展,重视交流与合作。[3]

因此,瑞吉欧幼儿教育学校课程并不仅追求外在的目标,而是更多注重内在的品质,注重儿童与教师的感受,注重儿童创造力的发展与完整人格的形成;不是单向灌输,而是儿童在有准备的环境中主动建构,更关注于给儿童提供适合的环境,在"教"与"学"之间,更尊重儿童的"学",瑞吉欧幼儿教育学校一向以学定教;重视儿童与同伴的相互作用及其价值,与同伴的交流与合作会凸显差异,同时也会促成协商与交流的机会,个体和群体都会得到发展与进步;[4] 不仅重视教师,

---

[1] 刘永凤. 瑞吉欧幼儿教育法述评 [D]. 武汉:华中师范大学,2008:15-16.
[2] 虞永平,王春燕. 学前教育学 [M]. 北京:高等教育出版社,2012:190.
[3] 瑞吉欧·艾米利亚幼儿园和婴幼园学会. 瑞吉欧·艾米利亚市属幼儿园和婴幼园指南 [M]. 沈尹婧,李薇,译. 南京:南京师范大学出版社,2014:1.
[4] 里纳尔迪. 对话瑞吉欧·艾米利亚:倾听、研究与学习 [M]. 周菁,译. 南京:南京师范大学出版社,2014:110.

更重视环境的教育作用。学校是儿童与大人沟通的环境，也是社会生态大系统中的一个组成部分，它可以使各种关系和连接得以持续。

(三) 教师观

瑞吉欧幼儿教育学校认为教师是儿童学习的观察者、参与者与支持者，同时，教师还是协调各种资源、对话，参与儿童学习的组织者。

瑞吉欧幼儿教育学校要求教师能够有效观察儿童，记录儿童的活动与言行，对儿童的活动和想法保持好奇与敏感，支持儿童的活动。马拉古奇认为：教师需要在不断地反思与实践中持续进行专业成长，需要学习与践行瑞吉欧的教育理念与价值观，需要对儿童、活动和环境有充分的认识，需要充分的知识准备，以便于将知识转化为"一百种语言"，随时准备与儿童展开"一百种语言"的对话。[1]

> **小贴士**
>
> 给新教师的建议：
> 1. 花时间来观察儿童并寻找他们感兴趣的事物。
> 2. 好好记笔记。
> 3. 你需要有开放的头脑，事情不会总是如你所料那样演变。
> 4. 不要害怕探索。
> 5. 感到力不从心没什么大不了的。
>
> 资料来源：沙因费尔德 D，黑格，沙因费尔德 S. 我们都是探索者：在城市环境中运用瑞吉欧原则开展教学 [M]. 屠筱青，戴俊毅，译. 南京：南京师范大学出版社，2014：209-210.

(四) 环境观

瑞吉欧幼儿教育学校把环境视为重要的教育资源，重视环境的设计与陈设。

在这里，环境是开放和互动的；瑞吉欧认为社会交流是学习的本质，所以其以"中心广场"和若干小组讨论的小空间来连接各个教室。比如，

---

[1] 爱德华兹，甘第尼，福尔曼. 儿童的一百种语言 [M]. 罗雅芬，连英式，金乃琪，译. 南京：南京师范大学出版社，2006：71.

"中心广场"作为教室之间的公共区域，将意大利基本文化元素——"广场（Piazza）"引入设计，儿童与成人在此互相碰面、游戏与交谈，交流与传播想法的质量得到提高，且有目的地营造出儿童之间各种邂逅与交流的可能性。① 又如，戴安娜学校入口处的海报上写着各项"儿童的权力"，旁边的墙上有教师、驻校艺术教师、厨师和学校职员等人的照片；有学校事务表，展示学校的各项活动；还有儿童的自画像与活动照片。学校的基本情况可以通过这种规划和设计告诉来访者，不需要过多的解释和说明。

在这里，环境是服务于人的；瑞吉欧幼儿教育学校服务于儿童、教师和家长。针对儿童不同的学习需求，有小年龄段儿童喜欢的藤椅、地毯、玩具等，也有学前段儿童喜欢的无结构玩具、工作坊等；有支持教师工作与发现的办公室、会议室、档案室、图书馆等；也有支持家长参与其中的墙面记录、互动空间等。

在这里，环境是服务于教育的；工作坊是瑞吉欧幼儿教育学校课程体系的组成部分，是瑞吉欧最富特色的教育环境。在这里，儿童可以用"一百种语言"表达世界，可以充分进行探索，可以充分展示自己的天性，家长和教师可以看到真正的儿童并且可以进一步研究儿童、研究教育。当教育需要的时候，环境是可以根据教育的需求进行延展的。拉维勒塔学校开展的探索活动"雨中的城市"，教师和儿童每天到学校的屋顶阳台上观察天空的变化，获得有关云的变幻和风向的知识，在暴雨来临时，儿童看到行人的变化，听到雨滴落在屋顶、车上、马路上的不同声音……②

幼儿园室内游乐环境应满足的教育需求

> **小贴士**
>
> 瑞吉欧幼儿教育学校的倾听式教育和协商式学习理论是以档案教学为核心的，其始终认为空间环境对于教育实施、儿童学习与成长来说非常重要，正如马拉古奇所言："在学校里应该把教育工作项目和工作组织计划、建筑和功能性环境布置融合在一起，从而使转换、相互依赖性和互动性行为达到最大化。"
>
> 资料来源：常胤，朱渊.从档案与美学分析瑞吉欧空间设计：以戴安娜幼儿园为例［J］.城市空间，2019，16（29）：55-57.

---

① 常胤，朱渊.从档案与美学分析瑞吉欧空间设计：以戴安娜幼儿园为例［J］.城市空间，2019，16（29）：55-57.
② 爱德华兹，甘第尼，福尔曼.儿童的一百种语言［M］.罗雅芬，连英式，金乃琪，译.南京：南京师范大学出版社，2006：163.

三、瑞吉欧幼儿教育学校课程的目标

在瑞吉欧的《市属幼儿园和婴幼园指南》中,瑞吉欧幼儿教育学校的课程的目标被表述为"促进儿童的权利和潜能的发展,以及促进儿童发展关系、自主、创造力和学习权利的实现"[①]。如何看待瑞吉欧幼儿教育学校课程的目标呢?

瑞吉欧幼儿教育的创始人马拉古奇写了这样一首诗:[②]

《不,一百种是在那里》

孩子,是由一百种组成的,

孩子有一百种语言,一百双手,一百个想法,

一百种思考、游戏、说话的方式。

一百种总是倾听、惊奇、爱的方式。

一百种歌唱与了解的喜悦。

一百种世界等着孩子们去创造。

一百种世界等着孩子们去梦想。

孩子有一百种语言,但是,他们偷去了九十九种。

学校和文化把脑袋与身体分开。

他们告诉孩子:不要用双手去想,不要用脑袋去做。

只要倾听不要说话,了解但毫无喜悦,

只有在复活节与圣诞节的时候,才去爱和惊喜。

他们告诉孩子:去发现早已存在的世界,而一百种当中,他们偷去了九十九种。

他们告诉孩子工作和游戏、真实和幻想、科学与想象、天空与大地、

理想与梦想不是同一国的。

因此他们告诉孩子,一百种并不在那里。

孩子说,不,一百种是在那里。

这首诗歌中的"一百种语言"成了马拉古奇创造的瑞吉欧教育理论的名称,也指明了瑞吉欧幼儿教育学校课程的价值追求。在这里,儿童的形象被赋予很重要的意义:在这里,儿童是"丰富的儿童""有能力的儿童""主动建构知识的儿童",拥有快乐、富有个性的童年生活;在这里,教师鼓励儿童使用他们随手可得的"表达性、沟通性及认知性语言"来探索环境与表达自我,进行积极的自我发展与建

[①] 瑞吉欧·艾米利亚幼儿园和婴幼园学会. 瑞吉欧·艾米利亚市属幼儿园和婴幼园指南 [M]. 沈尹婧, 李薇, 译. 南京: 南京师范大学出版社, 2014: 2.

[②] 屠美如. 向瑞吉欧学什么:《儿童的一百种语言》解读 [M]. 北京: 教育科学出版社, 2002: 56-57.

构；在这里，家长、儿童、教师三者互相合作，通过教学环境的支持来共同促进儿童的发展，保障他们拥有文化享有者和创造者的权利。①

因此，我们对瑞吉欧幼儿教育学校的目标阐释如下：首先，关注儿童整体人格的发展，注意激发和丰富孩子的感觉经验和审美体验，特别凸显对儿童想象力、创造力的开发和提升；② 其次，支持儿童自我探索、自我发展，促使儿童成为学习的主体。重视儿童在具体社会情景中的求知过程、求知方法的获得，重视儿童通过互相合作实现知识的自我建构和个性的全面发展。③ 最后，鼓励和支持儿童创造性的处理方式和个性化的表达、表现，即"儿童的一百种语言"。

四、瑞吉欧幼儿教育学校课程的组织与实施

瑞吉欧幼儿教育体系的创始人马拉古奇曾说："我们真的没有计划或课程，但若说我们只依赖那种令人羡慕的技巧，像临时起意的课程，那也不正确，我们并不依赖机会，因为我们深信我们也可以期待某些我们尚未了解的事物。我们知道的是，与幼儿一起共事，是三分之一确定以及三分之二的不确定和新事物。"④

瑞吉欧幼儿教育学校课程中最具特色的是项目活动，这是一种特殊的方案课程。一个项目活动是否开展、何时开展，不是由教师事先计划或者规定的，而是由教师根据儿童的兴趣和际遇适时介入，自然展开的。

以下将以瑞吉欧幼儿教育学校的经典项目活动——"除了蚂蚁，什么东西都有影子"为例，介绍瑞吉欧幼儿教育学校的课程。

瑞吉欧项目活动的特点

（一）项目活动的由来⑤

"影子"是瑞吉欧幼儿教育学校每年都要开展的项目活动，在历史上影子是任何时代和任何地域的人都比较感兴趣的话题。关于影子的猜测与灵魂、宗教有关，充满了神秘色彩；太阳下的影子与人类最早的计时和历法都有关系；影子与几何学结合起来就可以测试不可企及的高度；对儿童而言，关注影子的时机、对影子及其变化的解释，是两个有趣而且具有探索意义的问题，这也是瑞吉欧幼儿教育学校陪

---

① 王春燕，王秀萍，秦元东. 幼儿园课程论［M］. 北京：新时代出版社，2005：148－149.
② 屠美如. 向瑞吉欧学什么：《儿童的一百种语言》解读［M］. 北京：教育科学出版社，2002：58.
③ 王春燕，王秀萍，秦元东. 幼儿园课程论［M］. 北京：新时代出版社，2005：150.
④ 爱德华兹，甘第尼，福尔曼. 儿童的一百种语言［M］. 罗雅芬，连英式，金乃琪，译. 南京：南京师范大学出版社，2006：87.
⑤ 屠美如. 向瑞吉欧学什么：《儿童的一百种语言》解读［M］. 北京：教育科学出版社，2002：12－15.

儿童进行这场探究冒险的底气。[①]

瑞吉欧幼儿教育学校并没有因为经验丰富，就对这个项目活动进行过多的规划。"除了蚂蚁，什么东西都有影子"源于儿童与影子的各种邂逅：一个宝宝因为想要看清或触摸她留在墙上的影子，而请她的妈妈停下脚步；一个小男孩，他在爬行的过程中突然停了下来，因为他不想爬到突然出现在他眼前的影子里；一个孩子正在推动一把大笤帚，并试着和地上的黑影交谈……[②]这些才是项目活动开展的源头和契机。

（二）项目活动的开展[③]

1. 项目初始

项目活动之初，儿童对影子进行了初步的议论和探讨。教师也要根据这些评估儿童与影子相关的知识和兴趣。关于影子的探讨，不同年龄段的儿童发表了不同的看法。年龄小的儿童主要集中在"我""太阳"和"影子"的关系上，瑞吉欧呈现的资料中2岁10个月至3岁6个月的儿童有以下对话："当它在太阳底下走的时候，你可以看到我的影子；影子是光和太阳做的，白天，它们还是手、脚和桌子做的；它们是孩子做的；我让影子诞生了……"3岁10个月至5岁3个月的儿童明显对影子有了更为丰富的描述："影子有魔法，你抓不住它，用你的手也感觉不到它，如果你摸它，你也没有任何感觉。如果它到草丛里，它就把草变成'草影子'；如果它到石头上，它就把石头变成'石头影子'；如果它到墙上，它就把墙变成'墙影子'。我想它从你的脚底下出来了……"[④]

项目活动的周期

2. 项目开展

（1）阳光下的游戏。

最初的讨论只是一场儿童之间的脑力激荡，是提取儿童对影子的经验、看法，教师由此讨论儿童的兴趣、活动可能会发展的方向、活动的意义等。接下来很长一段时间，教师带领儿童到阳光下观察影子，这给了儿童很好的思考与确认的机会，

---

① 瑞吉欧儿童国际中心. 除了蚂蚁，什么东西都有影子 [M]. 周菁，译. 南京：南京师范大学出版社，2014：20-23.
② 瑞吉欧儿童国际中心. 除了蚂蚁，什么东西都有影子 [M]. 周菁，译. 南京：南京师范大学出版社，2014：38.
③ 瑞吉欧儿童国际中心. 除了蚂蚁，什么东西都有影子 [M]. 周菁，译. 南京：南京师范大学出版社，2014：50-175.
④ 瑞吉欧儿童国际中心. 除了蚂蚁，什么东西都有影子 [M]. 周菁，译. 南京：南京师范大学出版社，2014：50-53.

他们对影子的颜色、味道、位置、变化有了更多的想法："影子的颜色有深浅;影子是空气做的,所以有空气的味道;影子有时候在人的前面,有时候在人的后面;当你看不到影子的时候,它回到太阳那里去了;影子是会变的;影子可以和我们一起动;等等。"[1] 不光如此,一旦有机会儿童就会尝试他们新的猜测,比如怎么样让自己的影子在阳光下消失:改变姿势,尝试站着或者躺着;利用石头来盖住,用床单盖住……

成功了吗?他们并没有达成本来的目的。失败了吗?不,他们发现了更多与影子有关的秘密:影子有时候出现在前面,有时候出现在后面;脚能抓住影子;影子可以和我们一起动……游戏中,他们还发现了新的问题:可以让影子消失吗?可以通过交换鞋子来交换影子吗?影子会飞吗?动物身上的花纹会出现在影子上吗?

儿童在阳光下尝试隐藏影子、交换影子。他们的想法和猜测在实践中被验证、又被推翻,他们的经验一次又一次地被建构又被更新。他们还要把这种发现的"结果"画出来,大部分儿童已经把影子的脚和人像的脚连在了一起(因为他们发现了影子和脚总是连在一起),有些还是分开的;有些影子在侧边,是完整的身体倒影,有些则是被身体遮挡了一部分;大部分影子是黑色的轮廓,但是还有一些影子带着明显的五官。这时候的画作已经不再是单纯的美术作品,而是儿童探索的结果表达,是儿童探索过程的痕迹,也是儿童对探究活动的交流。

> **案例 7-7**
>
> **两个艾丽莎的罗盘**[2]
>
> 两个艾丽莎(艾丽莎 F 和艾丽莎 M)准备画自己的影子,她们研究影子已经有一段时间了,可是她们对第一幅画有不同的解释,老师建议她们到阳光下去验证自己的猜想,于是她们来到院子里。艾丽莎 F:"我觉得我们画错了,我真正的影子是黑色的,它和我的脚连在一起。"艾丽莎 M:"你必须把它倒过来,还有,往旁边一点。"
>
> 艾丽莎 F 回到教室继续画画,并将之前的影子涂黑。艾丽莎 M 转过身帮助艾丽莎 F"你没看到你画得太远了吗?我不知道你为什么没有把脚连起来?"艾丽莎 F:"我想怎么画就怎么画;我还可以把它剪下来,然后把它放近一点。"艾

---

[1] 瑞吉欧儿童国际中心. 除了蚂蚁,什么东西都有影子[M]. 周菁,译. 南京:南京师范大学出版社,2014:54-57.

[2] 瑞吉欧儿童中心. 小故事中儿童的一百种语言[M]. 王海英,等译. 南京:南京师范大学出版社,2019:41-43.

> 丽莎 M 说："你不能想怎么画就怎么画，你必须画影子让你画的。"两个艾丽莎继续画画，此时她们已经知道太阳要画在影子的哪个方位了。

经过这一段时间的探索，儿童关于影子的理论也在变化和发展，他们的表达中呈现出不可思议的语言魅力和丰富想象。"影子从你的头部，你的大脑里面开始形成。如果你死了，你的影子也死了；如果影子有嘴巴，它说的是很轻的话，很像我们说的话，但都是很轻的、很奇怪的；晚上，当影子被黑暗包围的时候，它由更多的黑暗组成。白天，当它被光明包围的话，它由更多的光明组成……"[1] 教师分析儿童的画作和记录，了解到儿童对影子的产生和消失以及变化，反复表现出浓厚的兴趣，但是仍旧有许多不确定的争议，所以教师认为这时可以有更多介入了。

影子能不能飞？会不会动？教师准备让儿童先在大自然中去认识这个与影子有关的问题。他们来到广场上，提出了一个问题："我们描一下这根柱子的影子吧，那么等过一会儿再回来，我们看看它是不是移动了，或许它还在原来的位置。"那么影子会不会移动呢？一些儿童认为影子是会移动的，另一些儿童并不认为影子会动："不会，你怎么不明白呢？太阳不可能让这些柱子倒下来来制造出它们的影子，能吗？你觉得大叔和房子的影子会动吗？"一段时间过去了，柱子的影子慢慢移动，离开他们最初描画的位置。在这个事实面前，儿童决定改变自己的想法，并且为这种改变找到了充分理由——"现在我改变想法了，太阳的位置变了，我的想法也变了"。对于这种变化，儿童也有自己的解释——"太阳每天都在转呀转"。[2]

影子能不能停下来呢？是谁让影子一直移动呢？为了让儿童持续探究这个问题，教师在玻璃窗上贴了一只纸小鸟。阳光很好，儿童很快发现了小鸟的影子，他们在教师的建议下，用彩笔描出了小鸟的影子，隔了一小段时间，发现小鸟的影子不在原来的地方了。这是怎么回事呢？儿童猜测影子是移动了，他们想让影子停止。接下来的探索很精彩：为了让小鸟的影子不要移动，儿童尝试用胶带做鸟笼，用面包屑来吸引，建一座房子来围住，甚至还请教了年龄大的儿童帮忙，最终还是没有成功留住小鸟的影子。不过，儿童没有在这个不成功的经验中持续沮丧。因为很快他们发现，第二天小鸟的影子在沿着他们描绘的轨迹移动。为什么会这样呢？儿童的猜测是这样的："我知道它为什么一直朝着一个方向走，因为它一直是假的，一直

---

[1] 瑞吉欧儿童国际中心. 除了蚂蚁，什么东西都有影子[M]. 周菁，译. 南京：南京师范大学出版社，2014：78-79.

[2] 瑞吉欧儿童国际中心. 除了蚂蚁，什么东西都有影子[M]. 周菁，译. 南京：南京师范大学出版社，2014：86-91.

是同样的形状；它一直朝着一个方向走是因为它喜欢这样做；太阳帮助它，让它反射到这里；但是几分钟以后，它会离鸟笼子很远很远的。它只在这里停留3分钟，这就够了；然后它应该能看到面包屑，但是它几乎什么也看不见，因为影子没有眼睛，它也不会到房子里去的。那么为什么小鸟还会回到原来的地方呢？"①

这次由老师提出了问题：如果我们明天在同一时间回到我们描绘影子轮廓的地方，影子还是会一样吗？儿童的猜测是这样的："不会；我觉得会，因为太阳照样会升起，它会沿着同样的轨迹运动；我也这么想，但是我不太确定；如果它想要再转一圈怎么办？"② 那么这些猜测怎么进一步被验证呢？儿童需要对光和影的关系做更深入的了解。

（2）实验室里的探索。

实验室是儿童探索的另一个重要场所，在这里有一些因素可以被控制，儿童的想法可以被进一步验证和重构。儿童研究影子的场地转移到了实验室，在这里他们先是看到了影子构成的神奇画面。除了惊叹，他们很快尝试去让影子做一些有趣的改变。这些儿童并没有学习影子和光的物理原理，但是已经从玩耍的经验中，能够越来越准确地改变物体和光源的位置，得到想要的影子。

儿童的语言表达尚且有局限，图画是他们经常用的表达和交流方式，他们尝试把自己的新发现画出来，这是一个表达与探索充分结合的过程："真不知道这么大一个人，我该怎么画出他的影子呢？安德莉亚，我是不是画错了？我画了脸，然后我要涂上颜色；看，我发现了侧面的影子；哦，我犯了个错误，真正的影子是侧面的，像我画的那样……但是影子的侧面很难画，卢卡，你说是吗？"③

（3）小镇夜晚的影子。

儿童之间曾经有这样的讨论："如果太阳没有出来，那么影子是从哪里来的呢？空气？月亮？路灯？但我认为晚上是完全没有影子的；为什么你会这样想呢？晚上这里有路灯可以发光的，大树和周围所有的影子都可以发光的。"④ 于是晚上，教师带领儿童在路灯下追逐影子，他们发现影子好像又不一样了，长长的、短短的在变化，一个人居然可以有三个甚至四个影子，影子的颜色也深浅不一，这是为什么呢？

---

① 瑞吉欧儿童国际中心. 除了蚂蚁，什么东西都有影子［M］. 周菁，译. 南京：南京师范大学出版社，2014：103-105.
② 瑞吉欧儿童国际中心. 除了蚂蚁，什么东西都有影子［M］. 周菁，译. 南京：南京师范大学出版社，2014：107.
③ 瑞吉欧儿童国际中心. 除了蚂蚁，什么东西都有影子［M］. 周菁，译. 南京：南京师范大学出版社，2014：124.
④ 瑞吉欧儿童国际中心. 除了蚂蚁，什么东西都有影子［M］. 周菁，译. 南京：南京师范大学出版社，2014：126.

儿童的认知再次被挑战了："现在又发生了什么？我的影子垂直过来了（从侧面），而不是直着向前了（前后）；这是有可能的，因为这个世界就像一个幻境，我们就好像生活在另一个世界里；白天的时候，影子更像我们，但是在晚上，它们看上去不太一样……现在怎么了，你有两个影子，我有三个，真好玩儿；我在想，为什么我们在白天只有一个影子，在晚上却有许多。但是，在晚上是不一样的。记得我们在教室里的那些大大的影子吗？那真奇妙，就像现在；嘿，看这里，四个影子：一个黑黑的在后面，三个在前面，两个浅一点的在中间，一个黑色的影子在中间，真好玩；看到那两个浅色的了吗？一定有一些氧气在里面……"①

（4）实验室里的进一步探索。

有些儿童似乎已经知道为什么有三个影子，有些儿童还不知道，但是这些都不妨碍他们去验证的热情。在实验室里模仿夜晚的世界更容易说明问题，教师指定灯光位置，请儿童猜测影子的位置和大小，并请他们画出来。这是一个很好的尝试，可以很容易将自己的想法与真实情况比对。在教师的进一步引导下，他们尝试如何把影子变大、变小，用大的物体照出小小的影子，用小的物体照出大大的影子；教师打开了三盏台灯，模拟了路灯下一个物体三个影子的场景，验证了孩子们的猜想。通过控制光源与物体，儿童发现了多个影子与重叠影子的秘密。②儿童想法的变化，在儿童的绘画中得以交流和保存。"当太阳照到一个人或一个东西时，它就停在那里了，否则它怎么可以穿过闭合着的东西呢？是的，因为太阳，当它无法穿过一样东西的时候，它就做一个影子。"③儿童的绘画作品中，普遍出现了光源和由光源产生的影子，影子的数量和形状更加具体和精确，他们开始关注和表达光源的位置与物体影子的关系。尽管有一些猜测依然充满不确定性，不过不用担心，之后的活动中这些想法将会被再次验证。

（5）影子有颜色吗？

儿童始终对影子的产生与光源充满兴趣，光能不能穿过物体呢？穿过物体以后还能有影子吗？也许是时候给儿童看看彩色的影子了。阳光下，半透明或者是透明的彩色纸，可以给影子带来好看的颜色，这是为什么呢？教师准备了一些半透明的彩色薄纸、能透光的彩色盒子等，儿童就在阳光下、灯光下去探索这些彩色的影子。

---

① 瑞吉欧儿童国际中心. 除了蚂蚁，什么东西都有影子 [M]. 周菁, 译. 南京：南京师范大学出版社，2014：126-133.
② 瑞吉欧儿童国际中心. 除了蚂蚁，什么东西都有影子 [M]. 周菁, 译. 南京：南京师范大学出版社，2014：140.
③ 瑞吉欧儿童国际中心. 除了蚂蚁，什么东西都有影子 [M]. 周菁, 译. 南京：南京师范大学出版社，2014：146-151.

他们对光和影的认识再一次被重构,"因为当影子穿过一个彩色半透明东西时,它会和颜色混在一起,然后把影子变成那个颜色了;如果那个东西是完全透明的,当光穿过它的时候,它会带走更多的颜色,因为很多东西穿过它了;或许太阳穿过这个盒子,光线融化了盒子里面的颜色,然后你可以在地上看到它们;我想这个盒子没有拒绝太阳的光,它反射出一个彩色的影子。"[1]

3. 项目成果

瑞吉欧幼儿教育学校项目活动的最后往往是一个系统的反思与总结,这种总结也是由儿童和教师共同完成的:或是对整个活动过程中的资料进行整理,向家长、其他儿童介绍其成果;或是对外做一个公开的展示;或是形成一个新的游戏;等等。瑞吉欧·艾米利亚的市立小木屋幼儿园中,影子项目活动的成果是儿童送给马拉古奇国际中心的礼物,他们在艺术教室里回顾那些在马拉古奇国际中心和学校里收集的有关影子的素材,最终使用数码工具把窗户影子的故事做成了一个动画。[2]

(三)项目活动组织实施的特点

瑞吉欧幼儿教育学校的课程与传统的幼儿园教育课程相比特点十分明显,以下将以项目活动为例从小组合作、弹性计划和记录三个方面来阐述。

城市项目节选

1. 小组合作

瑞吉欧幼儿教育学校中幼儿的工作多数是以小组的方式来进行的,并非都是全班参加的,2～4位儿童为主的小组活动是比较常见的组织形式。这种组织形式与瑞吉欧幼儿教育学校的儿童观、教育观是一致的,是儿童自主探索交流、验证想法、建构知识的组织保障。

儿童认知发展过程中,同化和顺应是两个互不相同又互相推动的过程,小组中同伴互动产生的协同与差异推动了儿童同化与顺应的发展,这是其他活动不可替代的,"小组合作"是社会建构理论在瑞吉欧幼儿教育学校课程中的具体体现。

马拉古奇在谈到小组合作时,认为儿童置身于团体中是一种极大的恩惠,小组的合作可以给儿童提供机会去了解彼此想法的不同,认识到自己的想法是独特的,从而产生协商和交流,产生冲突并学会解决冲突。这个过程推动了儿童探索活动继续发展,也促使儿童使用更加清晰的语言,组织最佳的句式和选择更为精确的表达

---

[1] 瑞吉欧儿童国际中心. 除了蚂蚁,什么东西都有影子[M]. 周菁,译. 南京:南京师范大学出版社,2014:146-151.

[2] 瑞吉欧儿童国际中心. 除了蚂蚁,什么东西都有影子[M] 周菁,译. 南京:南京师范大学出版社,2014:192.

方式来交流，以使别人能理解他们所说的话。有时候，儿童会暂时保留看法的冲突，以维持小组运作的和谐。他们可以透过爱的行动，和平地、平静地接纳认知的冲突，这也是儿童社会化的发展过程。[1]

项目活动中，小组成员是彼此的重要支持者。他们会对一个问题进行谈论、协商，意见相同时，互相补充；意见不同时，会引发嘲弄，发起新的验证活动。儿童的认知就是这么发展起来的。比如在案例7-8中，一个小组在观察小雏菊时，对小雏菊是否有大脑或心脏的判断产生了分歧，于是他们拨开小雏菊去检验猜测，并为自己的观点提供解释。

案例7-8

小雏菊有大脑或心脏吗？[2]

一群孩子在一瓶黄色的雏菊前讨论。加布里埃说："这个花在吸水。它的茎像吸管一样。"西尔维亚说："嗯，我觉得这是一个女孩花，因为里面有一个小芽。"詹尼："看到没？这是心脏，它可以让花瓣紧紧长在上面，花瓣用它来呼吸。"大卫："但是这个小心脏里还有一个东西……可能是它的大脑。"詹尼说："花没有大脑，只有我们有大脑。"大卫："不，花是活的，所以它有大脑。"詹尼："嘿，它不能说话。"西尔维亚："它们能说话的，它们用一种特别的、很小的声音，非常非常小。它们就用这个小小的声音来说自己是饿了还是渴了。"詹尼用一种嘲笑的语气说："那我们就能用耳朵听它们小声说的话了！"他们仔细听着。詹尼说："我什么也没听到。"大卫："但是它们的确有发出'啊啊哎哎哦哦'的声音。"他勉强地小声发出这些声音……谁也没有办法说服对方，他们决定摘一朵雏菊打开看看，剥开的雏菊里面只有一点线，詹尼认为这可以证明雏菊没有大脑，可是大卫确认为那是雏菊脑子上的线。

2. 弹性计划

弹性计划是指瑞吉欧幼儿教育学校的教师会以一种开放的、依照儿童的探索和灵感进行调整的方法来进行课程规划。这并不意味着瑞吉欧幼儿教育学校的课程不

---

[1] 爱德华兹，甘第尼，福尔曼. 儿童的一百种语言 [M]. 罗雅芬，连英式，金乃琪，译. 南京：南京师范大学出版社，2006：92.

[2] 瑞吉欧儿童中心. 小故事中儿童的一百种语言 [M]. 王海英，等译. 南京：南京师范大学出版社，2019：119-125.

需要计划，在一学年的开始，每所瑞吉欧幼儿教育学校都会根据总的课程目标草拟出一系列长期或者短期的方案计划，作为本学年师生活动的主要支持框架。[①] 但是这种计划并不是具体的活动规划，更不是预设一个项目活动。

在个体与集体的交流与合作中，教师研究儿童以及他们的学习行为，倾听、记录与分析儿童，为他们提供适时的支持和帮助，或者对活动及时做出一些调整。瑞吉欧幼儿教育学校的方案就是这样逐步生成的，整个过程充满了未知与允许探究的"弹性"。

在这里，"弹性"主要体现在活动目标和过程的调整，这些调整基于儿童的兴趣和探索的需要，基于对儿童的尊重，也是课程生成性的重要手段。

影子项目活动是瑞吉欧幼儿教育学校每年都要进行的活动，但教师并没有因此就预设好所有的活动目标和内容，而是根据儿童的探索过程一步一步提供支持，推动具体项目活动的开展。比如，教师为了让儿童对影子的问题保持持续探究，把一只纸小鸟贴在玻璃窗上，试图引发儿童思考影子能不能消失，为什么很难捕捉，是谁在让小鸟的影子移动等问题。这只纸质的小鸟不是一开始就设置好等待出场的，而是儿童的探究需要与教师的教育智慧相结合，适时出现在玻璃窗上的。如果是另一个影子项目活动，可能这只纸质的小鸟会在不同的时间出场，也可能根本就不会出场。这就是项目活动中的弹性计划。

3. 记录

在瑞吉欧幼儿教育学校，"记录"是其教育体系中一个重要和独特的组成部分，是课程实施的重要工具，有着非常重要的作用和意义。"记录"通过录音、录像、笔记、图画以及儿童学习的系列小故事等，对儿童学习的痕迹进行建构，其支持学习有助于调整学习和教学之间的关系，是项目活动不可或缺的过程，也是瑞吉欧教师研究的过程。[②]

"记录"帮助儿童发现自己学习的意义。对儿童而言，教师对他们学习行为的记录，使儿童感觉自己被关注，确认自己的所作所为是有价值、有意义的，从而变得更好奇、更感兴趣、更有信心。另外，在教育实践中，"记录"给儿童提供了重新检视、反省以及解释的机会，还有自我整合以及集体建构知识的机会。在看到"记录"时，儿童会进行回忆、解释，再度肯定他们曾经付出的努力，这些有可能

[①] 屠美如. 向瑞吉欧学什么：《儿童的一百种语言》解读 [M]. 北京：教育科学出版社，2002：73.
[②] 里纳尔迪. 对话瑞吉欧·艾米利亚：倾听、研究与学习 [M]. 周菁，译. 南京：南京师范大学出版社，2014：196.

构成他们的关键记忆。[①]

"记录"是教师观察儿童与教学反思的重要依据。对教师而言，首先，"记录"可以使儿童的学习过程和学习策略得以部分呈现，教师可以由此分析儿童的学习兴趣和发展水平，从而对自己的教育内容和方法进行反思、确认或调整，实现教学相长；其次，"记录"作为一种可以可视化的材料，可以用来交流、学习、比较、讨论，教师可提升自己的专业水平，不仅如此，"记录"使教师成为研究者。教师记录的过程，不是单纯地记录事实，而是对儿童学习行为进行分析、筛选、阐释、讨论、确认的过程。这个过程中，教师是重要的参与者和建构者，而不仅仅是教育理论的实践者和消费者。

"记录"是家长理解儿童、参与儿童学习活动的重要资料。"记录"所展示的是儿童学习过程的具体细节与真实经验，可以帮助家长更好地理解儿童的学习过程，发现儿童所作所为的意义，更有兴趣参与亲子活动，与学校合作共同支持儿童发展。

"记录"是项目活动的重要组成部分。瑞吉欧幼儿教育学校的项目活动不是预设的教学程序，是教师观察、支持儿童的持续深入的探究活动、自然展开的活动。那么就要求教师能够跟踪、了解儿童的探索过程，"记录"正是教师对儿童学习行为进行观察与阐释的过程，为持续有效支持儿童的活动提供了可能。

⊙问题思考

结合瑞吉欧教育活动案例，分析教师如何通过观察与记录发现孩子的兴趣？如何拓展孩子的兴趣？

瑞吉欧幼儿教育学校的教师们打破了单一的理论框架，结合意大利的文化传统，把他们的实践与多种理论基础结合起来，发展了自己的道路。[②] 它集合了一个为儿童智慧、情绪、社会及道德各项潜能而仔细雕琢与指导的学校群。主要的教育方法是让孩子在美丽、健康及充满爱的环境下，参与长期的、有趣的项目活动。[③] 可以说在这里它成功挑战了相对立的两极：艺术相对于科学，个人相对于团体，幼儿相对于成人，玩乐相对于读书，小家庭相对于大家庭。进而在这些相对事物中，达到

---

① 爱德华兹，甘第尼，福尔曼. 儿童的一百种语言[M]. 罗雅芬，连英式，金乃琪，译. 南京：南京师范大学出版社，2006：115-118.

② 屠美如. 向瑞吉欧学什么：《儿童的一百种语言》解读[M]. 北京：教育科学出版社，2002：1.

③ 爱德华兹，甘第尼，福尔曼. 儿童的一百种语言[M]. 罗雅芬，连英式，金乃琪，译. 南京：南京师范大学出版社，2006：2.

某种独特的和谐，并重新组合原本僵化的分类体系。① 也可以说，瑞吉欧幼儿教育学校成功解决了困扰东西方教育者的难题：幼儿教育既要顺应儿童发展的天性与一般规律，又要有效地将儿童发展纳入符合社会需要的轨道。同时也较好地回答了幼儿园应该教什么和怎么教的问题，对于我们深入思考幼儿园课程的目标（儿童主体性，儿童和谐发展的人格，创造性培养）、幼儿园课程的内容（何种经验对幼儿最有价值）及实施途径（小组式的探究学习）都是具有借鉴和启发意义的。②

⊙ 单元小结

本单元主要讨论了五个课程理论与方案：陈鹤琴"五指活动"课程；张雪门行为课程；蒙台梭利课程；高宽课程；瑞吉欧幼儿教育学校课程。

陈鹤琴"五指活动"课程理论以"活教育"的目的论（做人、做中国人、做现代中国人）、课程论（大自然、大社会都是活教材）、方法论（做中教、做中学、做中求进步）为基础，提出了做人、身体、智力、情绪方面的课程目标；以五指活动——健康活动、社会活动、科学活动、艺术活动、语文活动作为课程的内容；以儿童周围的自然环境、社会环境为中心组织课程内容，并通过"整个教学法"实施课程。

张雪门行为课程以生活为原点，以设计教学法为基础，提出了满足儿童心身的需求，养成儿童"扩充经验的方法与习惯""培养其生活的能力与意识"，使幼儿身心得到全面发展的课程目标；课程内容包括儿童自发的诸般活动、儿童的自然环境、儿童的社会环境三个方面；课程的组织以整体性、偏重儿童个体的发展及注重儿童的直接经验为要求，编订了全年课程表——各月活动估量表；课程的实施提倡"做学教"打成一片，参用单元教学进行。

蒙台梭利课程在遵循幼儿发展轨迹，激发幼儿主动学习，支持幼儿重复练习，协助儿童生命发展的儿童发展观基础上，强调教育的终极目标是培养社会新人。其课程内容包括了日常生活、感官、语言和数学四个领域，各领域之间既相对独立又相互关联。蒙台梭利课程的实施离不开有准备的环境和教师，幼儿的内在潜能是在与环境的刺激、与教师的互动中发展起来的。因此，在课程实施过程中，要平衡好三者间的关系，既要尊重幼儿的主体地位，又要把握好环境、教师对幼儿的促进作用。

---

① 爱德华兹，甘第尼，福尔曼. 儿童的一百种语言［M］. 罗雅芬，连英式，金乃琪，译. 南京：南京师范大学出版社，2006：3.
② 王春燕，王秀萍，秦元东. 幼儿园课程论［M］. 北京：新时代出版社，2005：158.

高宽课程秉持促进儿童主动学习的理念，以主动学习作为"学习轮"的核心，强调从支持性的学习环境、挑战性的师幼互动、稳定性的一日常规及持续性的课程评价来支持整个课程的实施。其课程内容是支持58条关键发展性指标获得的8大领域及所提供的各种类型的活动；课程的组织具体落实在一日活动的安排中，主要包括兴趣区活动、小组活动与团体活动；课程的实施通过每日的例行活动来完成，主要由计划—工作—回顾三个环节及其他一些活动组成。

瑞吉欧幼儿教育学校课程是以项目活动为代表的生成性课程，在活动过程中，教师和幼儿围绕一个活动主题进行探索，通过活动的层层推进与展开，建构或巩固相关学习经验。瑞吉欧幼儿教育学校课程的基本观点主要体现在它独特的儿童观、教育观、教师观和环境观等方面。项目活动是瑞吉欧幼儿教育学校课程的代表形式，体现了瑞吉欧幼儿教育学校的独特理念和实践智慧。小组合作是项目活动开展的主要组织结构，弹性计划使活动兼顾儿童兴趣与探索的意义，独特的"记录"使得项目活动的过程中"教"与"学"的关系充满建设性。总之，瑞吉欧幼儿教育学校课程给我们提供了一种优秀的幼儿教育课程示范，对我们理解幼儿学习和开展相关教育工作都具有深远的意义。

⊙ 拓展阅读

1. 北京市教育科学研究所．陈鹤琴全集：第二卷［M］．南京：江苏教育出版社，1989.

2. 张毅龙．陈鹤琴教学法［M］．北京：教育科学出版社，2007.

3. 戴自俺．张雪门幼儿教育文集［M］．北京：北京少年儿童出版社，1994.

4. 王春燕，于冬青．张雪门与幼稚园行为课程［M］．长春：东北师范大学出版社，2018.

5. 蒙台梭利．童年的秘密［M］．马荣根，译．北京：人民教育出版社，2017.

6. 蒙台梭利．有吸收力的心理［M］．江雪，译．天津：天津人民出版社，2003.

7. 蒙台梭利．蒙台梭利幼儿教育科学方法［M］．任代文，译．北京：人民教育出版社，2001.

8. 爱泼斯坦．学前教育中的主动学习精要：认识高宽课程模式［M］．霍力岩，等译．北京：教育科学出版社，2011.（共五册）

9. 爱泼斯坦．学习品质：关键发展指标与支持性教学策略丛书［M］．霍力岩，等译．北京：教育科学出版社，2018.（共八册）

10. 霍力岩，孙蔷蔷，敖晓会．高宽课程［M］．上海：华东师范大学出版

社，2017.

11. 格雷夫斯．理想的教学点子 1：以核心经验为中心设计日常计划［M］．林翠湄，译．南京：南京师范大学出版社，2006.

12. 里纳尔迪．对话瑞吉欧·艾米利亚：倾听、研究与学习［M］．周菁，译．南京：南京师范大学出版社，2014.

13. 屠美如．向瑞吉欧学什么：《儿童的一百种语言》解读［M］．北京：教育科学出版社，2002.

14. 沙因费尔德 D，黑格，沙因费尔德 S. 我们都是探索者：在城市环境中运用瑞吉欧原则开展教学［M］．屠筱青，戴俊毅，译．南京：南京师范大学出版社，2014.

15. 爱德华兹，甘第尼，福尔曼．儿童的一百种语言［M］．罗雅芬，连英式，金乃琪，译．南京：南京师范大学出版社，2006.

16. 瑞吉欧儿童中心．小故事中儿童的一百种语言［M］．王海英，等译．南京：南京师范大学出版社，2019.

⊙ 巩固与练习

一、名词解释

1. "五指活动"　2. 行为课程　3. 高宽课程　4. "学习轮"与主动学习　5. 关键发展性指标　6. 蒙台梭利课程　7. 吸收性心智　8. 有准备的环境　9. 瑞吉欧幼儿教育　10. 弹性计划　11. 记录　12. 工作坊

二、简答题

1. 试简要阐述"五指活动"课程的基本内容。

2. 简要分析张雪门行为课程的实施。

3. 蒙台梭利课程所包含的内容有哪些？

4. 阐述蒙台梭利所提倡的有准备的环境的基本要素。

5. 蒙台梭利教师应具备哪些专业素养？

6. 简述高宽课程中主动学习的内涵及实践的"五要素"。

7. 阐述高宽课程中 8 大领域 58 条关键发展性指标含义及相关内容。

8. 简述高宽课程中一日活动的基本流程及特点。

9. 瑞吉欧幼儿教育学校课程的理论基础有哪些？

10. 瑞吉欧幼儿教育学校课程可以给我国的幼儿园教育哪些启示？

三、论述题

1. 试从目的与目标、内容、组织、实施、评价等方面，比较陈鹤琴"五指活动"课程与张雪门行为课程的异同。

2. 比较蒙台梭利课程与一般课程的异同。

3. 论述如何借鉴高宽课程中"计划—工作—回顾"一日常规活动架构，将其融入我国幼儿园教育实践中。

4. 简要评价高宽课程及其对我国幼儿园课程改革的经验借鉴。

5. 比较蒙台梭利课程、高宽课程和瑞吉欧幼儿教育学校课程，思考它们的异同及对我国幼儿园课程改革的借鉴意义。

四、案例分析

1. 冬冬是一名小班年龄的幼儿。今天是冬冬妈妈第一次参加家长观摩活动。观摩活动结束后，冬冬妈妈找到了班主任陈老师，对陈老师说："陈老师，我今天看到冬冬在做红棒的工作，一开始他是左右手各拿一根红棒，可是您看见后进行了制止，引导冬冬一根一根拿。我大致数了数，冬冬按照您的要求一根一根拿红棒，来来回回走了不下20次。为此我感到非常困惑，为什么每次只能拿一根红棒？一根一根拿不但烦琐而且效率低，一次拿两根不是更好吗？"

针对家长的困惑你怎么看？如果你是教师，你会对家长说些什么呢？

2. 整理时间，萨莎从教室的一个区跑到另一个区。罗格和杰克正坐在沙发上看一张工具表。这时，贝拉在杰克边上坐下，问道："我也想看看，行吗？"罗格说道："女孩不许看！"杰克把贝拉赶走了。在问候时间结束后，幼儿走到桌前开始计划本组活动。艾米丽径直走到艺术区，开始绘画。和艾米丽一组的弗兰克说："她不能这样做，她必须制订计划。"艾米丽把画刷扔到地板上，走到积木区，开始搭一座塔。

根据上述幼儿园教室中的三个场景，请你尝试借鉴高宽课程中冲突解决"六步法"帮助幼儿解决冲突，并谈谈你的感受。

3. 在活动"大学校"的开展过程中，大家在讨论时发生了以下对话：

洛伦佐：我想要画一所"大学校"。

赛琳娜：老师，看我画的，一扇窗户。

伊萨克：看，老师。这是一张纸。老师，我还要一张纸。

洛伦佐：我画好了，我可以回教室了吗？

伊萨克：窗户，窗户，窗户。老师，我正在画一所学校。

伊萨克：我看到许多钟、椅子，还有小柜子。

赛琳娜：老师，再给我一张纸。

伊萨克：我画了一所学校，一扇窗户，还有一扇门。我不想再画什么了。

在以上的对话中，你能发现儿童哪些共同的兴趣和想法？作为一名教师，你会如何支持儿童的这种共同的兴趣和想法进行深入探索呢？为什么？

五、实践题

认识了高宽课程一日常规活动，请观察你参观或实践的幼儿园班级里的一日常规活动，记录一天中各环节数量、内容及所需要时间，思考其设置的合理性并尝试提出你的调整建议。

参考文献

一、国内著作

1. 北京教育院早期教育研究所. 北京市幼儿园课程综合评价标准：试行［M］. 北京：北京少年儿童出版社，2015.

2. 北京市教育科学研究所. 陈鹤琴全集：第二卷［M］. 南京：江苏教育出版社，1989.

3. 北京市教育科学研究所. 陈鹤琴全集：第五卷［M］. 南京：江苏教育出版社，1991.

4. 陈向明. 质的研究方法与社会科学研究［M］. 北京：教育科学出版社，2000.

5. 成尚荣. 儿童立场［M］. 上海：华东师范大学出版社，2018.

6. 成尚荣. 课程透视［M］. 上海：华东师范大学出版社，2018.

7. 成尚荣. 核心素养的中国表达［M］. 上海：华东师范大学出版社，2018.

8. 戴自俺. 张雪门幼儿教育文集：上下卷［M］. 北京：北京少年儿童出版社，1994.

9. 袁爱玲. 当代学前课程发展［M］. 广州：广东高等教育出版社，2007.

10. 冯平. 评价论［M］. 北京：东方出版社，1997.

11. 冯晓霞. 幼儿园课程［M］. 2版. 北京：北京师范大学出版社，2001.

12. 费孝通. 文化的生与死［M］. 上海：上海人民出版社，2013.

13. 黄小莲. 教师课程实施之旅：决策与执行［M］. 杭州：浙江大学出版社，2012.

14. 黄晓星. 迈向个性的教育：一位留英、留美学者解读华德福教育［M］. 广州：广东教育出版社，2002.

15. 黄武雄. 童年与解放［M］. 北京：首都师范大学出版社，2009.

16. 黄光雄，蔡清田. 课程设计：理论与实际［M］. 南京：南京师范大学出版社，2005.

17. 霍力岩，孙蔷蔷，敖晓会．高宽课程［M］．上海：华东师范大学出版社，2017.

18. 李生兰．比较学前教育［M］．上海：华东师范大学出版社，2000.

19. 靳玉乐．现代课程论［M］．重庆：西南师范大学出版社，1995.

20. 简楚瑛．学前教育课程模式［M］．上海：华东师范大学出版社，2005.

21. 中华人民共和国教育部．幼儿园教育指导纲要（试行）［M］．北京：北京师范大学出版社，2001.

22. 教育部基础教育司．《幼儿园教育指导纲要（试行）》解读［M］．南京：江苏教育出版社，2002.

23. 孔起英．幼儿园美术领域教育精要：关键经验与活动指导［M］．北京：教育科学出版社，2015.

24. 李克建．中国托幼机构教育质量评价研究［M］．北京：北京师范大学出版社，2017.

25. 李季湄，冯晓霞．3—6岁儿童学习与发展指南［M］．北京：人民大学出版社，2013.

26. 李季湄，冯晓霞．《3—6岁儿童学习与发展指南》解读［M］．北京：人民教育出版社，2013.

27. 李建君．区角，儿童智慧的天地［M］．上海：上海社会科学院出版社，2005.

28. 曲新陵，章丽．幼儿园综合教育课程：主题活动：大班：上［M］．南京：江苏教育出版社，2013.

29. 潘娟．幼儿园教案设计与反思：新教师专业成长之路［M］．南京：江苏凤凰教育出版社，2016.

30. 庞丽娟．中国教育改革30年：学前教育卷［M］．北京：北京师范大学出版社，2009.

31. 邱学青．学前儿童游戏［M］．4版．南京：江苏教育出版社，2008.

32. 秦元东，王春燕．幼儿园区域活动新论：一种生态学的视角［M］．北京：北京师范大学出版社，2008.

33. 秦元东．如何有效实施幼儿园主题性区域活动［M］．北京：中国轻工业出版社，2013.

34. 施良方．课程理论：课程的基础、原理与问题［M］．北京：教育科学出版社，1996.

35. 施良方，崔允漷．教学理论：课堂教学的原理、策略与研究［M］．上海：

华东师范大学出版社，1999.

36. 苏媛媛．学前教育发展前沿与趋势［M］．长春：东北师范大学出版社，2015.

37. 史静寰，周采．学前比较教育［M］．大连：辽宁师范大学出版社，2002.

38. 屠美如．向瑞吉欧学什么：《儿童的一百种语言》解读［M］．北京：教育科学出版社，2002.

39. 王春燕，王秀萍，秦元东．幼儿园课程论［M］．北京：新时代出版社，2009.

40. 王春燕．浙江民间文化与幼儿园课程［M］．杭州：浙江大学出版社，2011.

41. 王春燕．幼儿园科学保教课程指南［M］．武汉：华中师范大学出版社，2014.

42. 王春燕．幼儿园教学诊断技巧与对策58例［M］．北京：中国轻工业出版社，2014.

43. 王春燕，秦元东．幼儿园课程概论［M］．3版．北京：高等教育出版社，2019.

44. 王秀萍．幼儿园音乐领域教育精要：关键经验与活动指导［M］．北京：教育科学出版社，2015.

45. 王喜海．童年与儿童教育［M］．北京：中国轻工业出版社，2012.

46. 韦冬余．创生性课程与教学：创生取向课程实施与探究教学论［M］．武汉：华中师范大学出版社，2012.

47. 魏敏，陈峰，冉武红，等．幼儿园教育活动案例分析［M］．长春：东北师范大学出版社，2003.

48. 徐英俊．教学设计［M］．北京：教育科学出版社，2001.

49. 虞永平．学前课程价值论［M］．南京：江苏教育出版社，2002.

50. 虞永平，张辉娟，钱雨，等．幼儿园课程评价［M］．南京：江苏教育出版社，2006.

51. 虞永平．幼儿园课程评价［M］．南京：江苏教育出版社，2009.

52. 虞永平，王春燕．学前教育学［M］．北京：高等教育出版社，2012.

53. 袁爱玲．幼儿园课程［M］．北京：北京师范大学出版社，2015.

54. 张华．课程与教学论［M］．上海：上海教育出版社，2000.

55. 张俊．幼儿园科学教育［M］．北京：人民教育出版社，2004.

56. 张新海．反对的力量：新课程实施中的教师阻抗［M］．北京：科学出版

社，2011.

57. 朱家雄．幼儿园课程论［M］．北京：中央广播电视大学出版社，2007.

58. 朱家雄．幼儿园教育活动设计与实施［M］．北京：高等教育出版社，2008.

59. 朱家雄，黄瑾，李召存，等．幼儿园课程的理论与实践［M］．上海：华东师范大学出版社，2012.

60. 朱家雄，胡娟．幼儿园课程概论［M］．上海：复旦大学出版社，2015.

61. 钟启泉．课程与教学论［M］．上海：华东师范大学出版社，2008.

62. 浙江省幼儿园课程指导编写委员会．幼儿园课程指导［M］．2版．北京：新时代出版社，2012.

二、国外著作

1. 泰勒．课程与教学的基本原理［M］．施良方，译．北京：人民教育出版社，1994.

2. 艾斯纳．儿童的知觉与视觉的发展［M］．孙宏，刘海英，张丹，等译．长沙：湖南美术出版社，1994.

3. 霍曼．活动中的幼儿：幼儿认知发展课程［M］．郝和平，周欣，译．北京：人民教育出版社，1995.

4. Edwards，等．儿童的一百种语言：瑞吉欧·艾米莉亚教育取向——进一步的回响［M］．罗雅芬，等译．台北：心理出版社，1998.

5. 奥恩斯坦，汉金斯．课程：基础、原理和问题［M］．柯森，译．南京：江苏教育出版社，2002.

6. 亨德里克．学习瑞吉欧方法的第一步［M］．李季湄，施煜文，刘晓燕，等译．北京：北京师范大学出版社，2002.

7. BEANE J A．课程统整［M］．单文经，等译．上海：华东师范大学出版社，2003.

8. 赫尔姆，贝内克，等．项目课程的魅力［M］．林育玮，洪尧群，陈淑娟，等译．南京：南京师范大学出版社，2006.

9. 格斯特维奇．发展适宜性实践：早期教育课程与发展［M］．3版．霍力岩，等译．北京：教育科学出版社，2011.

10. 爱泼斯坦．学前教育中的主动学习精要：认识高宽课程模式［M］．霍力岩，等译．北京：教育科学出版社，2011.

11. 约翰森，克里斯蒂，华德．游戏、儿童发展与早期教育［M］．马柯，译．

南京：南京师范大学出版社，2013.

12. 布拉德. 0—8 岁儿童学习环境创设［M］. 陈妃燕，彭楚芸，译. 南京：南京师范大学出版社，2014.

13. 莫里森. 学前教育：从蒙台梭利到瑞吉欧［M］. 祝莉丽，周佳，高波，译. 北京：中国人民大学出版社，2014.

14. 格朗兰德. 发展适宜性游戏：引导幼儿向更高水平发展［M］. 严冷，译. 北京：北京师范大学出版社，2014.

15. 柯蒂斯，卡特. 关注儿童的生活：以儿童为中心的反思性课程设计［M］. 郑福明，张博，译. 2 版. 北京：教育科学出版社，2015.

16. 范霍恩，努罗塔. 以游戏为中心的幼儿园课程［M］. 史明洁，译. 北京：中国轻工业出版社，2017.

17. 别洛戈洛夫斯基，戴利. 让早期学习理论看得见［M］. 赵红霞，译. 南京：南京师范大学出版社，2018.

18. 里纳尔迪. 对话瑞吉欧·艾米利亚：倾听、研究与学习［M］. 周菁，译. 南京：南京师范大学出版社，2014.

19. 爱德华兹，甘第尼，福尔曼. 儿童的一百种语言［M］. 罗雅芬，连英式，金乃琪，译. 南京：南京师范大学出版社，2006.

20. 蒙台梭利. 蒙台梭利幼儿教育科学方法［M］. 任代文，译. 北京：人民教育出版社，2001.

21. 蒙台梭利. 童年的秘密［M］. 金晶，孔伟，译. 北京：中国发展出版社，2011.

22. 蒙台梭利. 有吸引力的心灵［M］. 李芷怡，译. 北京：北京理工大学出版社，2015.

23. 瑞吉欧·艾米利亚幼儿园和婴幼园学会. 瑞吉欧·艾米利亚市属幼儿园和婴幼园指南［M］. 沈尹婧，李薇，译. 南京：南京师范大学出版社，2014.

24. 瑞吉欧儿童国际中心. 除了蚂蚁，什么东西都有影子［M］. 周菁，译. 南京：南京师范大学出版社，2014.

25. 沙因费尔德 D，黑格，沙因费尔德 S. 我们都是探索者：在城市环境中运用瑞吉欧原则开展教学［M］. 屠筱青，戴俊毅，译. 南京：南京师范大学出版社，2014.

26. 马拉古奇. 孩子的一百种语言［M］. 张军红，等译. 新北：光佑文化事业股份有限公司，1998.

27. 仓桥物三. 幼儿园真谛［M］. 李季湄，译. 上海：华东师范大学出版

社，2014.

28. 高衫自子．幼儿教育的原点［M］．王小英，译．上海：华东师范大学出版社，2014.

29. 佐藤学．静悄悄的革命：课堂改变，学校就会改变［M］．李季湄，译．北京：教育科学出版社，2014.

30. 洛森．解放孩子的潜能［M］．吴蓓，译．北京：人民文学出版社，2006.

31. 约翰逊．学生表现评定手册：场地设计和前景指南［M］．李雁冰，译．上海：华东师范大学出版社，2000.

三、 国内外期刊文章及论文

1. 蔡薇．支持孩子"不务正业"［J］．幼儿教育，2015（7）：29.

2. 常胤，朱渊．从档案与美学分析瑞吉欧空间设计：以戴安娜幼儿园为例［J］．城市建筑，2019，16（29）：55－57.

3. 邓艳华．蒙台梭利教学法运用的个案研究［D］．长沙：湖南师范大学，2011.

4. 郭念舟．基于过程性质量的幼儿园生活活动评价标准的研制［D］．长沙：湖南师范大学，2018.

5. 胡彩萍．美术活动操作和评价环节的有效组织：以美术活动"我家的房间"为例［J］．幼儿教育，2012（Z1）：28－29.

6. 黄进．过犹不及的角色游戏［J］．幼儿教育，2018（13）：16－18.

7. 霍力岩，孙蔷蔷．高宽课程模式的形成动因和基本理念［J］．福建教育，2017（16）：22－25.

8. 霍力岩，孙蔷蔷．高宽课程模式的实施与评价［J］．福建教育，2017（20）：26－29.

9. 霍力岩，高宏钰．关键经验：基本内涵与主要特征［J］．幼儿教育，2015（31）：16－18.

10. 江晨．借助问题情境，引发科学探究［J］．幼儿教育，2015（Z4）：34－36.

11. 靳玉乐．课程实施：现状、问题与展望［J］．山东教育科研，2001（11）：3－7.

12. 简晓敏，刘焱．美国适宜于3～8岁儿童的课程内容与评价指南简介［J］．学前教育研究，1995（2）：20－22.

13. 刘永凤：瑞吉欧幼儿教育法述评［D］．武汉：华中师范大学，2008.

14. 江苏南京市鹤琴幼儿园．做善于思考的幼儿园教师［J］．幼儿教育（教育教学版），2018（6）：21-26.

15. 刘洪言. 人文视界中的幼儿教育课程理念［J］. 课程教育研究，2016（8）：17-18.

16. 李雁冰. 质性课程评价：从理论到实践：二［J］. 上海教育，2001（12）：30-32.

17. 闫颖. 美国学前高瞻课程模式研究［D］. 哈尔滨：哈尔滨师范大学，2013.

18. 邱白莉. 幼儿园课程评价标准中的几个要素［J］. 早期教育，2006（12）：10.

19. 秦元东. 幼儿园区域活动材料观的转变［J］. 幼儿教育（教育科学版），2008（12）：28-30.

20. 沈心燕. 游戏材料越真实越好吗［J］. 幼儿教育，2015（28）：34-35.

21. 王瑜. 环境与儿童的成长节奏［J］. 幼儿教育，2018（31）：14-17.

22. 王双，胡碧颖，范息涛，等. 双因子模型下的幼儿园师幼互动研究［J］. 教师教育研究，2019，31（6）：56-63.

23. 王春燕. 生态式幼儿园区域活动中教师的指导策略［J］. 学前教育（幼教版），2006（5）：13-15.

24. 王翠萍，陈小峰，孙锡霞. 回归儿童本源设计教学活动：以中班健康活动"牙虫快走开"教研为例［J］. 早期教育（教师版），2016（3）：42-43.

25. 徐静洁. 小鸡捉虫［J］. 幼儿教育，2017（31）：28.

26. 易新. D幼儿园区域活动中新手教师与熟手教师观察记录的比较研究［J］. 成都：四川师范大学，2017.

27. 张斌. 幼儿园教育中"儿童意识"缺失的问题分析［J］. 幼儿教育，2015（34）：6-8.

28. 张政. 美国早期学习标准社会领域的分析研究［D］. 杭州：浙江师范大学，2018.

29. 张晓茹. 幼儿园一日生活中的教师评价研究［D］. 大连：辽宁师范大学，2016.

30. 张佩斌，陈荣华，朱玉华. 幼儿园安全教育课程设计及实施效果评估［J］. 疾病控制杂志，2007（3）：243-246.

31. 周依萍. 幼儿园大班主题课程实施的现状研究：以J幼儿园某大班为例［D］. 南京：南京师范大学，2018.

32. 周雯雯，李克建. 幼儿园班级一日活动安排与组织的案例分析［J］. 幼儿教育，2015（7）：6-8.

33. 赵南. 超越观察评价，理解儿童：基本理念、路径与目的［J］. 学前教育研究，2017（9）：3-13.

34. 赵南. 教师理解儿童的内在阻碍：基于一项田野考察的发现与反思［J］. 学前教育研究，2020（2）：3-17.

35. 朱家雄. 幼儿园课程中幼儿教师的角色定位［J］. 早期教育，2004（8）：4-5.